内蒙古自治区社会科学基金 2022 年度后期资助项目

Research on the Optimization of
Regional Spatial Layout of
Inner Mongolia Autonomous Region
Under Carbon Peaking and Carbon Neutrality Goals

"双碳"目标下内蒙古空间布局优化研究

胡伟华　齐义军　◎著

中国财经出版传媒集团

经济科学出版社
Economic Science Press

·北京·

图书在版编目（CIP）数据

"双碳"目标下内蒙古空间布局优化研究／胡伟华，齐义军著. -- 北京：经济科学出版社，2024.11.

ISBN 978-7-5218-6288-1

Ⅰ. F129.926

中国国家版本馆 CIP 数据核字第 20240DM223 号

责任编辑：初少磊
责任校对：刘　昕
责任印制：范　艳

"双碳"目标下内蒙古空间布局优化研究

"SHUANGTAN" MUBIAO XIA NEIMENGGU KONGJIAN BUJU YOUHUA YANJIU

胡伟华　齐义军　著

经济科学出版社出版、发行　新华书店经销

社址：北京市海淀区阜成路甲 28 号　邮编：100142

总编部电话：010 - 88191217　发行部电话：010 - 88191522

网址：www. esp. com. cn

电子邮箱：esp@ esp. com. cn

天猫网店：经济科学出版社旗舰店

网址：http://jjkxcbs. tmall. com

北京季蜂印刷有限公司印装

710×1000　16 开　16 印张　240000 字

2024 年 11 月第 1 版　2024 年 11 月第 1 次印刷

ISBN 978-7-5218-6288-1　定价：68.00 元

（图书出现印装问题，本社负责调换。电话：010 - 88191545）

（版权所有　侵权必究　打击盗版　举报热线：010 - 88191661

QQ：2242791300　营销中心电话：010 - 88191537

电子邮箱：dbts@ esp. com. cn）

序

　　"双碳"目标的提出，标志着我国已将应对气候变化、推动绿色低碳发展作为国家发展的重要战略安排，这是实现可持续发展的内在要求，是加强生态文明建设、实现美丽中国目标的重要抓手，也是我国作为负责任大国履行国际责任、推动构建人类命运共同体的责任担当。党的二十大报告指出，要深入实施区域协调发展战略、区域重大战略、主体功能区战略、新型城镇化战略，优化重大生产力布局，构建优势互补、高质量发展的区域经济布局和国土空间体系。国土空间是人类生存的环境和场所，是碳源活动、碳汇要素的载体，构成了经济社会发展的基础与支撑。"双碳"目标与国土空间规划具有较强的内在联系和作用机制。一方面，"双碳"目标为调整优化空间布局提供了约束条件，要求通过科学合理的空间布局优化举措，实现资源的高效配置，保证区域间产业协同和绿色发展；另一方面，国土空间布局通过调整优化，引导城市建设和人口分布，推动新型城镇化战略的实施，引导产业向绿色低碳方向发展，推动能源结构优化和能源利用效率提升，从而有效降低碳排放，实现经济发展与环境保护的双赢，进而为绿色低碳发展提供良好的空间载体。

　　内蒙古自治区地处我国北部边疆，横跨东北、华北、西北三大区域，在我国现代化建设中的地位和作用十分重要，承担着建设我国北方重要生态安全屏障、祖国北疆安全稳定屏障、国家重要能源和战略资源基地、农畜产品生产基地和我国向北开放重要桥头堡五大任务。要高质量地完成好五大任务，需要顶层设计、多处发力。由于内蒙古地广人稀、要素分散的特点，并且考虑产业经济的重型化、高碳化特征，空间布局优化问题将始终伴随完成五大任务、现代化建设的全过程。2018 年，习近平总书记在参加十三届全国人大一次会议内蒙古代表团审议时指出，要"优化资源要素配置和生产力空间布局，走集中集聚集约发展的路子，形成有竞争力的增长极"。

在"双碳"目标下，内蒙古国土空间布局优化面临深入推进生态文明建设、促进高质量发展和高品质生活等方面的多重使命要求。而独特的区情条件、经济结构现状决定了内蒙古国土空间布局优化的重要性，这是形成内蒙古经济高质量发展载体的根本要求，是构筑我国北方重要生态安全屏障的迫切需要，是实现区域经济协调发展的有效途径，是适应区域空间结构深刻变化的战略选择，更是推动经济结构绿色转型的重要举措。

正是在这样的时代背景下，胡伟华和齐义军两位教授在近几年的时间里，锚定目标，潜心钻研，结出了丰富的科研硕果——《"双碳"目标下内蒙古空间布局优化研究》一书的正式出版，填补了内蒙古在这一领域的空白，是一件可喜可贺的事。纵观全书，既有他们长期从事这一领域科研的历史积淀，也有针对布局现实基础的深刻反思，更有在"双碳"目标约束下优化布局的前景分析，体现出"三新"的特点。

第一，选题新。在学术研究领域，近几年针对"双碳"的研究层出不穷，关于空间布局的探讨也屡见不鲜。然而，将"双碳"与空间这两个重要主题有机结合起来进行深入研究的却极为罕见，甚至几乎处于空白状态。当看到《"双碳"目标下内蒙古空间布局优化研究》这一书名时，瞬间便能给人一种耳目一新的强烈感受。

第二，内容新。全书紧扣碳达峰碳中和目标，以绿色低碳发展为出发点，立足内蒙古的国土空间现状与特征，在主体功能区定位的基础上，结合各地产业基础与资源禀赋，从基础性、引领性关键领域进行总体统筹，深入探讨了人口空间布局、重大生产力和公共资源布局、城乡区域布局、重大基础设施布局、碳汇经济空间布局的战略构想与具体举措。本书还致力于探索在"双碳"目标下，生态功能区、农牧业生产区及城乡建设等领域的低碳发展路径，力求在保护生态环境的同时，最大化培育绿色发展优势，从而构建与碳达峰碳中和目标相契合的国土空间开发保护新架构。

第三，角度新。空间布局优化调整是一个综合性、系统性的工程，需要加强前瞻性思考、全局性谋划、战略性布局、整体性推进。本书研究了"双碳"目标与内蒙古国土空间的内在多功能协调，提出了内蒙古国土空间布局系统优化的新思维、新路径、新方案。这一研究从发展定位与战略的高度，充分认识了空间布局调整优化对于促进内蒙古实现高质量发展所具有的重大而深远的意义；从中长期发展趋势的广度，探讨了"双碳"目标与国土空间功能协调的内在机理与演化趋势，为内蒙古国土空间布局的中长期优化提供了方向性指导；从理论与实践相结合的深度，拓展了国土空间布局分区的思维和研究途径，为国土空间布局分区优化提供了可借鉴的研究体系。

本书为内蒙古正确认识、把握碳达峰碳中和对经济绿色低碳转型的重要促进作用，统筹考虑资源分布、人口分布、产业布局、交通格局与能源供需体系，优化碳排放与碳汇格局，以"空间锚定"推动"双碳"目标和社会经济发展目标有序均衡实现，提供了可行的思路和政策借鉴。

内蒙古大学创业学院战略与规划研究中心主任

目录 Contents

01
第一章

绪　论

▶ 第一节 ## 研究背景与研究意义

空间是人类各种生产生活活动的载体，列斐伏尔在《空间的生产》一书中将空间定义为一种产品和资产。国土空间规划是国家空间发展的指南、可持续发展的空间蓝图，是各类开发保护建设活动的基本依据，是党中央、国务院、各级地方政府作出的重大部署。我国国土空间规划在发展起步期主要是模仿苏联经验，实行高度集中的计划经济体制。2010年底，国务院印发了《全国主体功能区规划》，这是我国第一个国土空间开发规划，是战略性、基础性、约束性的规划。实施主体功能区规划，推进主体功能区建设，是中国国土空间开发思路和开发模式的重大转变，是国家区域调控理念和调控方式的重大创新，对推动科学发展、加快转变经济发展方式具有重要意义。"双碳"目标是我国基于推动构建人类命运共同体的责任担当和实现可持续发展的内在要求而作出的重大战略决策，从"双碳"目标实现的视角看，国土空间承载着重要的碳源活动，也承载着所有的碳汇要素。国土空间布局优化既影响着空间生产的过程，又影响着空间资产价值的实现过程。

一、研究背景

2020年，中国向国际社会承诺，将力争2030年前实现碳达峰、2060年前实现碳中和。"双碳"目标的提出，一方面标志着中国在低碳领域国际合作中从追随者向重要参与者和引领者角色的转变；另一方面也意味着急需一种符合我国国情的治理模式。2021年，中央经济工作会议提出"要正确认识和把握碳达峰、碳中和。实现碳达峰、碳中和是推动高质量发展的应有之义，要坚定不移推进，但不可能毕其功于一役"。把碳达峰、碳中和纳入国土空间布局和经济社会发展全局，进一步丰富了国土空间布局优化的时代内涵。

自2000年以来，我国发布了一系列关于国土空间布局规划的文件及政策。2011年我国正式发布《全国主体功能区规划》，根据不同区域的资源环境承载能力、现有开发密度和发展潜力，统筹谋划未来人口分布、经济布局、国土利用和城镇化格局，将国土空间划分为优化开发、重点开发、限制开发和禁止开发四类，确定主体功能定位，明确开发方向，控制开发强度，规范开发秩序，完善开发政策，逐步形成人口、经济、资源环境相协调的空间开发格局，为国土空间的合理布局和现代化战略布局提供了总体指导。党的十八大报告将优化国土空间开发格局纳入推进生态文明建设的内容；党的十九届五中全会提出优化国土空间布局，推进区域协调发展和新型城镇化；党的二十大报告提出构建优势互补、高质量发展的区域经济布局和国土空间体系。健全主体功能区制度，优化国土空间发展格局。可见，加快经济结构战略性调整和优化布局已成为党和国家基于当前及未来发展面临的总体形势和重大问题而实施的战略性举措，在"双碳"背景下赋予了其更加深刻的时代内涵，国土空间布局优化越来越成为我国未来规划与政府工作的重心。

国土空间是人类生存的环境和场所，是碳源活动、碳汇要素的载体，同时还是经济社会发展的基础与支撑，可以反映经济社会结构的层次与水平，经济社会的不断更新发展也会带来国土空间的不断变化；反之，人口活动、资源配置和环境变化也会影响国土空间布局。可见，国土空间布局规划与人口、资源与环境交互影响、密不可分。国土空间保护与开发利用方式的转变和"双碳"目标的实现相互促进、互为支撑，国土中生产、生活和生态空间的良好发展促进着国土空间的良性循环与发展，即生产空间、生活空间和生态空间的合理布局影响着国土空间的各项功能。

内蒙古自治区（以下简称"内蒙古"）横跨我国东北、华北、西北三大地区，地域狭长，疆域辽阔，自然资源蕴藏丰富并且具有特色，是我国北方面积最大、种类最全的生态功能区，是我国北方重要的生态安全屏障。内蒙古集大产业、大森林、大沙漠和大矿体于一体，是我国重要的能源和战略资源供应基地，也是国家主要的粮油乳肉等农畜产品生产基地。

由于其自身的特点，空间布局优化问题一直是内蒙古现代化建设中非常重要的命题。习近平总书记十分关心内蒙古的发展，针对布局优化问题发表了多次讲话，为内蒙古调整优化经济布局指明了方向，提供了遵循。当前，内蒙古正处于深入贯彻习近平总书记重要指示精神、落实《国务院关于推动内蒙古高质量发展奋力书写中国式现代化新篇章的意见》的关键时期，将空间布局优化作为重塑经济发展格局和融入服务国内国际双循环的重要途径，推动内蒙古在建设"两个屏障""两个基地""一个桥头堡"上展现新作为，切实提升保障国家生态、能源、粮食、产业和边疆安全功能，着力构建规范有序、张弛有度、循环通畅、充满活力的发展格局。为此，内蒙古需要紧抓机遇，对重大经济布局进行中长期的战略性思考，准确把握经济布局的优化逻辑，明确优化重大经济布局的重点与方向，推动缩小地区发展差距、增强高质量发展动力、提高区域经济协调发展水平和提升服务保障全国高质量发展能力，从而在全面建设社会主义现代化国家新征程上书写发展新篇章。

在"双碳"目标下，独特的区情条件决定了内蒙古国土空间布局优化对于经济发展战略格局的特殊地位和作用。但是，目前内蒙古在国土空间规划和开发方面还存在着生态环境脆弱、碳汇不足、城镇化水平不高、环境污染加剧、空间开发无序、农畜产品主产区与生产力布局不合理、用地矛盾等突出问题，极大影响着内蒙古经济高质量发展和"双碳"目标的实现。空间布局优化调整是一个综合性、系统性的工程，尤其是伴随着现代化进程的推进，布局优化更需要从基础性、引领性关键领域进行总体统筹，明确优化调整经济布局的重点，需要加强前瞻性思考、全局性谋划、战略性布局、整体性推进。坚持人与自然和谐共生，统筹山水林田湖草沙系统治理，坚持共抓大保护、不搞大开发，统筹国土空间保护、开发、利用、修复，提高国土空间品质和利用效率，提升国土空间治理体系和治理能力现代化水平，为建设祖国北疆亮丽风景线和以生态优先、绿色发展为导向的国土空间新格局做好空间保障。

二、研究意义

在"双碳"目标下，转变传统的粗放型发展方式，科学合理地进行国土空间布局优化，以创新驱动推动产业转型发展，符合国家战略决策需求，也是经济社会发展的内在要求。国土空间布局优化的关键在于协调优化生产、生活和生态所需的国土空间资源，根据不同布局进行国土生产功能、生活功能和生态功能利用方式的优化协调。本书研究旨在"双碳"目标下深入探讨内蒙古国土空间的内在多功能协调机理，并重视不同国土空间功能系统优化，从发展定位与战略的高度、从中长期发展趋势的广度、从理论与实践相结合的深度，充分认识空间布局调整优化对于促进内蒙古实现经济高质量发展所具有的重大而深远的意义。

（一）空间布局优化是形成内蒙古经济高质量发展载体的根本要求

空间结构是整个经济结构的重要组成部分，是一切生产要素组合布局的唯一物理载体，决定着经济发展的质量。任何一个地区的经济社会发展都是在特定的区域范围和空间格局下进行的，一个国家或者地区要科学合理地布局城镇、农牧、生态主体功能区，一般会把国土空间固有的特点作为一个恒定的变量，充分考虑所拥有的自然空间禀赋，发挥其应有的最大效能。如果把国土空间比作"棋盘"，那么人口分布、经济布局、城市建设、国土利用和生态环境等就是"棋子"。棋盘布局的科学性、适应性、前瞻性直接决定着"棋子"的摆布和棋局的成败。内蒙古是我国北疆最大的省份，地广人稀。着眼于内蒙古基本区情这个"棋局"，针对特殊的空间地理条件和生态环境特征，从调整经济要素空间布局入手，科学界定国土空间功能，合理进行经济区划，明确各地区的主体功能。同时要精准"落子"，根据经济区划和功能定位，构建各经济轴带，形成与建设城市群和中心城市，保护与修复区域生态，整合与振兴工业园区，推动人口与生产要素的流动，从而开辟一条低碳节约型、科学开发利用国土空间资源的有效途径，在为形成高质量发展的经济增长极拓展空间的同时，找到绿色可持续发展的低碳路径。

（二）空间布局优化是构筑我国北方重要生态安全屏障的迫切需要

内蒙古是我国北方面积最大、种类最全的生态功能区，对于调节气候、防风固沙、释氧固碳、维系生物多样性等具有重要作用。同时全区大部分地区在"胡焕庸线"以西，处于西伯利亚冷空气侵入要冲，严寒时间长，全年降雨量少且不均衡，十年九旱，多数地区气候干旱、土壤贫瘠，抗风蚀能力弱，天然植被一旦破坏极易造成土地沙化和荒漠化。把内蒙古建成我国北方重要生态安全屏障既是立足全国发展大局确立的战略定位，又是内蒙古必须担负起的重大政治责任。从统筹自身发展与服务全国大局的战略高度出发，内蒙古迫切需要进行空间布局的调整、优化与提升，既要调整好经济发展和城市空间布局，又要统筹好生态保护建设空间，明确不同区域各自的发展方向和功能定位，从而规范开发秩序、管制开发强度、引导各类主体建设并保护好美丽家园。

（三）空间布局优化是实现区域经济协调发展的有效途径

内蒙古东中西部之间、城乡之间发展不平衡不充分的矛盾依然比较突出，重要的原因之一在于人口、经济与资源环境在空间分布上的失衡，造成盟市之间人均地区生产总值和公共服务的差距过大。内蒙古人口和城镇主要分布在阴山山脉以南、大兴安岭以东和以南水资源丰富和交通发达的平原地区，如呼包鄂地区城市群和赤峰通辽等区域中心城市，人口向城镇集中，造成了城乡发展差距不断拉大。应当说，促进区域协调发展的根本目的不是单纯地缩小地区间生产总值总量的差距，而是要协调经济与人口、资源环境的关系，使生活在不同地区的人们享有大体相当的生活水平和公共服务。因此，要从根本上优化空间结构和调整生产力布局，对于符合大规模城市化和工业化发展要求的地区要重点发展，使其成为生产要素和人口的主要载体；对于其他地区则要因地制宜地发展，推动人口与要素的自由流动和向外有序合理转移。通过优化国土空间，促进生产空间集约高效、生活空间宜居、生态空间更加稳固。让生活空间、生产空间和生态空间更好地匹配，更好地保护资源，更加集约利用，由城市群带动周边旗县发展，破除区域城乡间的协调发展障碍，形成城乡区域良性互动、优势互补、结构优化的空间格局。

（四）空间布局优化是适应我国区域空间结构深刻变化的战略选择

从我国当前的区域空间结构特征看，人口和经济活动进一步向中心城市和城市群集中，中心城市和城市群成为承载发展要素的主要空间载体，是区域经济发展的重要增长极和动力引擎。从内蒙古的发展现状看，尚不能完全适应当前新型城镇化发展的要求，围绕高质量发展这一主题，顺应全球经济发展和城市化建设的规律，内蒙古应进一步调整和完善区域政策体系，充分发挥各地区的比较优势，聚焦中心城市和城市群建设，加速补齐公共服务和基础设施的短板，促进各类要素合理流动和高效集聚，增强地区创新发展动力，为全区的经济增长提供巨大动能，在经济增长、城市宜居、社会和谐等目标上实现多赢。党的十八大以来，习近平总书记先后四次到内蒙古考察，明确要求把内蒙古建设成为我国北方重要生态安全屏障、祖国北疆安全稳定屏障、国家重要能源和战略资源基地、农畜产品生产基地、我国向北开放重要桥头堡，这是完全基于内蒙古国土空间独特性作出的战略擘画和深远考量。

新时期我国深入实施"一带一路"和中蒙俄经济走廊建设、推动黄河流域生态保护和高质量发展、西部大开发、东北振兴等区域协调发展战略、区域重大战略，以及新型城镇化战略、乡村振兴战略等一系列战略，都对内蒙古的空间结构调整提出了新的要求，即加快形成主体功能明显、优势互补、高质量发展的国土空间开发保护新格局。内蒙古必须深度融入共建"一带一路"和中蒙俄经济走廊建设，推动我国向北开放重要桥头堡建设提质升级，加快建设以满洲里口岸、二连浩特口岸为节点的向北开放东、中通道，强化口岸和腹地联动发展，打造联通内外的全域开放平台，推动黄河流域生态保护和高质量发展、西部大开发、东北振兴，对接京津冀协同发展，坚持以生态优先、绿色发展为导向，积极融入和服务构建新发展格局。

（五）空间布局优化是推动经济结构绿色转型的重要途径

按照党中央对第二个百年奋斗目标的战略安排和基本实现社会主义现代化的愿景目标，经济综合实力和绿色发展水平大幅度上升，绿色生活方式广泛形成，碳排放达峰后稳中有降，经济社会发展全面绿色转型，这些都离不开科学合理的空间布局优化。一方面，空间布局优化有利于现代化装备制造、新材料、新能源、节能环保等产业的发展。优化产业园区的合理布局有利于产业体系的绿色升级，发展节能环保产业，污染物高效低成本处理，更加有利于能源创新与合作，积极发展特色农牧业、绿色特色小镇和绿色产业，促进全区产业绿色转型，提高资源空间配置效率，推动产业结构优化升级，实现低碳发展，进而加快形成新的经济发展方式。另一方面，空间布局的优化对于聚集创新要素和推动绿色科技创新具有积极作用。2020~2023 年，内蒙古的高新技术产业增加值、战略性新兴产业增加值分别实现了年均 18.2% 和 12.8% 的增长。[①] 虽然高新技术产业和战略性新兴产业增长较快，但是占地区生产总值的比重不高，企业作为创新主体的作用表现得并不充分。产生这一现象的原因在于创新要素的空间分布较为分散，创新联合体以及平台的建设不足，同时产业链上中下游、大中小企业之间的融通创新以及科技成果的转化也存在不足。通过优化国土空间布局，可以促进创新要素的集聚，加强创新联合体和平台的建设，从而成为实现绿色科技创新的关键。

---

① 《内蒙古自治区国民经济和社会发展统计公报》。

▶ 第二节　国内外研究现状

国外学者对空间布局优化的研究开始较早。早在 1898 年，英国学者埃比尼泽·霍华德（Ebenezer Howard）就提出了"田园城市"相关理论：对城市周围进行绿化，从而控制城市规模，实现城市空间结构优化的目的；城市与乡村不是分开的，应该协同发展。其对土地的城乡利用进行了优化研究，对全球的城市空间布局起到了重要的启蒙作用。1942 年，以帕特里克·艾伯特-克龙比（Patrick Alber-Crombie）为首的英国学者共同编制了大伦敦区域规划，规划编制过程中充分考虑了未来生产力布局以及区域经济发展问题。该规划的成功编制使更多的国家更加关注本国的规划理论，并致力于实践。2005 年，国内学者孙彦伟、卢荣安等将景观生态学运用到空间结构优化中，运用其原理可以有效协调土地资源的经济、社会和生态效益，增加空间结构优化布局的科学性与合理性。本节从区域整体布局优化、经济布局优化、城乡布局优化、基础设施布局优化、空间结构优化路径选择、"双碳"目标与国土空间布局规划等方面对已有研究进行梳理与总结。

一、区域整体布局优化的研究

在区域整体布局优化方面，国内外学者进行了诸多研究。英国学者麦克哈格等（McHarg et al.，1969）提出了"千层饼"模型，通过对胶片叠加的方式，对生态环境进行评价，从而引导进行空间的合理开发，实现国土的空间结构优化。大约 1950 年，欧洲国家已逐渐开始探索优化国家区域，尤其是荷兰国家规划的成果，并取得了良好的效果（Catton，1987）。波拉斯基（Polasky，2008）从土地效益最大化的角度对空间结构布局进行研究，通过对土地的数量进行优化调整实现对土地资源的优化布局。以上研究为空间布局优化提供了最初的思路与研究借鉴。

随着计量经济模型与 ArcGIS 等软件的使用逐渐广泛，并被引入空间布局研究中，为空间结构优化提供了更多的利用工具。萨德吉（Sadeghi，2009）采用线性规划模型，对伊朗境内流域周边空间结构进行了研究，提出了优化建议。郭月峰等（Guo et al.，2014）以砒砂岩区西黑岱流域为研究对象，通过 GIS 空间分析功能运算研究各时期的土地空间数据，并在此基础上建立元胞自动机土地空间优化模型，从而达到优化土地空间布局的目的。丘维科（Chuvieco，1993）综合运用 ArcGIS 空间分析与线性法，对土地的利用现状进行模拟，从而预测土地未来的走向，分析土地的利用现实，更加聚焦分析土地利用情况，达到空间结构优化的目的。巴雷多（Barredo，2003）构建土地影响因子并模拟城市未来土地利用情景，调整土地现存分配情况，达到优化土地利用的目的。

近几年国内空间结构优化研究更加聚焦区域研究，并增加了低碳背景下的研究。尹成丽（2022）选取黄河中游的 22 个地级市为研究对象，运用修正的引力模型、社会网络等方法，分析了沿黄城市旅游经济空间结构的优化问题，从区位交通角度、旅游自然禀赋角度、产业结构角度剖析了黄河中游流域城市空间结构形成的原因，并为之提出了政策建议。禄树晖和王昱鑫（2021）选取西藏自治区旅游景点作为研究对象，基于"核心—边缘"分析理论对西藏空间结构进行分析，发现西藏景区整体呈现围绕拉萨分布的特征，综合资源、产业等因素对西藏旅游景区的空间结构优化提出建议。薛明月（2021）选取中国东部沿海地区作为研究对象，按照"高质量发展测度→空间结构识别→高质量发展与空间结构关系→优化对策"的研究思路，借助熵值法和自然断裂点分类法分析东部沿海城市群高质量发展及其时空演变格局，在等级规模结构演变层面，分别采用城市首位度和位序—规模法则，从人口规模和经济规模两个维度展开测度与分析，明确东部沿海人口、经济规模空间布局及差异，从城市规模等级、职能、联系网路方面提出优化东部沿海地区空间结构布局与提升发展质量的措施。

张赫（2020）在县域尺度上分析了城市碳排放的影响因素，提出了四个空间结构优化策略：（1）在考虑经济技术因素时，县域城镇建设用地形态结构及规模结构要素仍对生活碳排放影响显著，可考虑将其纳入国土空间开发适宜性评价体系中；（2）规划可参照较优规模结构，即总用地规模低于 200 平方千米的多中心结构，制定差异化的规模结构管控标准；（3）城乡居民点布局可权衡紧凑形态和多中心结构之间潜在的最低碳模式，考虑培育"多中心、组团式"的空间结构；（4）城镇开发边界可尽量划定为较规整的近圆形状。秦波和邵然（2011）实证分析了城市空间结构影响碳排放的路径，认为空间结构对于城市减少碳排放有长期结构性的作用，是实现碳排放的重要路径，科学地制订城市空间结构规划对于城市的低碳转型有着重要的意义。朱顺娟（2012）选取长株潭城市群作为研究对象，通过对国内七大城市群竞争力的综合评估，认为长株潭城市群中长沙的集聚作用不强，交通设施、自然环境、政府政策对该地区发展不利，并提出优化发展模式。

近几年空间结构优化聚焦地更加强调市县，甚至聚焦于村，研究更加具有可行性。吴倩莲等（2022）选取常州市作为研究对象，对供给需求生态网络的节点重要性、供给均衡和稳定性进行定量分析，结果显示常州市的主城区廊道生态网络的联通性与稳定性水平不高，针对保护现状与新增节点两方面提出参考意见与管理方法。陶彬彬和翁奕城（2022）选取深圳市平山村为研究对象，构建公共空间与公共活动网络模型，提出了城中村空间布局优化方案。叶倩（2020）以徐州市丰县湖西片区村镇为研究对象，通过熵值法、综合引力模型、社会网络分析法，发现该地区空间联系不均衡、行政村数多、土地利用效率低等问题阻碍了该地区发展，通过城镇空间演化研究的理论支撑，提出该地区应以培育点、完善线、重构面的思路优化发展空间结构。丁文明（2020）选取同仁县作为研究对象，从社会空间角度对少数民族人口集聚地区的空间结构优化进行研究，并提出了促进少数民族集聚地区乡村空间结构优化的思路与措施。

二、区域经济布局优化的研究

近几年，旅游产业发展迅速，相关的空间结构优化研究更多。许克强等（2021）选取红色旅游产业作为研究对象，运用邻近指数核密度等 GIS

空间分析法，定量分析红色资源的空间集聚情况以及空间密度。王紫君和伍世代（2021）利用 GIS 空间分析法，将时空演变与旅游发展空间结构优化相结合，对山西省旅游业进行评估，认为旅游资源的分布显著影响了旅游业的发展程度。李强等（2021）采用 GIS 空间结构分析方法，发现祁东县旅游资源相关的交通设施建设较差、旅游资源之间连接点连接不强、各旅游资源的可达性不高等问题，并提出旅游资源空间优化建议。蔡佳等（2021）运用 GIS 空间分析方法，从景点时空分布集中性、移动性、可达性三个方面对甘肃省旅游空间结构变化进行探究，并以"点—轴"理论为基础，提出推进甘肃省由"景点旅游"向"全域旅游"发展转变的措施。任奕（2021）以历史街区作为研究对象，基于多元中心理论、空间文化理论、空间作用理论，为街区空间网络结构优化提出对策建议。

城市群的空间结构优化近几年成为研究的热点之一。葛志专和巫细波（2020）以粤港澳大湾区建设为背景，提出了南沙作为区域合作示范区空间结构优化的对策建议。李川（2012）以打造滨海都市圈和台海经济圈为目标，分析了福建省域空间结构优化机制与实现路径。方辉（2012）选取长江中游武汉城市圈、长株潭城市群、环鄱阳湖城市群三大城市群为研究对象，基于区域联合互动、空间竞合、城乡互动和环境约束四种机制对空间结构的演化进行分析，指出长江中游三大城市群未来的发展趋势将是多级协同网络发展的生态型城市群，从形态、产业、交通和生态四个方面对城市群建设提出具体的优先引导策略。王小曼（2010）利用地理信息技术对济南市空间工业空间结构现状及存在问题进行分析，提出构建济南城市四大圈层、打造济南市区七大产业基地的优化建议。李快满（2008）分析了兰州经济区经济空间结构影响因素，提出了促进兰州城市区经济空间结构优化的措施。

三、城乡布局优化的研究

巴雷多（2003）对乡村空间演变过程进行了分阶段研究，并明确指出各个阶段所体现出的特点。在城乡规划实践方面，国外专家更加注重微观利益主体的诉求，关注每一个利益相关者的意愿，提倡建立公开、透明的参与平台。在规划实施过程中，通过多种方式解决利益主体之间的矛盾，不仅保证规划实施的预期效果，同时突出了"人"的重要性，更加人性化。邦斯（Bunce，1982）对农村的空间布局进行了进一步的说明。罗宾逊（Robinson，2003）分析了南非地区的农村居民分布特征，说明了农村居民点的空间分布不仅制约基础设施建设，而且存在对贸易发展的制约。

胡嫚莉等（2022）以徐州市铜山区为例，构建城乡融合发展下农村居民点空间布局优化理论与评价体系，指出建立农村居民点空间结构布局优化的关键在于从城乡融合角度对农村居民点用地进行适用性评价，优化后的农村居民点能够起到节约用地作用。罗媞等（2014）以武汉市城乡建设用地为研究对象，在城乡统筹的视角下，利用 GIS 空间技术、土地利用动态模型，指出人口变化、经济增长、居民生活水平提高及政策等因素对武汉市内、外城区城－乡建设用地格局的驱动作用具有明显的区域和城乡差异。赵毅等（2021）以太湖边的江苏宜兴市为研究对象，将生态文明建设引入县域布局优化中，以太湖生态共保共治为导向，以城乡等值发展为核心，从生态提优、生活提质、生产增效方面提出了村庄优化布局建议。陈耀（2021）指出我国的空间结构优化应推动以人为核心的新型城镇化，以调整优化城镇区域布局、城镇规模体系和城镇功能结构为抓手，以使城市更健康、更安全、更宜居为目的。赵鑫等（2020）引入多元开放数据，运用景观生态学的方法，构建蚁群优化模型，对广州市城乡居民点进行空间布局优化，基于新的数据集能够实现空间优化尺度更精细、规划更及时的优势，能够为其他地区实现城乡空间结构优化提供新的数据借鉴。

四、基础设施布局优化的研究

贝克（Baker，1983）深入分析了 1978～1983 年华盛顿大都会区的数据，发现交通基础设施的集聚与公共基础设施的集中呈现出显著的正相关关系。这种正相关关系进一步促进了人口的集聚，并增强了人口集聚效应，最终导致了该地区空间结构的偏向性。詹姆斯和格林（James and Green，1993）的研究揭示，交通站点周边地区的空间开发强度显著加大，其开发规模明显超越其他地区。因此，交通轨道的建设在城市空间结构布局中起到了举足轻重的作用。塞维洛（Cervero，1993）对加利福尼亚州列车围绕美国不同部分的客流情况进行了详尽分析，结果显示轨道点的客流高达其他地区的 3 倍甚至 5 倍。柯蒂斯（Curtis，2008）以珀斯新铁路走廊为例，深入探讨了低密度城市公交导向发展模式的演变过程。

高尚民和董雅各（2021）以南京江北新区为研究对象，运用空间句法的理论与方法分析江北新区拓扑空间的中心度和空间效率，提出了江北新区空间结构优化的对策。李铭辉等（2019）以鹤壁市城市体系作为研究对象，说明鹤壁市部分地区城镇体系集聚水平较高，交通干线分布呈现"一轴两翼"的空间结构特征，但对小城镇辐射影响还有待提高，因此基于现状提出增强城市发展主轴周围建设功能，准确定位断裂点和辐射交汇处城市职能，加快综合网络建设等建议。郭晶（2010）以杭州市为例，提出在低碳目标下以低耗能、低污染、低排放为特征转变杭州市发展方式，指出杭州在产业结构与基础设施使用方面存在高碳化问题，提出调整产业结构应从建设低碳城市入手，发展技术创新来改善高碳产业，建设公共交通可达性的城市空间结构，达到优化基础设施布局、促进城市空间结构优化的目标。

五、空间结构优化路径选择的研究

熊薇（2020）研究认为城市空间结构对城市的碳排放和可持续发展具有一定的锁定作用，因此低碳目标是城市空间结构优化的重要目标。刘芳媛（2012）选取七台河市作为研究对象，认为产业的集聚与扩散是煤炭资源转型城市空间结构优化的内在动力，政府与市场是推动空间结构完善的主要动力。陈建军和胡晨光（2008）认为当城市群达到一定阶段时，集聚使产业之间的外部性内部化，扩散使内部性外部化，两者呈现出统一的矛盾过程，相互作用，实现了相对均衡的空间结构，促进了发达地区与欠发达地区的协调发展。李国平等（2000）指出外商投资是优化物质结构的外部驱动力，随着对外开放程度的提高，外资在空间优化中的作用越来越重要，珠江三角洲、长江三角洲等沿海地区以及重庆、四川等西部地区的快速发展，在一定程度上是外商投资的结果。

政府、企业、城乡一体化等是实现空间结构优化的重要路径。对于政府来说，地方政府的竞争与合作推动了空间结构的优化，加强了地方政府的相互协调，促进了地方经济的发展。吴建楠等（2009）指出各省级政府之间本身就存在着经济发展水平的等级差异，西部大开发等宏观战略加强了西部地区基础设施与生态环境建设，缩小了东西部之间的差距，政府对于地区的空间结构优化、减少地区之间的空间差异存在着推动作用。除此之外，空间经济的形成及演变也存在着内生动力，主要包括资本与技术逻辑的复合作用，经济知识的运用对经济收益产生作用，从而对企业技术创新与区位选择产生影响，作用于产业空间布局（刘乃全，2000）。推动城乡一体化是促进空间结构优化的重要实现途径，将城乡分工与协作相结合，提高农业生产效率，释放农村劳动力，将农村持有的人口红利释放出来，促进城市化建设，为城市化建设提供足够的人力空间及土地空间，摆脱政府对土地财政的依赖，依托创新促进农村制度改革（陈秀山等，2012）。企业是经济活动的客观主体，也是空间优化的微观基础，产业转移的实质就是企业的扩张，因此基于微观层面就必须要以柔性化的生产方式促进各地区根据自己的优势建立产业结构，以企业为主导来促进资源的合理分配，建立合理的产业结构，生成产业与区域之间的合理依赖，最终促进区域经济一体化及产业结构布局优化（彭荣胜，2010）。

六、"双碳"目标与国土空间布局规划的研究

"双碳"目标提出后，关于"双碳"与国土空间布局规划的研究呈现了快速增长的趋势。鲍海君等（2022）基于"碳循环—空间要素"耦合关系，构建了面向全域全要素的低碳国土空间规划机理、多尺度规划方法与

全过程规划路径。崔金丽和朱德宝（2022）从目标与措施、系统与要素、规律与治理、数量与质量、结果与过程等角度厘清"双碳"目标与空间治理的内在逻辑关系，综合提出了空间治理的总量、功能、结构、布局、效率5类施策建议。石晓冬等（2022）认为在"双碳"目标背景下，应以空间结构优化和空间治理为抓手，从资源足迹核算、全空间整体统筹、多层级有效传导和全周期系统监管4个维度探索国土空间规划的响应路径。孙嘉麟等（2022）依据"双碳"目标下乡镇国土空间面临的主要问题，从碳源基础梳理、空间格局优化和三类空间优化等方面出发，系统建构了乡镇国土空间优化的技术路径。覃盟琳等（2022）基于中国湾区城市群低碳发展现状问题，提出了在不同阶段针对不同类型湾区城市群的应对策略。王伟等（2022）以实现"双碳"目标下区域均衡、可持续发展为目的，提出面向中国城市群国土空间治理的战略、多层次规划路径与多维度治理机制。王智勇等（2022）选取湖北省作为研究对象，通过测算碳源经济贡献系数和碳汇生态承载系数，将省域空间划分为碳排放低碳发展区、碳强度控制区、碳汇功能区和高碳优化区，提出了碳排放优化策略。张赫等（2022）以京津冀地区的县域作为研究对象，分析并探测区域碳汇总量的时空分异特征，并根据生态空间的碳汇能力差异将其分为核心型、辅助型、底线型三类，对京津冀地区进行生态空间碳增汇目标下的县域分类并提出差异化的管控策略。薛领等（2024）指出"双碳"目标下国土空间优化面临的现实挑战，认为应研究开发应对深度不确定性的国土空间协同演化集成模型，形成具有针对性和可操作性的国土空间优化调控治理模式和政策方法，推动构建"双碳"目标下国土空间优化调控与应用示范的路径模式。

通过文献梳理，国内外相关文献为本书研究在理论构建、实践案例和政策借鉴等方面提供了经验支撑和方法借鉴。但是，在深入分析相关文献后，我们不难发现：（1）已有研究多数集中于经济、基础设施、生态环境等单一方面，对区域整体的综合考量相对较少，更鲜有文献将国土空间上最活跃、最能动的主体因素"人口"纳入空间布局优化的体系中加以综合考量，无法全面反映区域空间布局的复杂性和多样性；（2）现有的国土空间规划研究多聚焦于对低碳空间治理思路、框架、工具的整体性把握，而"双碳"目标与国土空间各功能区的影响机理尚需进一步挖掘，"双碳"目标全面融入国土空间规划功能的方案与策略的实践案例仍有丰富拓展的必要。

国土空间布局优化是一个复杂的系统工程，特别是对于内蒙古这样一个地域辽阔、资源类型丰富的地区来说，更需要对人口、经济、城乡区域、基础设施等多个方面进行综合考量。本书在"双碳"目标的背景下，对内蒙古的空间布局结构优化进行了深入探讨，旨在构建有利于碳达峰碳中和、符合内蒙古发展现状的国土空间开发保护新格局，不仅有助于推动内蒙古经济社会高质量发展，也可以为其他地区国土空间布局优化提供有益的借鉴和参考。

▶ 第三节　空间布局优化理论

国土空间开发布局优化以国土开发规模结构和空间布局作为主要研究对象，是对城乡区域、农业和生态空间数量规模和空间布局的协调与安排，目的是促进区域国土空间开发的可持续性，引导区域社会、经济和生态环境协调健康发展。空间布局优化理论起源较早，研究涉及区域经济学、空间几何学、生态学、地理学等学科领域，逐步构建了较完善的理论体系，为本书提供了理论基础。

一、区位理论

区位是指国土空间开发活动在特定区域空间中所占据的位置，这是人类活动发生的场所。这个区域空间既可以是宏观的国家、区域、省等大尺度地域空间，也可以是微观的市县、乡镇、图斑等小尺度空间。区位理论是基于对人类活动空间分布特征及其相互关系的抽象思考而发展出来的学说，是优化空间布局领域的核心理论之一。

1826 年，德国经济学家杜能在其著作《孤立国同农业和国民经济的关系》中首次系统地阐述了农业区位论，标志着区位理论的诞生。杜能指出，由于距离城市的远近不同，农业生产的基础和利润会产生地租差异，这是决定农用地利用方式和农作物空间布局的关键因素，从而导致了农业的分带现象。因此，杜能提出了以城市为中心的农作物分布环状结构，即"杜能环"。随后在《农业区位论》中，他进一步强调了消费市场距离对农作物布局的重要性，并据此划分了 6 个农业同心圈。

在工业经济时代的早期，随着工业的发展和交通运输的进步，生产成本成为影响工业活动选址的主要因素，而运费则是影响空间成本的关键因素。德国经济学家韦伯在继承杜能思想的基础上，通过其著作《工业区位理论：区位的纯粹理论》和《工业区位理论：区位的一般理论及资本主义的理论》提出了工业区位论。他认为，应将生产场所布局在生产成本最小、节约费用最大的地方，并运用运费、劳动力费用和集聚三个因素来分析工业区位的选择。韦伯认为，运输费用决定了工业区位的基本方向，理想的工业区位应使运输距离和运量的乘积最小化，并提出了使用原料指数来指导工业生产地的选择。在此基础上，韦伯还引入劳动力费用因素和集聚因素，以分析这些因素如何影响根据运输费用所选的区位。

随着社会经济的发展，人类需求和行为等因素在生产中的作用日益显著，单纯以经济成本为依据来选择工业布局已无法满足实际需求。德国经济学家克里斯塔勒在其《德国南部的中心地原理》一书中将区位理论扩展到了聚落分布和市场研究。随后，德国经济学家廖什在其著作《经济空间秩序》中提出了市场区位论，将市场需求作为区位分析的关键因素。市场中的利益相关者以利润最大化为一般原则来选择区位，从而建立了以市场为中心的工业区位理论。

在优化国土空间开发布局时，应以区位理论为指导，合理配置各类国土空间开发活动。这不仅要考虑地形、气候、土壤、水文等自然因素对农业生产和城镇建设的限制作用，还要考虑人口分布、市场条件、交通网络、政治文化、生产建设成本以及各级城市中心等因素对空间布局的引导作用。此外，在生态文明背景下，还需重点考虑各类开发活动的生态区位适宜性，确保既满足生活宜居性和生产便利性要求，又注重生态环保性。

二、空间均衡理论

空间均衡（spatial equilibrium）这一概念，源于"均衡"一词，并融入"空间"的维度。德国经济学家杜能在其著作《孤立国同农业和国民经济的关系》中，首次将空间均衡理念引入经济学领域。空间均衡的核心理念在于揭示区域间的分工与合作模式，解决"何处生产"和"何处生活"等实际问题。

从经济学角度出发，空间均衡的研究主要集中于经济空间的发展及其制约因素。随着研究的深化，空间均衡的理论基础逐渐扩展，从传统比较优势和贸易理论的空间分工合作，到传统经济区位论中的区位决策均衡，再到新经济地理学（空间经济学）的空间均衡模式。这一过程中，研究方法也从单一要素分析向多要素综合定量模型转变，使理论更加贴近现实。

空间均衡包含两个层面：数量均衡和状态均衡。数量均衡是指研究区域内城镇、农业和生态空间在数量上的大致平衡；而状态均衡则是指各空间功能子系统在长期相互联系和作用下，达到一种彼此不改变对方意愿和能力的稳定状态。实际上，空间均衡更侧重于状态均衡，即各区域在保持自身状态不变的情况下，实现"帕累托效率"的空间配置。

空间均衡是在经济、社会、资源和环境长期差异的基础上，通过调整空间供给与需求之间的匹配度，以及加强区域间的分工与合作，实现各种资源的最优空间配置。由于不同区域的社会经济条件和资源环境状况存在差异，各区域的空间开发强度和约束条件也不尽相同。因此，在追求空间均衡的过程中，需要考虑到各区域的实际情况，制定有针对性的政策和规划，以确保各生产要素在不同功能空间的有效流动和优化配置，进而实现区域内各要素配置的最优化和国土空间利用综合效益的最大化。

三、景观生态学

景观生态学是一门综合性科学，它巧妙地将自然科学与社会科学融为一体，专注于研究空间格局、生态过程以及不同尺度下的空间异质性之间的因果关系；同时，它还深入探索人类活动与生态系统结构、功能之间的相互联系。景观生态学特别关注空间异质性的成因及其影响，这种异质性既可能源自物理和生物因素，也可能源自社会经济和人文方面的空间格局。

从狭义上讲，景观生态学中的"景观"指的是在几十至几百千米范围内，由不同类型生态系统组成的、具有重复性格局的异质性地理单元。而从广义上讲，景观则是指任何具有异质性或斑块性的地理单元，其尺度可以从宏观到微观不等。景观生态学的研究对象主要包括景观结构、景观功能和景观动态。其中，景观结构涉及景观组分的类型、比例以及它们之间的空间关系；而景观功能则关注景观结构与生态学之间的相互作用，特别是能量、物质和生物有机体在景观中的运动过程。

随着生产力的不断发展，人类活动对景观结构和功能的影响日益显著。景观异质性描述了景观组分及其空间关系的不均匀性和复杂性，包括斑块性和空间梯度两个方面。斑块性关注的是景观斑块的数量、种类组成以及它们的空间分布和配置关系；而空间梯度则强调景观在某一方向上呈现的有规律的变化特征。值得注意的是，景观异质性与研究的尺度紧密相关。

在斑块层面上，景观异质性可以通过一系列特性来表达，如斑块数目、比例、空间排列、形状以及相邻斑块之间的对比度和连接度等。为了定量描述景观异质性，研究者提出了多种景观格局指数，如景观连接度、景观分离度等。此外，斑块—廊道—基地模式是景观生态学中一种常见的研究范式，它为描述和分析景观结构、功能和动态提供了一种直观而有效的方式。

在生态文明建设的背景下，国土空间开发应坚持生态优先、保护优先的基本原则。景观生态学理论为生态系统保护和建设提供了有力的理论支撑。根据这一理论，城镇空间建设被视为对自然生态系统最大的干扰。因此，我们需要通过构建合理的生态网络空间来优化城镇开发与生态要素之间的空间关系，从而降低人类对生态系统的干扰。此外，景观生态学中的格局与过程相互作用原理告诉我们，格局的变化会影响景观中能量和物质的交换与流动。因此，构建科学合理的生态网络，强化重要生态要素之间的空间联系，促进信息、物质和能量的流通，都是提升生态系统稳定性和服务能力的关键措施，也是提高生态系统承载社会经济发展能力的必要途径。

四、人地关系协调理论

人地关系，指的是人类与其生存和发展的地球环境之间的相互关联，是一种自人类出现以来便存在的主体与客体间的理论关系。这种关系在整体中呈现出辩证统一的特性，其中"整体"指的是由人类与地球环境共同构成的人地系统，而"对象性"则揭示了人地关系的本质，即人类与地球环境均不能脱离对方而独立存在。人地关系体现了人类系统与自然系统之间的相互作用，其中人类在系统中占据主导地位，既是生产者，也是消费者，既是建设者，也可能是破坏者，同时扮演着地理环境保护者和利用者的角色。

人地关系协调理论的核心在于推动多系统间的协调发展，包括社会、生态和环境等多个子系统。在利用自然环境的过程中，该理论强调在关注人类和社会经济环境的同时，保持生态平衡。鉴于土地资源供应的有限性与人类需求的无限性之间的矛盾，人类应以提高土地的集约节约利用程度为主，结合科技手段，提升土地生产能力，同时保持生态平衡。人地关系协调的本质在于解决社会经济快速发展带来的人类需求增长与国土空间承载能力有限之间的矛盾，进而推动人类系统与自然系统的协调发展，实现区域社会经济的可持续发展目标。

关于人地关系地域系统优化问题的研究，在国内最早可追溯到20世纪

90 年代。吴传钧院士（1991）认为，协调人地关系是国土空间开发与治理的关键手段。为实现国土空间的高质量开发，需要充分发挥人地关系协调理论在优化国土空间布局中的指导作用。这不仅是国土空间资源优化配置的合理途径，也是促进人类活动与自然环境协调发展的有效方法。在优化国土空间布局的过程中，应综合考虑人类对城镇空间的合理需求与生态环境保护，以保障人类系统与自然系统的和谐共生，实现国土空间资源的高效利用，推动区域社会经济的可持续发展。

五、可持续发展理论

可持续发展理论是人类在对人口、经济爆炸式增长所带来的负外部效应进行深入反思和深刻思考的基础上提出的，其内涵特征也随着人类对人口、经济、资源与环境相互关系认识的深入而逐渐丰富和完善。

20 世纪以来，随着社会经济的快速增长，资源过度消耗、生态系统退化、环境质量恶化日趋严重，迫使人们质疑经济发展方式的合理性，并进行反思。1962 年，莱切尔·卡逊在其著作《寂静的春天》中描述了未来地球环境污染的可怕情景，开启了人类对于可持续发展方式的探讨。1972 年，德内拉·梅多斯等所著《增长的极限》则向世界明确提出了"持续增长"的概念，其预言除非人类自觉限制人口和经济的增长，并改变发展方式，否则增长将耗尽地球资源、破坏生态环境，而人类的生存也将无法延续。1972 年发表的《只有一个地球》则从社会、经济和政治角度总结了经济发展和环境污染对全球国家的影响，认为可持续发展才是人类和地球的共同未来。此后全球对可持续发展的内涵、模式与路径进行了广泛而深入的讨论。1980 年，可持续发展概念第一次出现在《世界自然资源保护大纲》中从而为人们所熟知，1987 年发表的《我们共同的未来》则详细阐述了可持续发展的概念和模式。1992 年由 178 个国家和地区领导人共同通过的《里约环境与发展宣言》《21 世纪议程》等一系列行动文件和纲领则标志着全球对可持续发展理念达成共识，并将可持续发展从理论变成付诸实际的全球行动。

　　经过近半个世纪的探索和实践，可持续发展理论的内涵不断丰富和完善，各个学科结合自身特点和需求对可持续发展的定义进行了不同视角的阐述。从自然角度，可持续发展强调保护和加强生态系统的生产和服务供给能力以及自然恢复能力，以满足人类的生存和发展需求；从社会角度，可持续发展强调人类的生产生活方式应与自然生态系统承载能力相平衡，将发展的落脚点放在提高人的生活质量、提供美好生活环境上，而实现的必要条件之一就是保持地球的生命力，保持自然生态系统的持续供给能力和恢复能力；从经济角度，可持续发展强调在自然资源可持续供给的前提下，最大限度地提高经济发展速度和质量；从科技角度，可持续发展代表更清洁、更高效的生产方式，使用封闭式、循环式的绿色生产工艺减少发展对环境的破坏和资源的消耗。从不同视角理解和定义可持续发展，均有其合理性，但目前最为人们广泛接受的可持续发展定义则是布伦特兰在《我们共同的未来》中给出的定义：既满足当代人生存和发展需要，又不对后代人满足其需要的能力构成危害的发展模式。[1] 这一定义，既强调横向上的代内公平，也强调发展的代际公平。

　　从可持续发展的众多定义中可以总结出可持续发展最基本的内涵："人与人"之间的和谐，以及"人与自然"之间的和谐。可持续发展要求发展既要讲究经济效率，又要关注社会和谐与公平公正，同时必须注重生态环境保护和修复。具体来讲，可持续发展包括共同发展、公平发展、协调发展、高效发展和多维发展等几个方面的要义。共同发展表示全球社会经济的共同发展、共同繁荣，也强调全球必须联合行动推进可持续发展，既包括人类社会的发展，也包括自然的发展。公平发展具有两层含义：（1）代内公平，即任何国家不能因自身发展需求而损害其他国家满足自身需求的能力和条件；（2）代际公平，当代人的发展与需求不应以损害后代人的发展为代价。协调发展，既包括世界、国家和地区发展的全面协调，也包括个人自身发展的全面协调，更强调人口、经济、资源与环境发展的

----

① 世界环境与发展委员会. 我们共同的未来 [M]. 长春：吉林人民出版社，1997.

全面协调。协调是可持续发展的手段，也是目标。高效发展表示可持续发展必须以对资源环境的最小消耗换取社会经济的最大发展，这就要求科技水平的极大提高、政治制度的极大改进和全球治理水平的极大提升，以促进自然、社会经济和生态环境的全方位高效率发展。多维发展要求尊重社会文化、政治体制、地理环境、科技水平、经济规模等各个方面的差异性，鼓励全球在不同的国情或区域背景下，走符合本国或本区域实际、多样性、多模式的可持续发展道路。人口、粮食、资源、能源、环境等要素均依附于土地而存在，因此土地资源的可持续利用是可持续发展的重要基础条件之一。而土地资源的位置固定性、供给的有限性与土地需求增长之间的矛盾则决定了土地可持续利用的艰巨性。要实现土地资源的可持续利用，就必须以可持续发展理论为指导，优化土地资源数量结构和空间配置，提高土地资源利用的综合效益，实现人地关系的和谐。在提高土地资源承载的人口和经济规模时，更应注重人口生活水平的提高和经济增长质量的提升，而这一切均必须建立在资源环境可承载能力范围之内。在优化国土空间开发布局时，应该以可持续发展理论为指导，兼顾过程和结果的可持续性，以实现国土空间开发与社会、经济及生态效益的综合最优为最终目标。

兼顾生态文明的空间优化理论应包含以下几个方面。（1）安全优先，底线管控。生态安全与粮食安全是国家安全的重要组成部分，是实现可持续发展与"双碳"目标的保障。空间布局应首先对有关生态安全与粮食安全的国土空间进行布局优化，切实保障生态、农业安全。（2）节约集约，绿色发展。将节约集约、绿色发展作为生态文明建设的重要任务，将资源的节约与集约作为重要的手段，提升国土空间利用效率，寻求绿色发展新的路径。（3）以人为本，协调、持续发展。要求将人民的高质量、高水平生活目标作为空间布局优化的出发点，充分考虑社会经济发展目标与生态环境保护目标，协调区域各类空间规模、布局，促进协调、可持续发展，将空间管制加入可持续中，划归好土地的用途，规划未来土地的用途转换，做到满足未来的发展需要。

▶第四节 "双碳"目标下国土空间布局优化的理论逻辑与实现路径

"双碳"目标的设定,彰显了我国积极参与全球环境治理、推动构建人类命运共同体的决心与担当,同时也是实现国内经济社会可持续发展的内在要求。国土空间作为实现"双碳"目标的重要载体与资源,需要在理论上厘清"双碳"目标与空间布局优化的内在逻辑,进而探索空间布局优化促进"双碳"目标实现的路径。

一、"双碳"目标与国土空间布局优化的逻辑关系

空间,作为各类活动的基石,其重要性在列斐伏尔的《空间的生产》一书中得到了深入阐释,该书对空间赋予了产品和资产的双重属性。从实现"双碳"目标的视角出发,国土空间不仅承载着重要的碳源活动,同时也汇聚了所有的碳汇要素。国土空间的布局优化不仅深刻影响着空间生产的过程,更在空间资产价值的实现过程中发挥着关键作用。两者的逻辑关系主要体现在以下几个方面。

(一)目标的一致性

"双碳"目标在我国的发展战略中占据核心地位,而优化空间布局则被视为实现这一目标的关键策略和工具。国土空间布局的优化,必须以生态文明建设理念为引领,全面考量区域的自然资源禀赋、新能源的发展及其成本效益,以及产业转型的战略布局,力求在推动碳中和的过程中形成科学合理的产业布局。通过将国土空间用途管制与"双碳"目标紧密结合,我们能够更加明确地界定中央与地方政府的权责关系,确保国家意志的高效传导与落实,从而进一步强化底线思维,确保国家发展的安全性与稳定性。这一策略从空间供给的角度出发,将空间资源视为重要的产品、

要素和资产，通过科学配置，为"双碳"目标的实现提供有力支撑。

（二）系统的关联性

"双碳"工作的系统性特点显著，它不是一项简单的任务，而是一个多维度、立体且复杂的系统工程，涵盖了生产、分配、流通、消费等各个环节，以及产业、能源、运输、生活等各个领域。实践中不能仅从降低碳排放的角度出发，而需要全面协调各个环节和领域，确保各方力量能够协同推进。国土空间作为实现"双碳"目标系统工程的重要组成部分，其实质是对资源要素进行重新配置的过程。在进行空间布局优化时，不能孤立地看待问题，而应秉持系统观念，确保空间要素能够产生"1+1>2"的整体效益，并寻求空间品质的最优方案，兼顾减少碳排放和增加碳汇的各个方面，以实现全面的可持续发展。

（三）规律的客观性

在推进"双碳"目标的进程中，必须严格遵循发展的内在规律。国土空间布局的优化，意味着对生态、生产、生活等各类空间资源进行科学、合理的配置。在推动生态功能区的发展时，坚持以自然恢复为主导；在农牧业生产区的建设中，采取集约化、适度规模化的经营模式；在城乡建设过程中，实施集中集聚集约的发展策略。这些不仅是发展的必然趋势，更是必须遵循的客观规律。

在优化国土空间布局，推动"双碳"目标实现的过程中，必须坚决避免逆规律、脱规律的行为。相反，应该紧密结合各地的发展阶段和具体条件，因地制宜、分类施策，有序、梯次地推进各地区实现碳达峰。只有这样，我们才能确保"双碳"目标的顺利实现，同时促进经济社会的可持续发展。

（四）转型的深刻性

实现碳达峰与碳中和目标，代表着一场深远且全面的经济社会系统性变革。这一变革将颠覆我国长期以来大量生产、大量消耗、大量排放的生产、消费模式，从而推动形成绿色、低碳、循环发展的经济体系，以及清洁、低碳、安全、高效的能源体系。此举不仅有助于缓解资源环境的压力，更可提升我国的发展质量与国际竞争力。绿色转型并非对传统工业化模式的局部调整，而是一场涉及经济社会系统全方位的绿色化改造，代表了发展方式的根本性变革。必须顺应全球以低碳为特征的能源与产业革命趋势，推动经济发展在质量、效率与动力方面实现变革。在"双碳"目标的指导下，提升空间品质成为优化空间布局策略的核心追求，这不仅是我国生态环境质量与稳定性的持续保障，更是促进人与自然和谐共生的关键所在。

（五）施策的持续性

到2030年前实现碳达峰、2060年前实现碳中和，是一个以量变积累来促进质变的过程，是一次加速跨越经济发展周期的艰辛过程，必须立足现实、稳步推进。国土空间布局的形成不是一蹴而就的，它具有长期性和持续性的特点，其优化调整必须确保在不同发展阶段都能发挥持续有效和持续作用的生命力。因此，我国在空间规划过程中，需要有序、合理地进行安排，并积极、灵活地探索和调整相关策略与机制，以确保目标的实现。

二、国土空间布局优化促进"双碳"目标实现的路径

作为承载碳源活动和碳汇要素的重要载体，空间在推动实现"双碳"目标的过程中扮演着至关重要的角色。国土空间的保护与开发利用方式的转变，与"双碳"目标的实现形成了一种相互促进、互为支撑的关系。在追求"双碳"目标的背景下，优化国土空间布局已成为推动社会经济全面低碳转型的基础性手段。这就要求以调控人地关系为手段，以国土空间的结构和功能上优化为重点，积极探索差异化的国土空间布局模式和开发格局，以确保区域能够实现低碳、协调与可持续发展的目标。

（一）严守"三区三线"管控空间总量

为构建科学、高效、统一的国土空间治理体系，必须确立国土空间用途管制制度的核心地位。这一制度不仅是实施国土空间规划体系监督的关键环节，更是保障新时代生态文明建设等战略任务的重要基础。用途分区与分类管理作为该制度的核心内容，为实施统一用途空间总量管控提供了基本前提。

在新时代的背景下，优化空间布局的核心在于构建高质量发展与高水平保护相协调的国土空间格局。这就要求在划定空间分区时，必须遵循空间规律，全面考虑整体利益，凸显不同区域的国土空间开发功能与保护价值，确保国土空间的高效开发、保护和利用。中共中央办公厅、国务院办公厅于 2019 年发布的《关于在国土空间规划中统筹划定落实三条控制线的指导意见》（以下简称《指导意见》）为生态保护红线、永久基本农田、城镇开发边界的划定提供了明确的指导原则。

《指导意见》要求，各地应根据自身的自然资源禀赋和经济社会发展实际，科学有序地统筹布局生态、农业、城镇等功能区。具体而言，应依据生态功能划定生态保护红线，确保生态安全；按照保质保量的要求划定永久基本农田保护线，保障粮食安全；同时，按照集约适度、绿色发展的要求划定城镇开发边界，促进城镇有序扩张。

以"三区三线"为核心的空间管控思路，进一步聚焦于空间总量的调配与控制，体现了从总量供给调节转向以存量为主的高质量发展方式。在此背景下，国土空间的底线管控和建设用地空间的有限供给成为必然。特别是在"双碳"目标的约束下，空间总量的调控需与"双碳"目标的实现过程相适应。随着碳汇接近峰值极限、能源消费结构优化达到拐点以及经济发展带来的新增能耗需求近零之后，对空间总量增长的管控将全面进入存量时代。在此情况下，为满足经济发展的需求，必须优化国土空间布局，实现碳汇面积的最大化。因此，最优的行动方案便是"做好减法，做优加法"，即在保障生态安全的前提下，通过科学规划和管理，实现国土空间的高效利用和可持续发展。

（二）科学定位空间功能

为实现各区域的差异化发展，需精准提供空间功能，这在空间规划中的具体落实体现为实施空间管控措施和协同发展战略。一方面，应综合考虑各地区的发展阶段和资源条件，建立健全差异化的减碳责任目标分解机制，构建灵活互补的区域减碳空间布局，以体现不同区域主体在功能定位上的差异。对于城市群等城市化主体区域，应注重适度供给产业经济空间，在确保战略稳定和经济持续增长的同时，促进单位用地碳耗的降低，并允许跨地区共同承担减碳任务。对于欠发达地区，应优化土地用途供给结构，实施减量发展，将单位碳排放指标增减、人口和经济增减情况与空间供给紧密结合。对于生态主体功能区域，应探索通过增加碳汇来替代经济指标考核的方式，为生态功能空间用地提供供给，并完善区域间的生态补偿制度和转移支付安排机制，以平衡资源供应地区和消费地区之间的利益关系。另一方面，必须加强国土空间用途管制，从能耗和碳排放的角度进行专项分类，对高碳和低碳用地实施分类管理，为精准化的用途管制施策奠定坚实基础。

（三）统筹"三生"空间结构

空间结构施策旨在通过调整不同空间功能组合的结构供给，以优化并提升空间系统的综合效能，其在空间规划中的具体行动落实体现为"三生"空间结构的优化。首先，全面考虑并协调生产、生活和生态空间的关系，注重"三生"空间的结构均衡与优化，以推动形成资源节约、经济高效的空间格局。其次，优化城镇存量空间、统筹城乡空间结构，确保城乡高质量发展。具体表现为合理布局城乡空间，科学预测城乡人口流动和产业发展趋势，以保障新城镇化和乡村振兴的协调发展。最后，需要充分发挥国土综合整治的效能，妥善处理耕地保护与林地利用的关系，从长远战略的角度保障粮食安全，巩固和提升生态系统的碳汇能力，为碳中和目标提供有力支撑。

（四）绿色技术创新提升空间效率

空间效率施策是以新技术、新能源等要素的供给促进单位能耗降低、总能耗增加值下降甚至总能耗下降，其在空间规划中的具体行动落实表现为新技术、新手段的运用及多功能混合用地新模式的探索应用。对应国土空间规划的远景目标，空间规划需超越对土地资源的依赖，转向技术创新和效率提升。在生态文明制度体系的框架下，不断探索提升空间治理能力的科学化和智慧化水平，创新规划的技术和方法，以实现效能的提升和成本的降低。例如，利用国土空间信息化平台、智慧城市、智慧园区等产品可以更有效地管理能源碳排放；积极探索碳排放信息化前沿技术，并广泛应用5G、人工智能、无人驾驶和可再生能源等突破性的新技术；改善能源利用结构，推动可替代能源的开发与利用；加大对新型绿色建筑材料、绿色低碳工艺的创新研发力度，降低单体建筑的能耗；探索增汇减排新领域，加大科研技术投入，构建利于二氧化碳封存的产业化标准体系，为二氧化碳封存提供地下空间和技术支持，促使城市更加绿色、更加宜居。

02
第二章

内蒙古国土空间的
现状与特征

内蒙古位于我国北部边疆，地貌以高原为主，境内森林、草原、湖泊、沙漠等生态系统多样齐全，自然资源富集，这些条件共同决定了内蒙古国土空间的独特性。

一、地理区位

内蒙古自治区位于我国正北方，范围介于北纬 37 度 24 分至 53 度 23 分，东经 97 度 12 分至 126 度 4 分，东西长约 2400 公里，南北最大跨度 1700 多公里，横穿 29 个经度，纵跨 16 个纬度，呈狭长形，由东北向西南倾斜，总面积 118.3 万平方公里，占中国总面积的 12% 多，是中国第三大

---

　　* 本节数据主要来源于内蒙古自治区人民政府网站、内蒙古自治区自然资源厅网站公开数据，以及《中国统计年鉴》《内蒙古统计年鉴》《内蒙古自治区 2023 年国民经济和社会发展统计公报》，部分盟市统计年鉴及各盟市国民经济和社会发展统计公报作为补充。

省区。横跨东北、华北、西北地区，内与黑龙江、吉林、辽宁、河北、山西、陕西、宁夏、甘肃 8 省区相邻，外与俄罗斯、蒙古国接壤，边境线 4200 多公里，约占我国陆地边境线的 1/5，仅次于新疆，排名第二。内蒙古国土空间广袤，具有承东启西、北开南联、连通内外的独特区位条件，使其在我国的生态安全屏障、边疆安全稳定、区域经济格局、内外开放协作、交通通道联结、国防军事安排等各个方面均具有不可替代的地位和作用。

二、行政区划

截至 2022 年，内蒙古自治区共辖 12 个地级行政区，包括 9 个地级市、3 个盟，分别是呼和浩特市、包头市、乌海市、赤峰市、通辽市、鄂尔多斯市、呼伦贝尔市、巴彦淖尔市、乌兰察布市、兴安盟、锡林郭勒盟、阿拉善盟；满洲里市、二连浩特市为自治区级计划单位市。全区合计有 103 个县级行政区划单位，包括 23 个市辖区、11 个县级市、17 个县、49 个旗、3 个自治旗（见表 2－1）。

表 2－1　　　　　　　　　内蒙古自治区行政单位

地区	面积 （10^4平方千米）	旗县区数 （个）	旗县（市、区）及名称
呼和浩特市	1.7	9	新城区、回民区、玉泉区、赛罕区、土默特左旗、托克托县、和林格尔县、清水河县、武川县
包头市	2.8	9	东河区、昆都仑区、青山区、石拐区、白云鄂博矿区、九原区、土默特右旗、固阳县、达尔罕茂明安联合旗
呼伦贝尔市	25.3	14	海拉尔区、扎赉诺尔区、阿荣旗、莫力达瓦达斡尔族自治旗、鄂伦春自治旗、鄂温克族自治旗、陈巴尔虎旗、新巴尔虎左旗、新巴尔虎右旗、满洲里市、牙克石市、扎兰屯市、额尔古纳市、根河市
兴安盟	5.5	6	乌兰浩特市、阿尔山市、科尔沁右翼前旗、科尔沁右翼中旗、扎赉特旗、突泉县

续表

地区	面积 (10^4平方千米)	旗县区数 （个）	旗县（市、区）及名称
通辽市	5.9	8	科尔沁区、霍林郭勒市、科尔沁左翼中旗、科尔沁左翼后旗、开鲁县、库伦旗、奈曼旗、扎鲁特旗
赤峰市	9.0	12	红山区、元宝山区、松山区、阿鲁科尔沁旗、巴林左旗、巴林右旗、林西县、克什克腾旗、翁牛特旗、喀喇沁旗、宁城县、敖汉旗
锡林郭勒盟	20.3	12	二连浩特市、锡林浩特市、阿巴嘎旗、苏尼特左旗、苏尼特右旗、东乌珠穆沁旗、西乌珠穆沁旗、太仆寺旗、镶黄旗、正镶白旗、正蓝旗、多伦县
乌兰察布市	5.4	11	集宁区、丰镇市、卓资县、化德县、商都县、兴和县、凉城县、察哈尔右翼前旗、察哈尔右翼中旗、察哈尔右翼后旗、四子王旗
鄂尔多斯市	8.7	9	东胜区、康巴什区、达拉特旗、准格尔旗、鄂托克前旗、鄂托克旗、杭锦旗、乌审旗、伊金霍洛旗
巴彦淖尔市	6.5	7	临河区、五原县、磴口县、乌拉特前旗、乌拉特中旗、乌拉特后旗、杭锦后旗
乌海市	0.18	3	海勃湾区、海南区、乌达区
阿拉善盟	27.0	3	阿拉善左旗、阿拉善右旗、额济纳旗
全区合计	118.3	103	旗 52 个、县 17 个、盟（市）辖县级市 11 个、区 23 个

资料来源：《内蒙古统计年鉴（2023）》。

三、地形地貌及土地类型

内蒙古地域东西狭长，呈带状分布，地形地貌复杂，内部结构差异明显。地貌展布由东部的大兴安岭，经燕山、阴山，与西部的贺兰山、龙首山、北山蜿蜒相连接，呈拉长的"S"形，中脊横贯全区，成为分隔南部平原和北部高原的屏障。地形以高原为主，海拔高程3556米，最低点是西辽河平原，海拔高程仅120米。区内地势西高东低、南高北低，由西向东北缓缓倾斜,自东北向西南走向的大兴安岭、东西走向的阴山、南北走向的贺兰山等山脉构成内蒙古高原的"脊梁",也是内蒙古农业区和牧业区的天然分界线。山脉空间分隔总体上将内蒙古分为五类地形区,即北部高原区、中部山地丘陵带、大兴安岭岭东丘陵平原区、阴山南麓河套—土默川平原区及鄂尔多斯高原区,呈现高原—山地—平原带状分布及山地、丘陵、平原相间分布的地貌结构。东部地区以林地为主,东北部的大兴安岭分布有针叶林、阔叶林,随着由东向西降水量逐步减少,气候条件依次由湿润、半湿润逐步向半干旱、干旱过渡,生态景观总体上呈现由森林到草原到荒漠再到戈壁的规律性分布。中部以草原与荒漠为主,随着向内陆进一步深入,草原荒漠分界日益明显。西部以荒漠为主,呼伦贝尔、科尔沁、乌珠穆沁、浑善达克、毛乌素五大沙地由东向西分布。巴丹吉林、腾格里、乌兰布和、库布齐和巴音温都尔五大沙漠分布在西部盟市。

四、气候条件

内蒙古深居亚洲大陆腹地,来自海洋的暖湿气流难以深入,大部分地区属于温带干旱大陆性季风气候,依次跨越寒温带、中温带和暖温带。具有降水量少而不均、寒暑变化剧烈的特点,春季气温骤升,夏季短暂温热,秋季温度剧降,冬季漫长严寒。2022 年,内蒙古平均气温较常年(1991~2020 年,下同)偏高 0.3℃,为 1961 年以来第 11 高;平均降水量较常年偏多 2.9%,西部、西南部、东部及东北部地区偏多,其余大部分地区接近常年。

(一)气温

2022 年,内蒙古平均气温为 5.8℃,较常年偏高 0.3℃,为 1961 年以来历史同期第 11 高(见图 2-1)。各地气温在 -3.8℃(图里河)~11℃(额济纳),除西部部分地区偏高 1℃~1.3℃(乌审旗),全区大部接近常年。

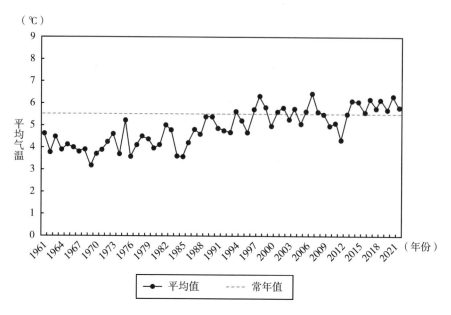

图2-1 1961~2022年内蒙古平均气温历年变化
资料来源：内蒙古自治区人民政府网站。

（二）降水

2022年，内蒙古平均降水量为314.5毫米，较常年偏多2.9%（9.5毫米）（见图2-2）。各地降水量在7.3（额济纳旗）~772.4毫米（科左后旗），通辽市大部、鄂尔多斯市中部和东南部、乌海市、阿拉善盟东部偏多25%~85%（科左后旗）；赤峰市西部、锡林郭勒盟南部、乌兰察布市大部、呼和浩特市北部、包头市大部、巴彦淖尔市东北部和中西部、阿拉善盟西部偏少25%~81%（额济纳旗）；其余地区接近常年。

地形地貌和气候植被特点使内蒙古自然灾害的发生频率较高、灾害种类较多，且区域性、季节性特征突出，灾害共生性和伴生性显著。总体来看，自然灾害分布特点可总结为：东南水，西北雪，中东部霜涝，西部旱。

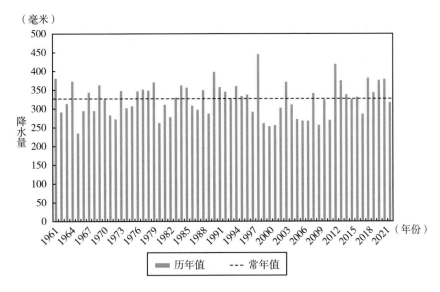

图 2 - 2　1961 ~ 2022 年内蒙古历年降水量

资料来源：内蒙古自治区人民政府网站。

五、自然资源

（一）水资源

内蒙古境内主要河流有黄河、额尔古纳河、嫩江和西辽河四大水系，大小河流千余条，其中流域面积在 1000 平方公里以上的河流有 107 条，流域面积大于 300 平方公里的有 258 条。有近千个大小湖泊，面积在 200 平方公里以上的湖泊有达赉湖、达里诺尔和乌梁素海。全区地表水资源为 406.60 亿立方米，与地表水不重复的地下水资源为 139.35 亿立方米，水资源总量为 545.95 亿立方米，占全国水资源总量的 1.92%。

内蒙古水资源在地区、时程的分布上很不均匀，且与人口和耕地分布不相适应。东部地区黑龙江流域土地面积占全区的 27%，耕地面积占全区的 20%，人口占全区的 18%，而水资源总量占全区的 67%，人均占有水资源量为全区均值的 3.6 倍。中西部地区的西辽河、海滦河、黄河 3 个流域总面积占全区的 26%，耕地占全区的 30%，人口占全区的 66%，但水资源仅占全区的 24%，大部分地区水资源紧缺。

（二）湿地资源

根据《内蒙古自治区第三次国土调查主要数据公报》，全区湿地面积 380.94 万公顷，包括 5 个二级地类。其中，森林沼泽 70.17 万公顷，占 18.42%；灌丛沼泽 21.48 万公顷，占 5.64%；沼泽草地 183.66 万公顷，占 48.21%；内陆滩涂 93.81 万公顷，占 24.63%；沼泽地 11.82 万公顷，占 3.10%。湿地主要分布在呼伦贝尔市和锡林郭勒盟两个盟市，占全区湿地的 86%。具体名录见表 2-2。

表 2-2　　　　　　　　　　　内蒙古自治区重要湿地名录

序号	湿地名称	行政区域	面积（公顷）		湿地类型	保护方式
			总面积	其中湿地面积		
1	内蒙古萨拉乌苏自治区重要湿地	鄂尔多斯市乌审旗	3000.40	1295.50	包括河流湿地、人工湿地 2 类 2 型，其中河流湿地有永久性河流 1 型，人工湿地有库塘 1 型	国家湿地公园
2	内蒙古奈曼孟家段自治区重要湿地	通辽市奈曼旗	3176.40	2521.66	包括沼泽湿地、人工湿地 2 类 4 型，其中沼泽湿地有草本沼泽 1 型，人工湿地有运水渠、库塘、淡水养殖场 3 型	国家湿地公园
3	内蒙古乌奴耳长寿湖自治区重要湿地	呼伦贝尔市牙克石市	8546.00	3460.31	包括河流湿地、湖泊湿地和沼泽湿地 3 类 5 型，其中河流湿地有永久性河流 1 型，湖泊湿地有永久性淡水湖 1 型，沼泽湿地有森林沼泽、灌丛沼泽、草本沼泽 3 型	国家湿地公园
4	内蒙古银岭河自治区重要湿地	呼伦贝尔市牙克石市	21566.84	7473.89	包括河流湿地、沼泽湿地和人工湿地 3 类，5 个湿地型分别为永久性河流、草本沼泽、灌丛沼泽、森林沼泽、库塘	国家湿地公园

续表

序号	湿地名称	行政区域	面积（公顷）		湿地类型	保护方式
			总面积	其中湿地面积		
5	内蒙古南海子自治区重要湿地	包头市东河区	1664.00	1484.00	包括湖泊湿地、河流湿地、沼泽湿地、人工湿地4类4型，其中湖泊湿地有永久性淡水湖1型，河流湿地有洪泛平原湿地1型，沼泽湿地有草本沼泽1型，人工湿地有水产养殖场1型	自治区级湿地自然保护区
6	内蒙古索尔奇自治区重要湿地	呼伦贝尔市阿荣旗	1257.39	666.09	包括河流湿地、沼泽湿地、人工湿地3类3型，其中河流湿地有永久性河流1型，沼泽湿地有草本沼泽1型，人工湿地有库塘1型	国家湿地公园
7	内蒙古扎兰屯秀水自治区重要湿地	呼伦贝尔市扎兰屯市	7989.91	6995.55	包括河流湿地和人工湿地2类，永久性河流、洪泛平原湿地、库塘3型	国家湿地公园
8	内蒙古额尔古纳自治区重要湿地	呼伦贝尔市额尔古纳市	12072.00	9507.00	包括河流湿地、沼泽湿地2类5型，其中河流湿地有永久性河流1型，沼泽湿地有森林沼泽、灌丛沼泽、草本沼泽、沼泽化草甸4型	国家湿地公园
9	内蒙古免渡河自治区重要湿地	呼伦贝尔市牙克石市	6102.94	4610.85	包括河流湿地、沼泽湿地、人工湿地3类7型，其中河流湿地有永久性河流、季节性或间歇性河流2型，沼泽湿地有草本沼泽、灌丛沼泽、沼泽化草甸3型，人工湿地有库塘、运河/输水河2型	国家湿地公园
10	内蒙古南木雅克河自治区重要湿地	呼伦贝尔市牙克石市	18588.41	5969.86	包括河流湿地、沼泽湿地2个湿地类，永久性河流、季节性或间歇性河流、草本沼泽、森林沼泽、沼泽化草甸5个湿地型	国家湿地公园

续表

序号	湿地名称	行政区域	面积（公顷）		湿地类型	保护方式
			总面积	其中湿地面积		
11	内蒙古巴林雅鲁河自治区重要湿地	呼伦贝尔市牙克石市	22871.25	21442.27	包括河流湿地、沼泽湿地2类5型，其中河流湿地有永久性河流、洪泛平原湿地2型，沼泽湿地有草本沼泽、灌丛沼泽、沼泽化草甸3型	国家湿地公园
12	内蒙古柴河固里自治区重要湿地	呼伦贝尔市扎兰屯市	3397.00	2133.20	包括河流湿地、沼泽湿地2类4型，其中河流湿地有永久性河流1型，沼泽湿地有草本沼泽、森林沼泽、灌丛沼泽3型	国家湿地公园
13	内蒙古莫力达瓦巴彦自治区重要湿地	呼伦贝尔市莫力达瓦达斡尔族自治旗	4900.00	4727.52	包括河流湿地、沼泽湿地2类6型，其中河流湿地有永久性河流、泛洪平原湿地2型，沼泽湿地有草本沼泽、灌丛沼泽、森林沼泽、沼泽化草甸4型	国家湿地公园
14	内蒙古红花尔基伊敏河自治区重要湿地	呼伦贝尔市鄂温克族自治旗	3144.00	2164.25	包括河流湿地、沼泽湿地2类4型，其中河流湿地有永久性河流1型，沼泽湿地有草本沼泽、灌丛沼泽、森林沼泽3型	国家湿地公园
15	内蒙古陈巴尔虎陶海自治区重要湿地	呼伦贝尔市陈巴尔虎旗	1531.62	1290.72	包括河流湿地、沼泽湿地2类5型，其中河流湿地有永久性河流、季节性或间歇性河流、洪泛平原湿地3型，沼泽湿地有灌丛沼泽、草本沼泽2型	国家湿地公园
16	内蒙古额尔古纳河区域自治区重要湿地	呼伦贝尔市额尔古纳市	95604.00	41159.07	包括河流湿地、沼泽湿地2类5型，其中河流湿地有永久性河流1型，沼泽湿地有草本沼泽、沼泽化草甸、灌丛沼泽、森林沼泽4型	自治区级湿地自然保护区
17	内蒙古科尔沁自治区重要湿地	兴安盟科尔沁右翼中旗	119587.00	17990.77	包括河流湿地、湖泊湿地、沼泽湿地3类6型	国家级自然保护区

续表

序号	湿地名称	行政区域	面积（公顷）		湿地类型	保护方式
			总面积	其中湿地面积		
18	内蒙古图牧吉自治区重要湿地	扎赉特旗	76210.00	19022.83	包括湖泊湿地、沼泽湿地、人工湿地3类6型	国家级自然保护区
19	内蒙古乌兰浩特洮儿河自治区重要湿地	兴安盟乌兰浩特市	2596.36	2007.33	包括河流湿地、人工湿地2类3型	国家湿地公园
20	内蒙古达里诺尔自治区重要湿地	赤峰市克什克腾旗	119413.55	38385.74	包括河流湿地、湖泊湿地、沼泽湿地3类8型	国家级自然保护区
21	内蒙古岱海自治区重要湿地	乌兰察布市凉城县	13728.35	11545.43	包括河流湿地、湖泊湿地、沼泽湿地、人工湿地4类7型	自治区级自然保护区
22	内蒙古商都察汗淖尔自治区重要湿地	商都县	3536.52	2381.76	包括河流湿地、湖泊湿地、沼泽湿地、人工湿地4类5型	自治区湿地公园
23	内蒙古包头黄河自治区重要湿地	包头市九原区、高新区、东河区和土右旗	12257.53	4330.9	包括河流湿地、湖泊湿地、沼泽湿地、人工湿地4类13型	国家湿地公园
24	内蒙古包头昆都仑河自治区重要湿地	包头市昆都仑区	714.93	652.94	包括河流湿地和人工湿地两大类	国家湿地公园
25	内蒙古乌梁素海自治区重要湿地	巴彦淖尔市乌拉特前旗	37200.26	35508.44	包括湖泊湿地、沼泽湿地、人工湿地3类4型	自治区级自然保护区
26	内蒙古巴美湖自治区重要湿地	巴彦淖尔市五原县	654.38	395.87	包括湖泊湿地、沼泽湿地2类3型	国家湿地公园

续表

序号	湿地名称	行政区域	面积（公顷）		湿地类型	保护方式
			总面积	其中湿地面积		
27	内蒙古牧羊海自治区重要湿地	巴彦淖尔市乌拉特中旗	1458.08	1449.98	包括湖泊湿地、沼泽湿地、人工湿地3类4型	自治区湿地公园
28	内蒙古奎勒河自治区重要湿地	呼伦贝尔市鄂伦春自治旗	69634.00	10781.35	包括河流湿地、沼泽湿地2类4型，其中河流湿地有永久性河流1型，沼泽湿地有草本沼泽、灌丛沼泽和沼泽化草甸3型	省级自然保护区
29	内蒙古大杨树奎勒河自治区重要湿地	呼伦贝尔市鄂伦春自治旗	4887.00	2542.63	包括河流湿地、沼泽湿地2类2型，其中河流湿地有永久性河流1型，沼泽湿地有草本沼泽1型	国家湿地公园
30	内蒙古伊图里河自治区重要湿地	呼伦贝尔市牙克石市	14850.56	12434.72	包括河流湿地、湖泊湿地、沼泽湿地3类5型，其中河流湿地有永久性河流1型，湖泊湿地有永久性湖泊1型，沼泽湿地有草本沼泽、森林沼泽、灌丛沼泽3型	国家湿地公园
31	内蒙古图里河自治区重要湿地	呼伦贝尔市牙克石市	5413.00	3195.00	包括河流湿地、沼泽湿地2类4型，其中河流湿地有永久性河流1型，沼泽湿地有草本沼泽、灌丛沼泽和森林沼泽3型	国家湿地公园
32	内蒙古克一河自治区重要湿地	呼伦贝尔市鄂伦春自治旗	1029.69	722.87	包括河流湿地、沼泽湿地2类3型，其中河流湿地有永久性河流1型，沼泽湿地有草本沼泽、森林沼泽2型	省级湿地公园
33	内蒙古吉文布苏里自治区重要湿地	呼伦贝尔市鄂伦春自治旗	1952.76	1592.91	包括河流湿地、沼泽湿地2类4型，其中河流湿地有永久性河流1型，沼泽湿地有草本沼泽、灌丛沼泽和森林沼泽3型	省级湿地公园

续表

序号	湿地名称	行政区域	面积（公顷）		湿地类型	保护方式
			总面积	其中湿地面积		
34	内蒙古汗马自治区重要湿地	呼伦贝尔根河市	107348.00	45723.00	包括3类4型，其中河流湿地包括永久性河流1型，湖泊湿地包括永久性淡水湖1型，沼泽湿地包括森林沼泽和灌丛沼泽2型	国家级自然保护区
35	内蒙古兴安里自治区重要湿地	呼伦贝尔市牙克石市	66381.00	16615.14	包括河流湿地、沼泽湿地2类4型，其中河流湿地有永久性河流1型，沼泽湿地有草本沼泽、灌丛沼泽和森林沼泽3型	省级自然保护区
36	内蒙古库都尔河自治区重要湿地	呼伦贝尔市牙克石市	5775.50	3891.90	包括河流湿地、沼泽湿地2类4型，其中河流湿地包括永久性河流1型，沼泽湿地包括草本沼泽、灌丛沼泽和森林沼泽3型	国家湿地公园
37	内蒙古根河源自治区重要湿地	呼伦贝尔市根河市	59060.48	22739.37	包括河流湿地和沼泽湿地2类4型，其中河流湿地有永久性河流1型，沼泽湿地有森林沼泽、灌丛沼泽和草本沼泽3型	国家湿地公园
38	内蒙古绰源自治区重要湿地	呼伦贝尔市牙克石市	5284.13	2561.68	包括河流湿地、沼泽湿地2类4型，其中河流湿地有永久性河流1型，沼泽湿地有草本沼泽、森林沼泽、灌丛沼泽3型	国家湿地公园
39	内蒙古牛耳河自治区重要湿地	呼伦贝尔市根河市	17525.14	10718.52	包括河流湿地、沼泽湿地2类4型，其中河流湿地有永久性河流1型，沼泽湿地有草本沼泽、灌丛沼泽和森林沼泽3型	国家湿地公园
40	内蒙古卡鲁奔自治区重要湿地	呼伦贝尔市根河市	6773.42	5587.22	包括河流湿地和沼泽湿地2类，其中河流湿地有永久性河流1型，沼泽湿地有草本沼泽、灌丛沼泽和森林沼泽3型	国家湿地公园

续表

序号	湿地名称	行政区域	面积（公顷）		湿地类型	保护方式
			总面积	其中湿地面积		
41	内蒙古绰尔雅多罗自治区重要湿地	呼伦贝尔市牙克石市	2233.71	1155.87	包括河流湿地和沼泽湿地2类4型，其中河流湿地有永久性河流1型，沼泽湿地有草本沼泽、灌丛沼泽和森林沼泽3型	国家湿地公园
42	内蒙古阿木珠苏自治区重要湿地	呼伦贝尔市鄂伦春自治旗	4658.00	3309.89	包括河流湿地、湖泊湿地、沼泽湿地3类5型，其中河流湿地有永久性河流1型，湖泊湿地有永久性湖泊1型，沼泽湿地有草本沼泽、灌丛沼泽、森林沼泽3型	省级湿地公园
43	内蒙古满归贝尔茨河自治区重要湿地	呼伦贝尔市根河市	5607.63	4908.94	包括河流湿地、沼泽湿地2类3型，其中河流湿地有永久性河流1型，沼泽湿地有草本沼泽、森林沼泽2型	国家湿地公园
44	内蒙古甘河自治区重要湿地	呼伦贝尔市鄂伦春自治旗	3964.95	3497.79	包括河流湿地和沼泽湿地2类3型，其中河流湿地有永久性河流1型，沼泽湿地有草本沼泽和森林沼泽2型	国家湿地公园
45	内蒙古毕拉河自治区重要湿地	呼伦贝尔市鄂伦春自治旗	56604.00	19828.19	包括河流湿地、湖泊湿地、沼泽湿地3类5型，其中河流湿地有永久性河流1型，湖泊湿地有永久性淡水湖1型，沼泽湿地有草本沼泽、灌丛沼泽和森林沼泽3型	国家级自然保护区
46	内蒙古阿龙山敖鲁古雅自治区重要湿地	呼伦贝尔市根河市	24343.21	17112.68	包括河流湿地、沼泽湿地2类4型，其中河流湿地有永久性河流1型，沼泽湿地有草本沼泽、灌丛沼泽和森林沼泽3型	省级湿地公园

续表

序号	湿地名称	行政区域	面积（公顷）		湿地类型	保护方式
			总面积	其中湿地面积		
47	内蒙古阿尔山哈拉哈河自治区重要湿地	兴安盟阿尔山市	4138.91	1505.19	包括河流湿地、沼泽湿地2类4型，其中河流湿地有永久性河流1型，沼泽湿地有草本沼泽、灌丛沼泽和森林沼泽3型	国家湿地公园
48	内蒙古临河黄河自治区重要湿地	巴彦淖尔市临河区	4637.60	1946.03	包括内陆滩涂、河流水面、湖泊水面、坑塘水面、沟渠5类，以河流水面为主	国家湿地公园
49	内蒙古纳林湖自治区重要湿地	巴彦淖尔市磴口县	1314.40	753.33	包括沼泽草地、湖泊水面、坑塘水面、沟渠	国家湿地公园
50	内蒙古奈伦湖自治区重要湿地	巴彦淖尔市磴口县	1814.50	1466.85	包括内陆滩涂、河流水面、湖泊水面、沟渠	国家湿地公园
51	内蒙古屠申泽自治区重要湿地	巴彦淖尔市杭锦后旗	755.89	279.43	包括湖泊水面、坑塘水面、沟渠	自治区湿地公园
52	内蒙古扎赉特绰尔托欣河自治区重要湿地	兴安盟扎赉特旗	4660.59	1313.74	包括森林沼泽、沼泽草地、内陆滩涂、河流水面、坑塘水面	国家湿地公园
53	内蒙古乌力胡舒自治区重要湿地	兴安盟科尔沁右翼中旗	38882.01	8134.37	包括沼泽草地、内陆滩涂、河流水面、水库水面、坑塘水面	自治区级自然保护区
54	内蒙古白狼洮儿河自治区重要湿地	兴安盟阿尔山市白狼镇	1189.30	268.32	包括森林沼泽、灌丛沼泽、沼泽草地、河流水面、坑塘水面	国家湿地公园
55	内蒙古莫和尔图自治区重要湿地	呼伦贝尔市鄂温克族自治旗	10128.09	2390.28	包括灌丛沼泽、沼泽草地、内陆滩涂、河流水面、水库水面、坑塘水面	国家湿地公园

续表

序号	湿地名称	行政区域	面积（公顷）		湿地类型	保护方式
			总面积	其中湿地面积		
56	内蒙古锡林河自治区重要湿地	锡林郭勒盟锡林浩特市	6556.00	4076.00	包括沼泽草地、内陆滩涂、河流水面、水库水面、坑塘水面	国家湿地公园
57	内蒙古上都河自治区重要湿地	锡林郭勒盟正蓝旗	11933.97	6912.14	包括沼泽草地、河流水面	国家湿地公园
58	内蒙古胡力斯台淖尔自治区重要湿地	通辽市科左后旗	585.72	558.72	包括沼泽草地、内陆滩涂、湖泊水面、坑塘水面	国家湿地公园
59	内蒙古居延海自治区重要湿地	阿拉善盟额济纳旗	6870.00	5755.6	包括河流水面、湖泊水面、沼泽草地	暂无

资料来源：根据内蒙古自治区自然资源厅网站资料整理。

（三）矿产资源

内蒙古地域辽阔，地质条件优越，矿产资源丰富，矿产种类繁多，分布广泛，矿种优势明显。截至 2022 年底，全区查明资源储量的矿产共 133 种（含亚种），列入《内蒙古自治区矿产资源储量表》的矿产为 126 种。全区有 103 种矿产的保有资源量居全国前十位，其中有 47 种矿产的保有资源量居全国前三位，煤炭、铅、锌、银、稀土等 20 种矿产的保有资源量居全国第一位。

从矿产资源的分布情况看，全区 12 个盟市均有矿产分布，但各盟市的资源禀赋差异很大。能源矿产资源遍布 12 个盟市，但主要集中在鄂尔多斯盆地、二连盆地、海拉尔盆地群。煤炭资源主要分布在鄂尔多斯市、呼伦贝尔市（含满洲里市）、锡林郭勒盟、通辽市等盟市，其中鄂尔多斯市、锡林郭勒盟和呼伦贝尔市保有资源储量分别占全区的 51%、25.3% 和 17.7%。从金属矿产的分布来看，中西部富集铜、铅、锌、铁、稀土等矿产，中南部地区富集金矿，东部地区富集银、铅、锌、铜、锡、稀有金属元素矿产。稀土资源是先进装备制造业、新能源、新兴产业等高新技术产业不可或缺的原材料，是非常宝贵且十分关键的战略资源，主要集中分布在包头白云鄂博矿区，包头白云鄂博矿山是世界上最大的稀土矿山，稀土储量居世界之首，占世界总储量的76%。

（四）自然保护地

内蒙古现有自然保护区、风景名胜区、地质公园、湿地公园、森林公园、沙漠公园6类自然保护地，共380个，总面积1571.81万公顷，约占自治区总面积的13.29%（见表2-3）。自然保护区216个，总面积1294.66万公顷，其中，国家级29个，面积426.12万公顷；自治区级64个，面积696.53万公顷；自治区级以下123个，面积172.01万公顷。风景名胜区5个，总面积52.74万公顷，其中，国家级2个，面积15.2万公顷；自治区级3个，面积37.54万公顷。地质公园23个，总面积48.56万公顷，其中，世界级3个，面积27.77万公顷；国家级11个，面积12.9万公顷；自治区级9个，面积7.89万公顷。湿地公园63个，总面积38.61万公顷，其中，国家级53个，面积34.62万公顷；自治区级10个，面积3.99万公顷。森林公园58个，总面积132.58万公顷，其中，国家级36个，面积109.57万公顷；自治区级21个，面积22.67万公顷；自治区级以下1个，面积0.34万公顷。沙漠公园15个，总面积4.66万公顷。

表2-3　　　　　　　内蒙古国家级自然保护区名录

序号	名称	主要保护对象	盟市
1	内蒙古大青山国家级自然保护区	森林生态系统	呼和浩特市、包头市、乌兰察布市
2	内蒙古呼伦湖国家级自然保护区	湖泊湿地、草原及野生动物	呼伦贝尔市
3	内蒙古毕拉河国家级自然保护区	森林沼泽、湿地沼泽生态系统及珍稀野生动植物	呼伦贝尔市

续表

序号	名称	主要保护对象	盟市
4	内蒙古红花尔基樟子松国家级自然保护区	樟子松林	呼伦贝尔市
5	内蒙古辉河国家级自然保护区	湿地生态系统及珍禽、草原	呼伦贝尔市
6	内蒙古额尔古纳国家级自然保护区	原始寒温带针叶林	呼伦贝尔市
7	内蒙古汗马国家级自然保护区	寒温带苔原山地明亮针叶林	呼伦贝尔市
8	内蒙古青山国家级自然保护区	典型温带天然林与草原草甸生态系统	兴安盟
9	内蒙古科尔沁国家级自然保护区	湿地珍禽、灌丛及疏林草原	兴安盟
10	内蒙古图牧吉国家级自然保护区	大鸨等珍禽及草原、湿地生态系统	兴安盟
11	内蒙古大青沟国家级自然保护区	沙地原生森林生态系统和天然阔叶林	通辽市
12	内蒙古罕山国家级自然保护区	森林、草原、湿地生态系统及大鸨、金雕、马鹿、棕熊等珍稀野生动物	通辽市
13	内蒙古阿鲁科尔沁国家级自然保护区	沙地草原、湿地生态系统及珍稀鸟类	赤峰市
14	内蒙古高格斯台罕乌拉国家级自然保护区	森林、草原、湿地生态系统及珍稀动物	赤峰市
15	内蒙古乌兰坝国家级自然保护区	西辽河源头区的山地森林、湿地生态系统，斑羚、马鹿和黑鹳等珍稀动植物	赤峰市
16	内蒙古赛罕乌拉国家级自然保护区	森林生态系统及马鹿等野生动物	赤峰市
17	内蒙古白音敖包国家级自然保护区	沙地云杉林	赤峰市
18	内蒙古达里诺尔国家级自然保护区	珍稀鸟类及其生境	赤峰市

续表

序号	名称	主要保护对象	盟市
19	内蒙古黑里河国家级自然保护区	森林生态系统	赤峰市
20	内蒙古大黑山国家级自然保护区	温带落叶森林生态系统	赤峰市
21	内蒙古锡林郭勒草原国家级自然保护区	草甸草原、沙地疏林	锡林郭勒盟
22	内蒙古古日格斯台国家级自然保护区	森林、草原生态系统和野生动植物	锡林郭勒盟
23	内蒙古西鄂尔多斯国家级自然保护区	四合木等濒危植物及荒漠生态系统	鄂尔多斯市、乌海市
24	内蒙古鄂尔多斯市遗鸥国家级自然保护区	遗鸥及湿地生态系统	鄂尔多斯市
25	内蒙古恐龙遗迹化石国家级自然保护区	恐龙足迹化石	鄂尔多斯市
26	内蒙古哈腾套海国家级自然保护区	绵刺及荒漠草原、湿地生态系统	巴彦淖尔市
27	内蒙古乌拉特梭梭林—蒙古野驴国家级自然保护区	梭梭林、蒙古野驴及荒漠生态系统	巴彦淖尔市
28	内蒙古贺兰山国家级自然保护区	水源涵养林、野生动植物	阿拉善盟
29	内蒙古额济纳胡杨林国家级自然保护区	胡杨林及荒漠生态系统	阿拉善盟

资料来源：根据内蒙古自治区自然资源厅网站资料整理。

（五）生物资源

内蒙古生物多样性十分丰富，全区陆生野生脊椎动物 613 种，分属于 29 目、93 科、291 属。国家 Ⅰ 级保护动物 52 种，其中林草部门主管 50 种，农业部门主管 2 种；国家 Ⅱ 级保护动物 117 种，其中林草部门主管

106 种，农业部门主管 11 种。

多样的生物资源决定了内蒙古植被类型的多样性，内蒙古维管束植物（种子植物、蕨类植物）共计 2619 种，其中种子植物 2551 种，蕨类植物 68 种。国家Ⅰ级保护植物 2 种，其中林草部门主管 1 种，农业部门主管 1 种；国家Ⅱ级保护植物 45 种，其中林草部门主管 21 种，农业部门主管 24 种。

（六）森林资源

内蒙古是我国北方重要的生态安全屏障，是我国森林资源相对丰富的省区之一，是"三北"防护林体系建设的重要区域。从东到西分布有大兴安岭原始林区和 11 片次生林区（大兴安岭南部山地、宝格达山、迪彦庙、罕山、克什克腾、茅荆坝、大青山、蛮汉山、乌拉山、贺兰山、额济纳次生林区），以及长期建设形成的人工林区。2020 年全区森林资源管理"一张图"更新结果显示，全区森林面积 4.08 亿亩，居全国第一位，森林覆盖率 23.0%；人工林面积 9900 万亩，居全国第三位；森林蓄积 16 亿立方米，居全国第五位。天然林主要分布在内蒙古大兴安岭原始林区和大兴安岭南部山地等 11 片次生林区，人工林遍布全区各地。全区乔灌树种丰富，有杨树、柳树、榆树、樟子松、油松、落叶松、白桦、栎类等乔木和锦鸡儿、白刺、山杏、柠条、沙柳、梭梭、杨柴、沙棘等灌木。

综合来看，内蒙古国土空间独特性非常鲜明。内蒙古区位优势突出，是国家向北对外开放的重要桥头堡，是我国北方面积最大、种类最全的生态功能区。内蒙古自然资源类型丰富、储量巨大，生物多样性丰富而独特，为"双碳"目标的实现奠定了资源基础。但是，内蒙古的地域空间内资源和生产要素分布极不均衡，存在结构性不匹配，同时生态脆弱性突出，土地类型中的山地、丘陵、沙漠和荒漠等不可利用的土地占比面积较大，偏远地区自然条件相对恶劣，区域空间并不适合人类生存，也不适合碳汇和降碳等措施的实施，更不利于达成"双碳"目标。

▶ 第二节　内蒙古国土空间主体功能分区及其功能定位

以资源环境承载能力与国土空间开发适宜性评价为基础，按照生态保护优先的原则，把内蒙古国土空间划分为重点生态功能区、农产品主产区、城市化发展区三大类型。内蒙古国土空间具有边疆地区、少数民族集聚区、生态功能区、国防军事特区多项区域功能叠加的特点，决定了内蒙古国土空间开发和经济高质量发展不仅关乎内蒙古 2400 万人民自身的福祉，更关乎全国开放协作、强边固防、民族团结、生态保护等国家大局。

一、内蒙古国土空间主体功能分区

依据《内蒙古自治区国土空间规划（2021—2035 年）》，以资源环境承载力和国土空间开发适宜性评价为基础，服务"两个屏障"、"两个基地"和"一个桥头堡"战略定位及黄河流域生态保护和高质量发展战略的需要，按照生态保护优先的原则，将全区国土空间划分为重点生态功能区、城市化发展区、农产品主产区，最大限度保护生态环境，最大程度培植绿色发展优势。

（一）重点生态功能区

重点生态功能区以开展生态保护、推进山水林田湖草沙系统治理和适度发展全域旅游为区域核心功能，其定位在保护生态环境、提供生态产品上，加大生态保护修复政策措施和工程任务落实力度，促进人口逐步有序向城镇转移并定居落户。重点生态功能区主要包括大兴安岭森林生态功能区、呼伦贝尔草原草甸生态功能区、科尔沁草原生态功能区、浑善达克沙漠化防治生态功能区、阴山北麓草原生态功能区、黄土高原丘陵沟壑水土保持生态功能区、阿拉善沙漠化防治生态功能区等区域，覆盖 10 个盟市、46 个旗县，具体重点生态功能区名录见表 2-4。

表 2 - 4   内蒙古重点生态功能区名录（2021 ~ 2035 年新规划）

区域	盟市	旗县市	数量
大兴安岭森林生态功能区	呼伦贝尔市	阿荣旗、莫力达瓦达斡尔族自治旗、鄂伦春自治旗、牙克石市、额尔古纳市、根河市、扎兰屯市	8
	兴安盟	阿尔山市	
呼伦贝尔草原草甸生态功能区	呼伦贝尔市	新巴尔虎左旗、新巴尔虎右旗、鄂温克族自治旗、陈巴尔虎旗	4
科尔沁草原生态功能区	赤峰市	阿鲁科尔沁旗、巴林右旗、翁牛特旗	10
	通辽市	科尔沁左翼中旗、科尔沁左翼后旗、开鲁县、库伦旗、奈曼旗、扎鲁特旗	
	兴安盟	科尔沁右翼中旗	
浑善达克沙漠化防治生态功能区	锡林郭勒盟	阿巴嘎旗、苏尼特左旗、苏尼特右旗、太仆寺旗、镶黄旗、正镶白旗、正蓝旗、多伦县、东乌珠穆沁旗、西乌珠穆沁旗	11
	赤峰市	克什克腾旗	
阴山北麓草原生态功能区	包头市	达尔罕茂明安联合旗、固阳县	8
	巴彦淖尔市	乌拉特中旗、乌拉特后旗	
	乌兰察布市	四子王旗、察哈尔右翼中旗、察哈尔右翼后旗、化德县	
黄土高原丘陵沟壑水土保持生态功能区	呼和浩特市	武川县、清水河县	2
阿拉善沙漠化防治生态功能区	阿拉善盟	阿拉善左旗、阿拉善右旗、额济纳旗	3

资料来源：《内蒙古自治区国土空间规划（2021—2035 年）》。

（二）城市化发展区

城市化发展区以高效集聚经济和人口、保护永久基本农田和生态空间为区域核心功能，把城市化地区的主体功能定位在以保护基本农田和生态空间为前提、提供工业品和服务产品上，高效集聚经济和人口，高质量集中特色优势产业，形成新的增长及增长带。城市化发展区共包括 39 个旗县，具体见表 2 - 5。

表 2 - 5　　　　内蒙古城市化发展区（2021～2035 年新规划）

盟市	旗县区	数量（个）
呼和浩特市	新城区、回民区、玉泉区、赛罕区、托克托县、和林格尔县、土默特左旗	7
包头市	东河区、昆都仑区、青山区、九原区、石拐区、白云鄂博矿区	6
鄂尔多斯市	东胜区、伊金霍洛旗、准格尔旗、鄂托克旗、鄂托克前旗、康巴什区、乌审旗、达拉特旗、杭锦旗	9
呼伦贝尔市	扎赉诺尔区、海拉尔区、满洲里市	3
兴安盟	乌兰浩特市	1
通辽市	霍林郭勒市	1
赤峰市	红山区、松山区、元宝山区、宁城县	4
锡林郭勒盟	锡林浩特市、二连浩特市	2
乌兰察布市	丰镇市、集宁区	2
巴彦淖尔市	临河区	1
乌海市	海勃湾区、海南区、乌达区	3

资料来源：《内蒙古自治区国土空间规划（2021—2035 年）》。

（三）农畜产品主产区

农畜产品主产区以增强农牧业生产能力、推进绿色农产品适度规模化发展为区域核心功能，其主体功能定位在加强生态环境保护建设、推进绿色兴农兴牧、提供优质绿色农产品上，优化农牧业布局，推动农牧业向优质高效转型，保障国家粮食安全，禁止开展大规模高强度工业化城市化开发，禁止开发基本农田，严禁占用基本草原。农产品主产区主要包括河套—土默川平原农业主产区、大兴安岭沿麓农业产业带和西辽河平原农业主产区等区域，覆盖 6 个盟市、18 个旗县，具体名录见表 2 - 6。

表 2 - 6　　　内蒙古农产品主产区名录（2021～2035 年新规划）

区域	盟市	旗县区	数量（个）
河套－土默川平原农业主产区	包头市	土默特右旗	1
	乌兰察布市	凉城县、商都县、察哈尔右翼前旗、卓资县、兴和县	5
	巴彦淖尔市	杭锦后旗、五原县、乌拉特前旗、磴口县	4

区域	盟市	旗县区	数量（个）
大兴安岭沿麓农业产业带	兴安盟	科尔沁右翼前旗、突泉县、扎赉特旗	3
西辽河平原农业主产区	通辽市	科尔沁区	1
	赤峰市	敖汉旗、林西县、巴林左旗、喀喇沁旗	4

资料来源：《内蒙古自治区国土空间规划（2021—2035 年）》。

二、内蒙古国土空间的功能定位

（一）生态功能确立内蒙古在新时代全国环境保护中的关键地位

作为一个长期周期和大空间尺度的议题，生态系统的稳定性和可持续性对于全国乃至全球的生态环境都具有重要影响。内蒙古地域广袤，生态资源丰富，但生态系统脆弱，这使其成为生态环境保护的重点区域。为了全面剖析内蒙古的生态功能地位，需要从区域、流域的角度出发，逐步扩展至全国乃至全球层面进行深入研究。

1. 内蒙古位于我国气候上游

我国气候复杂多样，总体呈现大陆性季风气候特征。西北方向西伯利亚的冷空气与东南方向太平洋的暖湿气流交汇，主导着我国大部分地区的四季更替和气候状况。内蒙古地处我国正北方的气候上游地区，是由东部大兴安岭、中部阴山、西部贺兰山、龙首山等山脉构成的天然生态屏障，在阻止西北风沙东移南下，保护东北、华北、西北等要地、经济重心、粮仓腹地方面，具有不可替代的生态功能。京津冀地区的风沙防护、雾霾治理等，也离不开内蒙古的协作与支持。

2. 内蒙古是我国"三北"地区主要水系源头

黄河在内蒙古境内流经 843 公里，中上游大部分地区均在内蒙古范围内。东部大兴安岭是嫩江、松花江、黑龙江等多条中蒙俄三国河流的发源地；发源于赤峰的西拉木伦河、老哈河在通辽汇成西辽河，成为辽河的主要支流；发源于锡林郭勒的滦河是海河的上游。因此，内蒙古堪称"三北"地区主要大江大河的源头或流域主体。内蒙古生态环境的优劣直接影响着我国"三北"地区水源供应的数量和质量。内蒙古的生态状况不仅关乎全区各族群众的生存与发展，而且关乎华北、东北、西北地区乃至全国的生态安全。将内蒙古打造成为我国北方重要生态安全屏障，是立足全国发展大局的战略定位，也是内蒙古肩负的重大责任。

（二）地理区位决定内蒙古在新时代开放协作中的独特功能

1. 历史上的边塞要地

地理区位作为一种客观条件，并无绝对的好与坏之分，而是需在特定历史条件下进行评价，并随时代变迁而变化。在古代，北方草原是我国蒙古、契丹、女真、回纥等多个民族的生存繁衍之地。现今的内蒙古，是当时中原农耕民族与北方游牧民族长期争夺的战略要地，战乱频繁导致其经济社会发展滞后于中原地区。

2. 新中国成立初期的战略纵深

新中国成立后，在国家"一五"时期，内蒙古布局了一系列重大工业项目，为当地发展奠定了良好基础。进入20世纪60年代，由于中苏关系恶化，内蒙古作为边疆地区的发展不得不让位于备战，建设投入减少，导致其与其他省份的发展差距扩大。

3. 改革开放后的边缘腹地

改革开放以后，我国重点实施东向和南向的沿海开放战略，内蒙古地处我国西北内陆地区，在全国经济地理分工格局中始终处于边缘地位。随着改革开放以来我国经济的快速发展、综合国力的提升以及国际影响力的日益扩大，在为人类和平与发展作出重大贡献的同时，也面临着诸多"成长的烦恼"。当前，世界单边主义、民族民粹主义、贸易保护主义空前抬头，经济全球化趋势受到严峻挑战。我国和平发展的国际环境有忧有变，世界贸易组织（WTO）规则受到冲击，过去重点推动的沿海开放战略遇到困难。

4. 新时期向北开放的重要桥头堡

为了适应国际政治经济环境和国际安全形势的新变化，党中央审时度势、科学决断，在准确研判国内外形势变化的基础上，及时提出构建"一带一路"的伟大构想。这一构想旨在继续巩固沿海开放成果的同时，进一步提升沿边陆路开放的地位。通过政策沟通、设施联通、贸易畅通、资金融通、民心相通的"五通工程"，将欧亚大陆两大经济体连接起来，拓展我国发展新空间。随着我国向北向西陆路开放上升到更加重要的地位，内蒙古的区位也由过去沿海开放的腹地转变为陆路开放的前沿。内蒙古凭借内联八省、外接两国、边境口岸众多、国际通道过境、民族文化同源等优势条件，在"一带一路"建设中尤其是中蒙俄经济走廊建设中凸显了独特的地位和作用，在全国开放协作、安邻睦边等国家战略中具有重要地位。

（三）资源优势确立内蒙古在新时代全国经济分工中的重要地位

从根本上说，各类产业均是将特定资源转化为满足市场需求的产品与服务的过程。尽管金融、科技等现代服务业看似不消耗资源或仅消耗少量资源，但其生成与发展对资源主导的物质生产部门具有强烈的依赖性。我国虽地域辽阔，矿产资源总量约占全球的12%，仅次于美国和俄罗斯，位居世界第3，但人均占有量仅为世界平均水平的58%，位列全球第53。因此，总体而言，我国是一个矿产资源相对匮乏的国家，人均能源矿产产品消费水平远低于发达国家，大规模城乡建设、基础设施配套和制造业发展对矿产资源的需求依然巨大。在此背景下，内蒙古对全国经济分工与协作具有重要意义。

1. 国家重要能源和战略资源基地

内蒙古作为我国矿产资源丰富地区，是全国重要的能源重化工产品供应基地。目前，内蒙古煤炭产量占全国的1/4，电力装机和外送电量位居全国第一，煤化工产品及有色金属冶炼产能位居全国前列，已在全国制造业产业链中形成难以替代的基础地位。尽管为减轻环境压力和推动高质量发展，将积极促进资源型产业清洁化转型和延伸升级，但内蒙古在全国制造业产业分工中的基础地位仍将巩固。

2. 利用俄蒙矿产资源的重要通道

当前，我国国内资源供应压力日益加大，石油、天然气、铁矿石、铝土矿、铜矿石等多种矿产资源的对外依存度逐年上升，经济安全面临严峻挑战。加强境外资源利用，弥补国内资源不足，成为我国对外经济合作的重要战略导向。蒙古国和俄罗斯均为矿产资源大国，拥有丰富且优质的油气、焦煤、铜矿、铁矿、萤石和木材等战略资源，加强对俄蒙两国的资源利用有助于缓解国内矿产资源紧缺状况，降低对远洋资源来源地和运输通道的依赖风险，实现我国能源资源战略通道的多元化，保障国家能源和经济安全。

在这种背景下，内蒙古凭借地理相邻、口岸相通、人文相亲等先天优势，在全国资源保障多元化战略中发挥着重要作用。因此，习近平总书记强调把内蒙古建设成为国家重要能源和战略资源基地，客观地反映了内蒙古在全国能源矿产资源供应保障中的战略地位。

（四）内蒙古在全国范围内具有不可替代的多元功能地位

1. 绿色优质农畜产品生产加工基地

内蒙古丰富的土地资源、广袤的草牧场和森林资源，在保障我国农畜产品数量安全的同时，因其纯天然、少污染的环境，使得我国农畜产品在质量安全方面具备独特优势，对我国 14 多亿人口的食物安全具有关键作用。

2. 内蒙古肩负着强国强军和守土戍边的重任

作为我国北部边疆省份，4200 多公里的陆路边境线，使内蒙古成为反分裂、反渗透、反颠覆斗争的前沿地区，在我国航空航天和强军强国战略中具有不可替代的地位。

3. 内蒙古是民族团结进步的示范地区

民族团结进步是我国长治久安的基石，国家历来重视各民族的团结繁荣和共同发展。2015 年 1 月 29 日，习近平总书记在国家民委一份简报上批示：全面实现小康，少数民族一个都不能少，一个都不能掉队。内蒙古应守望相助，扎实推动民族团结和边疆稳定，努力守护"模范自治区"的荣誉。

4. 内蒙古是多元文化的繁荣地

受蒙古、满、汉等民族交流融合程度差异、特定自然环境及生产方式差异的影响，内蒙古形成了独特的地域文化特征。蒙东地区受满、汉文化影响，与东北地区文化更为相似，呈现出鲜明的呼伦贝尔和科尔沁草原文化特色。锡林浩特的游牧文化与察哈尔宫廷文化传统得以保留。呼包鄂、乌兰察布和巴彦淖尔地区长期接受陕西、山西移民，形成了以蒙、汉文化混合为主的文化特征。

内蒙古因其独特的功能地位，在制定经济社会政策时，不能仅追求经济效益，而是要将民族团结、社会稳定、边疆安宁以及国家安全和军队建设等政治因素置于优先考虑的位置。这些政治考量对内蒙古的发展战略设计和政策手段的实施施加了诸多限制和约束。因此，内蒙古在空间发展战略的规划中，亦需全面权衡并融合上述多重目标，以实现全面协调可持续发展。

▶ 第三节 内蒙古生态空间格局与碳排放特征

内蒙古地域辽阔、横跨"三北"、靠近京津，有森林、草原、湿地、河流、湖泊、沙漠、戈壁等多种自然形态，是我国北方面积最大、种类最全的生态功能区，生态空间格局可以用"三山两带一弯多廊多点"来概括。"双碳"目标下，内蒙古的生态空间格局不仅体现了其作为中国北方重要生态安全屏障的地位，也突出了其在增汇减排中的重要功能。

一、生态空间格局现状

（一）"三山两带一弯多廊多点"生态空间格局

内蒙古地域辽阔、横跨"三北"、靠近京津，有森林、草原、湿地、河流、湖泊、沙漠、戈壁等多种自然形态，是我国北方面积最大、种类最全的生态功能区，是我国重要的生态和生物多样性功能区，对于调节气候、防风固沙、释氧固碳、维系生物多样性等具有重要作用。内蒙古东西狭长，基于"三山、两翼、一弯"的自然地理格局，构筑"三山两带一弯多廊多点"的生态空间格局。

1. 三山

内蒙古由东向西绵延横亘着大兴安岭、阴山山脉和贺兰山山脉。这三座山脉是内蒙古地区地形地貌的主骨架，具有水源涵养、防风固沙和生物多样性保护等功能的生态屏障，对于维护当地的生态平衡起着至关重要的作用。

2. 两带

以大兴安岭—阴山山脉—贺兰山山脉生态屏障为脊，分成了南北两个不同的生态保护带，即北部草原保护带和南部农牧交错带。北部草原保护带主要包括呼伦贝尔草原、科尔沁草原、锡林郭勒草原等，这些地区拥有我国最大的草原资源，是草原生态系统的核心区域。南部农牧交错带则主要包括黄土高原、河套平原、鄂尔多斯高原等，这些地区既是重要的粮食生产区，也是我国农牧业的重要交会区域。

3. 一弯

黄河经由甘肃、宁夏、内蒙古、陕西、山西 5 省区 20 个地市（盟），形成黄河"几"字弯流域。内蒙古境内的黄河"几"字弯涉及 7 个盟市 35 个旗县区，区域内集齐了"山水林田湖草沙"七大生态要素，是沙化土地分布较为集中、程度较为严重的地区，是生态治理攻坚战的主战场。

4. 多廊多点

内蒙古沿边沿海分布有多个湖泊、河流、湿地等生态廊道，形成了"多廊多点"的生态格局。"多廊"指的是以西辽河、嫩江、滦河、额尔古纳河、黑河等重点河流划定禁止建设区，建设水系生态廊道。"多点"即以呼伦湖、达里诺尔、乌梁素海、巴林雅鲁河、哈素海等重要功能湖泊及额尔古纳等湿地形成关键生态布点。这些生态廊道不仅是水资源的重要储备，也是生物多样性的重要栖息地，突出生态系统多功能耦合。

（二）生态保护红线

生态保护红线的本质是生态安全、环境安全的底线，有利于促进人口资源环境相均衡、经济效益与生态效益相统一，生态保护红线是国土空间的重要组成部分，具有显著的区域特定性，对国家和地区的国土空间、生态安全格局具有重要意义。内蒙古将全区具有重要水源涵养、生物多样性维护、水土保持、防风固沙等生态功能极重要的区域，以及生态极敏感脆弱的水土流失、沙漠化、石漠化等区域划入生态保护红线，保护好重要的森林、草原、湿地、荒漠等生态系统，构建起生态安全屏障的核心区域。

内蒙古划定生态保护红线 59.69 万平方公里，占全区总面积的50.46%，主要包括水源涵养、水土保持、生物多样性维护、防风固沙 4 种保护类型。（1）水源涵养生态保护红线主要分布于大兴安岭、辽河源、黄河流域等，总面积 15.99 万平方公里，占生态保护红线总面积的26.79%；（2）水土保持生态保护红线主要分布于黄土丘陵区以及黄河内蒙古段等，总面积为 37.59 万平方公里，占全区生态保护红线总面积的 0.63%；（3）生物多样性维护生态保护红线主要分布于松嫩平原、阴山山脉、鄂尔多斯高原、贺兰山山地等，总面积为 16.11 万平方公里，占全区生态保护红线总面积的 26.99%；（4）防风固沙生态保护红线包括呼伦贝尔草原、锡林郭勒草原、阴山北部、科尔沁沙地、浑善达克沙地、毛乌素沙地、乌珠穆沁沙地、阿拉善东部、腾格里沙漠、巴丹吉林沙漠、黑河中下游、马鬃山等，总面积 27.12 万平方公里，占生态保护红线总面积的 45.59%。[1]

生态保护红线内涉及 65% 的基本草原、61% 的林地和 53% 的水域湿地，将自然保护区整合优化结果全部纳入生态红线，由原划定的 12 万平方公里增加到近 14.3 万平方公里。[2] 在生态红线内将实行严格管控，不搞打破自然生态平衡的开发，不建超出环境承载能力的工程，不上突破资源承受能力的项目，从源头上杜绝不合理开发建设活动。

---

[1][2] 内蒙古自治区自然资源厅。

二、内蒙古生态空间特征

（一）保障性

内蒙古生态功能区对全区乃至全国都具有重要的保障作用。在生物多样性方面，内蒙古的物种聚集密度高，极具保护价值。在水源涵养方面，生态空间能有效拦截降水，调节水循环，维护水资源平衡。防风固沙方面，该地区风沙较大，但植物郁闭度高，能够有效地缓解风蚀，起到固沙作用。在保持水土方面，地表植被发达，抗水蚀能力强，土壤保持功能完善。保护这一区域，不仅关乎生态安全，更是为区域可持续发展奠定坚实基础。

（二）脆弱性

内蒙古位于生态环境敏感的区域，地势较高，气候干燥。在全球气候变化的大背景下，土地沙化、水资源短缺等环境问题日益突出。人类活动，如超载放牧和矿产开发，进一步影响草原生态，使其保护建设水平较低。湿地面积不断萎缩，功能退化。部分湖泊湿地遭受河套灌区农田退水、工业废水和生活污水的污染，富营养化和沼泽化现象显著，对生态空间构成巨大压力。

城镇建设和产业发展加剧生态退化风险。沿黄沿线及赤、通、锡地区城镇建设用地点状持续扩张，新增建设用地占用城镇周边草地与耕地。中部呼和浩特、包头市城镇群沿黄一线、乌兰察布，以及东部呼伦贝尔，侵占耕地与草地现象较为严重，使得区域基本草原保护压力增大。

农牧业生产规模和强度不断提升，农牧交错带和牧区生态保护压力加大。耕地持续增加，局部地区仍存在草原开垦问题。土壤侵蚀重点地区与全区农牧业发展、土地开发程度最高的地区重叠。农牧业区乱砍滥伐、过度放牧及不合理耕种等生产活动，破坏了原有表土、植被，加剧了水土流失的发生与发展。不合理灌溉引发的耕地次生盐渍化问题也十分突出，部分地区仍有面积扩大和盐渍化程度加重的趋势。农牧交错带的发展导致局部地区土地退化加剧。超载过牧使得天然草原生物量减少，生态系统自我恢复能力降低，从而加大了呼伦贝尔、科尔沁、锡林郭勒等草原退化风险。

三、内蒙古生态空间碳排放特征

（一）碳排放源少具有碳汇作用

生态主体功能区中碳排放源相对较少，主要考虑其对于碳排放效应的正向作用，也就是碳汇作用。森林和草原通过光合作用吸收二氧化碳，有助于减少大气中的温室气体含量，内蒙古广阔的草原和森林是中国重要的天然碳汇。根据2018年第八次全国森林资源清查结果，内蒙古森林占地面积6.75亿亩，其中森林面积3.92亿亩；天然草地面积13.2亿亩，占全国草原面积的22%，占全区土地面积的74%。但是，这些林地固碳效率较低，没有新兴技术的支撑。如果有现代新型技术投入低碳化森林和牧场的建设中，更好地发挥森林、牧场的碳汇效率与固碳能力，有利于"双碳"目标的实现。内蒙古虽然林业资源丰富，但是其能够吸收的二氧化碳只占碳排放量的一小部分，且这个比例还在降低。内蒙古每年营造林超过66.67万公顷，但由于受自然地理、气候条件的限制，造林质量偏低，森林功能不够完备。此外，虽然内蒙古生态主体功能区占地面积较大，但生态系统的质量和稳定性较低，处于中国西北部，生态系统相对来说比较脆弱，自我修复能力整体有待提高。

（二）碳排放具有区域空间异质性

在生态功能区内，不同地域和下垫面的碳排放存在显著差异，这主要与土地利用方式、植被覆盖度、土壤类型等因素密切相关。从内蒙古各区县级生态碳汇分析来看，碳汇总量排名较高的旗市区依次是鄂伦春自治旗、牙克石市、根河市、额尔古纳市、扎兰屯市、科尔沁右翼前旗、阿荣旗、扎赉特旗、克什克腾旗、扎鲁特旗。生态碳汇总量与面积有关，区县森林面积大，往往生态碳汇总量较高。一些区县，虽然面积不大导致其碳汇总量排名不靠前，但是其碳汇强度高。根据测算，内蒙古各区县的生态碳汇强度排名较高的市县依次是根河市、鄂伦春自治旗、扎兰屯市、阿荣旗、扎赉特旗、牙克石市、额尔古纳市、喀喇沁旗、乌兰浩特市、宁城县。

（三）碳汇能力与生态系统的健康状况密切相关

健康的生态系统拥有较强的碳汇能力，而受损的生态系统碳汇能力会明显减弱。草原退化、森林砍伐和湿地破坏等生态问题会削弱这些区域的碳吸收能力，从而间接增加碳排放。而生态修复项目，如植树造林、草原恢复和湿地保护，可以增强这些区域的碳吸收能力。因此，保护和恢复生态功能区生态系统的健康至关重要。

（四）生态空间碳增汇前景广阔

内蒙古森林和草地资源丰富，生态功能区空间广阔，天然草原面积占全区总面积的3/4。但由于内蒙古是重工业和能源输送大省，二氧化碳排放量较高并处于增长趋势，故内蒙古碳中和程度并不高，对碳汇需求较大。如何合理开发和管理好内蒙古的森林和草地资源，巩固提升林草碳汇能力是内蒙古自治区面临的挑战。为此，需基于广阔的生态空间，积极主动做好森林和草地经营，巩固提升林草碳汇能力，引领草原碳汇经济萌芽和发展，为碳汇经济开启新的模式。

▶ 第四节　内蒙古城镇空间格局与碳排放特征

内蒙古的城镇布局受到地理、历史及文化等多重因素的共同影响，呈现出以中小城镇为主的分散布局的特点。随着城市化进程的逐步推进，内蒙古的城镇规模不断扩大，特别是那些依托资源型工业和交通枢纽的城市，其发展速度尤为显著，这进一步凸显了内蒙古资源依赖型经济的特色。在碳排放方面，内蒙古的主要碳排放源包括工业生产、交通运输以及家庭生活等多个领域。内蒙古城镇的发展与碳排放现状，在一定程度上反映了中国内陆地区城市化进程中的一些普遍性问题。面对资源型城市的快速发展以及高碳排放的工业结构等挑战，内蒙古的城镇空间布局正步入绿色转型的关键阶段。

一、内蒙古城镇空间格局现状

2012 年内蒙古开始实施主体功能区规划，在城镇空间布局上首次进行了明确，要求加快构建城市化战略格局。《内蒙古自治区城镇体系规划(2017—2035 年)》提出构建"一核多中心，一带多轴线"城镇空间布局结构，确定了呼和浩特市、包头市、鄂尔多斯市 3 座区域中心城市，呼伦贝尔、通辽、赤峰、乌兰察布、巴彦淖尔、乌海、乌兰浩特、锡林浩特等为地区中心城市。内蒙古的城镇体系不断完善，大中小城市及小城镇协调发展的新型城镇化体系基本形成，呼包鄂榆城市群上升为国家战略，城市规模结构更加完善，区域中心城市辐射带动作用更加突出，盟市政府所在地中心城区迅速成长，旗县城关镇和部分中心镇实力明显提高。到 2020 年底，全区共有 20 个设市城市、旗县城关镇 69 个、建制镇 425 个。累计创建国家园林城市 10 个、园林县城 13 个和自治区园林城市 18 个、园林县城45 个、园林城镇 4 个，累计创建国家级特色小城镇 12 个。[①]

（一）"一核双星多节点"的城镇空间布局

1. 一核

"一核"指的是呼包鄂乌城市群，包括呼和浩特、包头、鄂尔多斯和乌兰察布 4 个城市，地处内蒙古高原与黄土高原的交汇处，具有独特的地理位置和丰富的自然资源。行政区域总面积为 18.6 万平方公里，占全区的15.7%；人口总量约为 1000 万人，占全区总人口的 42.2%；城镇人口

---

① 《内蒙古自治区新型城镇化规划（2021—2035 年）》。

792.79 万人，城镇化率 79%。[①]

呼包鄂城市群是内蒙古最早形成的具有城市群功能和形态的区域，是内蒙古最具发展潜力的经济核心区域。这一区域煤炭储量大，拥有丰富的石油、天然气和稀土资源，钢铁、化工、机械制造等产业发达，是我国重要的能源基地和工业基地，对于我国的能源安全和经济发展具有重要意义。呼包鄂三市在产业布局上互为补充，在产业分工协作上紧密相连，经济增长与资源优化配置能力显著高于全区其他盟市，是内蒙古经济发展的"领头羊"，发挥着核心引领带动作用。2021 年 10 月，内蒙古自治区人民政府印发《呼包鄂乌"十四五"一体化发展规划》，正式将乌兰察布市纳入呼包鄂城市群一体化发展，将建成以绿色发展为导向的城市群，成为民族地区新型城镇化示范区，进一步强化内蒙古的区位优势，提升内蒙古在全国经济格局中的地位，成为我国中西部有重要影响力的城市群。

2. 双星

"双星"指的是由赤峰市和通辽市组成的"双子星"城市圈。两市位于内蒙古东部，行政区域面积 14.95 万平方公里，占全区的 12.6%；人口 683.56 万人，占全区的 28.5%；城镇人口 363.23 万人，城镇化率 53.1%。[②]

赤峰市与通辽市拥有独特的区位条件，既在东北振兴范围内，又在西部大开发范围内，也是中蒙俄经济走廊建设的节点城市，享受着区域发展战略多重叠加的机遇。赤峰市与通辽市是内蒙古东部人口最多的两个城市，也是内蒙古东部经济总量最大的两个城市，2022 年常住人口分别占东部 5 盟市常住人口的 34.7% 和 24.6%，经济总量分别占东部 5 盟市的 30.4% 和 22.1%。[③] 可见，赤峰、通辽人口数量、经济总量在蒙东地区占有重要位置，且两市具有协同发展的基础条件，理应成为蒙东地区发展的带动极，是多中心带动、多层级联动、多节点互动的新型城镇化格局中的重要组成部分。

3. 多节点

在内蒙古城镇"一核双星多节点"布局中，"多节点"指多个除"呼包鄂

---

① 依据《内蒙古统计年鉴（2022）》数据计算而来。

②③ 《内蒙古统计年鉴（2022）》。

乌城市群"和"赤峰—通辽双子星城市圈"外的重要城市和城镇。这些节点具体包括盟市政府所在地海拉尔区、乌兰浩特市、锡林浩特市、临河区、乌海市、巴彦浩特镇，以及满洲里市、二连浩特市等重要口岸城镇。这些节点是地区经济、文化和政治中心，是区域中心城市和县城间的枢纽，发挥着区域性产业集聚、人口集聚、生态文明建设等重要作用，以点带面推动区域发展。"多节点"是内蒙古发展的重要支撑点，对内蒙古的繁荣有重要作用。

（二）内蒙古城镇开发边界划定

城镇开发边界的划定，旨在规范城市发展秩序，确保土地资源的合理利用，促进经济社会的可持续发展。这一举措的实施，有助于优化城市规划管理，保护生态环境，平衡城乡发展，增强城市的竞争力和吸引力。通过限制城市的无序扩张，城市开发边界的划定有助于提高土地利用效率，实现集约化、高效化的城市发展模式。

内蒙古全区划定城镇开发边界集中建设区规模共 36.12 万公顷，占土地总面积的 0.31%，主要分布在沿重要交通干线、重要河流水系两侧。其中，黄河"几"字弯区城镇开发边界规模为 20.95 万公顷，占开发边界总规模的 58%；赤峰—通辽城镇开发边界规模为 7.47 万公顷，占开发边界总规模的 20.68%；其他区域城镇开发边界规模为 7.70 万公顷，占开发边界总规模的 21.31%。[①]

可以看出，内蒙古城市开发边界的划定是一项重要的战略决策，不仅着眼于科学推进城市化进程和区域经济发展，更是对可持续发展的重要探索和实践。

二、内蒙古城镇空间特征

（一）非协调性

工业化和城市化之间存在着密切而相互促进的关系。工业化推动了城

---

① 《内蒙古自治区国土空间规划（2021—2035 年）》。

市化进程，创造了就业机会和基础设施，吸引了农村人口向城市流动；同时，城市化也为工业化提供了必要的人口聚集、市场规模和资源支持，促进了工业的发展。为了实现经济社会的可持续发展，需要确保工业化和城市化之间的协调发展。

内蒙古在工业化与城市化发展的过程中，面临着协同效应不足的问题。工业化和城市化发展未能形成有效的配合，城镇之间协作互动不够、城市间同质化竞争问题较为突出，工业化未能有效带动城市化的发展。不同层级城镇之间缺乏有效互动和必要联系，城市间同质化竞争加剧了本来有限的各类生产要素分散化。呼包鄂的主导产业都较为传统和低端，能源化工产业的占比也较高，产业链分工协同程度不高，资源型产业转型升级任务艰巨，存在一定程度的低水平竞争。赤峰和通辽两市产业都以资源能源型传统工业为主，产业结构趋同，资源环境、发展基础、产业定位方面都具有较大的相似性，制约了生产要素的有效配置。城镇空间布局的非协调性制约了内蒙古地区经济的整体竞争力，同时也不利于城镇空间的优化布局。

（二）不均衡性

内蒙古的东、中、西部地区城镇化发展不均衡，存在明显的地域差异性特征。城市化水平整体上呈中西部高、东部低的宏观分布格局，"呼包鄂"金三角综合城市化水平突出。2022 年，呼包鄂城市群人口占全区的35.4%，城镇化率达到81%，经济总量占全区的54.8%，规模以上工业企业数量占全区的比重为39.6%，创造的利润总额占全区的比重为78.5%，社会消费品零售总额占全区的比重为54.4%；而东部地区（包括赤峰市、通辽市、锡林郭勒盟、兴安盟、呼伦贝尔市）人口占比高达48.1%，人口城镇化率为59.4%，经济总量仅占全区的30.1%，规模以上工业企业数量占全区的比重为31.8%，创造的利润总额占全区的比重为11.9%，社会消费品零售总额占全区的比重为32.8%。经济社会各项指标的对比都表明了东、中、西部之间的发展显著不均衡的空间分布特征。目前来看，蒙东地区各城市间经济联系不紧密，要素相互流动不畅，人口、经济集聚程度较低，缺乏有较强辐射力的区域中心城市带动。

（三）不充分性

内蒙古城镇空间发展具有不充分性，城镇空间发展结构有待完善。内蒙古的9个地区级城市中，虽然呼和浩特市、包头市、呼伦贝尔市、通辽市、赤峰市非农业人口都达到百万，但只有呼和浩特市和包头市达到了中心城市级别，主要城市综合竞争力均未进入全国前50强。从城镇空间集聚带动效应看，呼和浩特市作为城市群核心城市之一，城市首位度偏低，2022年完成地区生产总值3329.1亿元，占全区的比重为14.37%，首位度在全国省会城市中居第25位。2020~2022年呼和浩特市生产总值占呼包鄂乌总量的比重下降了3.87个百分点。蒙东地区中心城市培育较为迟缓，2022年赤峰市和通辽市常住人口城镇化率分别为54.63%和51.02%，远远低于全区平均水平，分别居全区倒数第3位和倒数第1位。由于中心城市少且集聚能力较差，城市整体辐射带动周边旗县的作用较弱，而且，由于就业机会、公共服务水平等都与发达地区有一定差距，导致高层次人才外流严重。

三、内蒙古城镇空间碳排放特征

人类生产、生活的城乡空间是实现碳中和的关键要素汇集区，也是碳排放的主要来源，涉及空间布局、规模、生活方式、消费习惯、资源利用和交通等各方面。城市既是经济增长的引擎，又是温室气体的主要排放源，城镇空间碳排放整体排放量大且来源复杂。本书通过对Kaya恒等式的向量形式的扩展，将人口城乡结构及城乡居民消费等变量纳入考察范围；在此基础上测度2010~2020年内蒙古人口规模、人口城镇化、居民消费、能源强度对碳排放的影响效应，结果分别如图2-3、图2-4、图2-5、图2-6、图2-7所示。

（一）内蒙古的城镇化没有走出高碳型的发展模式

综合人口规模、人口城镇化、居民消费、能源强度等对碳排放的总体影响，内蒙古碳排放总效应由 2011 年的 13322 万吨碳上升为 2020 年的 39485 万吨碳，碳排放总效应持续上升了近 3 倍，增量较大，说明内蒙古的城镇化并没有摆脱高碳模式，实现"双碳"目标仍面临较大困难。具体特征如下。

1. 人口规模的下降对碳排放起到了积极的抑制作用

如图 2－3 所示，内蒙古人口规模与碳排放之间存在负相关关系。2011～2020 年，内蒙古人口规模总体呈下降趋势，减少了约 70 万人，同时人口规模效应所对应的碳排放也在不断减少，人口规模效应带来的碳减排量不断增大，从减排 47 万吨碳逐渐增加到减排 1968 万吨碳，变化幅度较为显著。这表明，随着人口规模的缩小，对碳排放产生了负向影响，即人口减少有助于降低碳排放。随着时间的推移，人口规模的持续下降使得其对碳排放的影响具有累积效应，碳减排量不断增加。

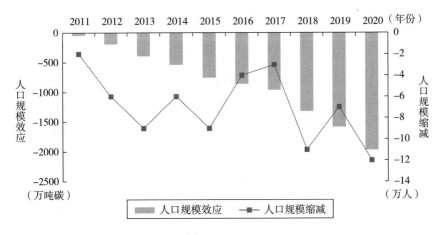

图 2－3　内蒙古人口规模的碳排放效应

2. 人口城镇化正向影响碳排放

如图 2－4 所示，内蒙古城镇化率与碳排放之间存在正相关关系，城镇化率越高，对碳排放的增加作用越明显。2010～2020 年，内蒙古城镇化率从55.5%提升到67.5%；与此同时，人口城镇化带来的碳排放效应也在持续增加，从2011年的710万吨碳增长到2020年的5028万吨碳，增长幅度较大。这表明，随着城镇化率的提升，对碳排放产生了正向影响，即城镇化进程推动了碳排放的增长。

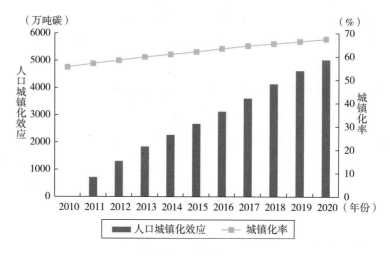

图2-4　内蒙古人口城镇化的碳排放效应

3. 居民消费对碳排放贡献占据绝对主导

如图2-5所示，内蒙古居民消费带来的碳排放量到从2011年的8512万吨碳增长至2019年的45549万吨碳，增长幅度巨大；2020年相较于2019年有所下降，可能是由于一些特殊因素的影响，如疫情导致的消费行为变化、节能减排政策的实施等。相比较而言，居民消费的碳排放效应远大于人口城镇化和人口规模效应，对碳排放贡献占据绝对主导。这是因为，居民消费引致的碳排放一般分为两个方面：一是居民家庭在炊事、热水、采暖等生活用能方面产生的直接碳排放；二是居民消费品在其原料、生产、运输及销售等环节中所承载的能源消耗导致的间接碳排放，即消费品载能碳排放。由于后者反映的是消费品生命周期在各个产业部门的能源消耗所产生的碳排放的总和，从居民消费的视角测度的碳排放变动其实包含了生产活动的影响。

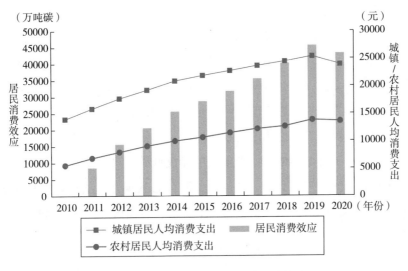

图 2 - 5　内蒙古居民消费的碳排放效应

4. 能源强度的降低对碳排放起到抑制作用

能源强度对碳排放效应整体上表现为负效应，是最大的减排因素。在"双碳"目标影响下，伴随着技术进步与效能提升，降低了高耗能产业比重，内蒙古单位 GDP 能源消耗总体呈下降趋势，表明能源利用效率在逐步提高。如图 2 - 6 所示，与能源消耗强度变化相对应，能源强度对碳排放的效应从 2011 年的 -2021 万吨碳降为 2020 年的 -18839 万吨碳，下降幅度较大，已经成为碳减排的主要贡献力量。但由于内蒙古自身能源特点，能

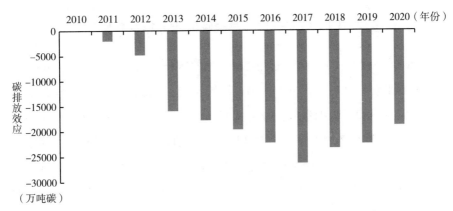

图 2 - 6　内蒙古能源强度变化的碳排放效应

源消耗碳排放量仍然巨大，未来进一步降低困难较大，2017 年已经出现触底反弹，2017～2020 年出现上升，内蒙古能源结构优化仍前路漫漫。

从人口规模、人口城镇化、城乡居民消费及能源强度四者效应来看（见图 2-7），对碳排放的影响效应总体是正的，且增量较大，居民消费对碳排放贡献占据绝对主导，能源强度是最大的减排因素。内蒙古的城镇化碳排放效应不断上升，说明内蒙古的城镇化并没有摆脱高碳模式，间接带来了居民消费碳排放的增长，未来城乡绿色低碳发展，重点要聚焦城乡空间布局的低碳性、资源利用的高效性、消费的减碳化，从碳减排和碳增汇两个方面出发，探索全域、全空间、全要素、全领域实现碳中和的策略。

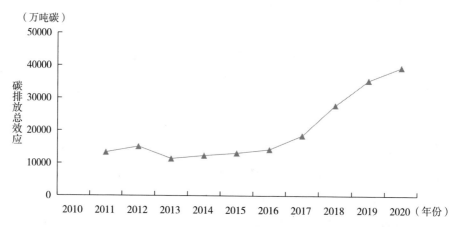

图 2-7　人口规模、人口城镇化、城乡居民消费及能源强度的碳排放总效应

（二）各盟市国土空间碳排放与碳吸纳能力存在差异

土地利用不仅直接参与陆地生态系统的碳排放过程，也间接影响区域碳排放水平。根据内蒙古自治区第三次国土调查数据，参照不同土地利用方式的碳排放和碳吸纳系数，分别就 12 个盟市碳排放强度和碳吸纳强度进行测算，并计算 12 个盟市碳排放强度和碳吸纳强度比值，比值越大说明相对的碳排放量较大，碳吸纳能力越小，碳治理难度越大。

如表 2-7 所示，内蒙古总体用地碳排放强度为 14207 万吨，用地碳吸纳强度为 1772 万吨，碳排放强度与碳吸纳强度的比值为 8。具体从 12 个盟市来看，乌海市的比值最高达到120.3，尽管其碳排放强度并不高，仅为237.09万吨，但其碳吸纳能力极低，导致二者比值最高，现正处于消减前期高污染粗放式发展带来的长期影响的阶段。呼伦贝尔市、阿拉善盟的比值都比较低，但类型完全不同，呼伦贝尔市是高排放高吸纳、阿拉善盟是低排放低吸纳导致的比值较低。巴彦淖尔市、乌兰察布市碳排放水平接近，碳吸纳能力比较低，比值处于较高水平。鄂尔多斯市、赤峰市、锡林郭勒盟碳排放强度高，碳吸纳能力也相对较强，比值为 9～13。呼和浩特市、包头市的用地碳排放强度虽不高但用地碳吸纳强度低，导致比值高。

表 2-7　　　　　内蒙古各盟市碳排放强度和碳吸纳强度比

盟市	用地碳排放强度（万吨）	用地碳吸纳强度（万吨）	碳排放强度和碳吸纳强度比
呼和浩特市	759.89	33.56	22.6
包头市	833.21	29.55	28.2
呼伦贝尔市	1744.53	667.80	2.6
兴安盟	1059.62	122.07	8.7
通辽市	1794.60	118.19	15.2
赤峰市	1939.58	216.01	9.0
锡林郭勒盟	1605.51	151.88	10.6
乌兰察布市	1198.21	70.26	17.1
鄂尔多斯市	1655.34	128.39	12.9
乌海市	237.09	1.97	120.3
阿拉善盟	238.61	170.33	1.4
全区	14206.99	1772.33	8.0

资料来源：作者计算而来。

从内蒙古国土空间结构的现状来看，距离碳中和目标仍有非常大的差距，除呼伦贝尔市、阿拉善盟外，碳治理的难度都比较大。

▶第五节　内蒙古农牧空间格局与碳排放特征

内蒙古作为我国的重要农牧区，已经形成了"六牧四农"的农牧业空间格局和"两区三带"的农牧业区域布局。在农牧业生产过程中，内蒙古是玉米、大豆等优质农产品主产区，同时发展了以饲草产业为主的畜牧业。然而，内蒙古农牧空间也面临着脆弱性和非均衡性的挑战，自然环境和人为因素共同导致了草地退化和水土流失等问题。在碳排放方面，内蒙古农牧空间存在众多分散的碳排放来源，同时碳汇能力相对不足，能源消耗较多。为了实现碳达峰碳中和的目标，内蒙古需要综合考虑碳排放与碳汇两个方面，采取有效措施降低碳排放量，提升碳汇能力，促进农牧布局优化和农牧业的可持续发展。

一、内蒙古农牧空间格局现状

（一）"六牧四农"的农牧空间格局

坚持农牧业农村牧区优先发展的方针，围绕建设国家农畜产品生产基地，推进绿色兴农兴牧，促进农牧业产业化，推动乡村振兴战略实施，打造"望得见山、看得见水、记得住乡愁"的美丽宜居农村牧区，《内蒙古自治区国土空间规划（2021—2035年）》中明确提出了构建"六牧四农"绿色高效农牧空间格局。

1. 畜牧六区

规划呼伦贝尔草原畜牧区、科尔沁草原畜牧区、锡林郭勒草原畜牧区、乌兰察布草原畜牧区、鄂尔多斯草原畜牧区、阿拉善草原畜牧区。畜牧区内重点统筹畜牧业生产与草原保护，划定草原禁牧区和草畜平衡区。禁牧区以草原刈割利用为主，对严重退化、沙化、盐碱化、石漠化的草原和生态脆弱区的草原，实行禁牧、休牧制度。草畜平衡区坚持以草定畜，建设绿色畜产品生产基地。

2. 农牧四区

规划大兴安岭沿麓农牧区、西辽河流域农牧区、阴山沿麓农牧区、沿黄干流平原农牧区。农牧区内坚持以水定地，加强大兴安岭沿麓农牧区黑土地保护，加大河套灌区盐碱地治理，严控西辽河流域地下水开采和阴山沿麓耕地规模，推进粮食主产区高标准农田建设。

（二）"两区三带"农牧区域布局

《内蒙古自治区"十四五"推进农牧业农村牧区现代化发展规划》提出，突出生态优先、绿色发展导向，统筹考虑自治区东中西区域性差异化农牧业资源禀赋和资源环境承载能力，优化农牧业区域和布局。

1. 沿黄流域农牧业主产区

区域包括河套平原和土默川平原，覆盖磴口县等 29 个旗县（市、区），人口 646.93 万人，占全区人口的 25.47%；耕地面积 3798 万亩，占全区耕地面积的 27.31%，其中，盐碱地 900 万亩左右，占区域内耕地面积的约 23%；年降水量 250～300 毫米，水资源总量 57.6 亿立方米。该区域地表水和地下水资源丰富，土壤肥沃，有机质含量高，水、热、土等条件较好，是内蒙古主要灌区和优质玉米、中筋小麦、向日葵、奶牛、肉羊等种养基地。

2. 西辽河流域农牧业主产区

区域为西辽河冲积、洪积平原，覆盖扎鲁特旗等 19 个旗县（市、区），人口 768.31 万人，占全区人口的 30.25%；耕地面积 4222 万亩，占全区耕地面积的 30.36%；年降水量 260～320 毫米，水资源总量 70.4 亿立方米。该区域气候湿润，地形相对平坦，耕地集中，是内蒙古优质玉米、设施蔬菜、肉牛、肉羊等生产基地。

3. 大兴安岭沿麓农牧业发展带

区域为内蒙古东北部草原牧区向东北平原农业区的过渡带，覆盖鄂伦春自治旗等 15 个旗县（市、区），人口 378.45 万人，占全区人口的 14.9%；耕地面积 4425 万亩，占全区耕地面积的 31.82%；年降水量 400 毫米以上，水资源总量 295.9 亿立方米。该区域水土条件和农牧业生产基础好，降水充裕，耕地平坦，黑土地土壤肥沃，具备发展绿色农牧业得天独厚的条件。

4. 草原畜牧业发展带

区域包括草甸草原、典型草原、荒漠草原，覆盖包头市、呼伦贝尔市、兴安盟、通辽市、赤峰市、锡林郭勒盟、乌兰察布市、鄂尔多斯市、巴彦淖尔市、阿拉善盟 10 个盟市草原地区，草原面积 8.15 亿亩，年均降水量 100~400 毫米，草原植被盖度为 45%。该区是我国北方重要的生态安全屏障和草原肉牛、肉羊、奶牛生产基地。

5. 阴山沿麓农牧交错带

区域为草原和耕地的结合发展带，覆盖达茂旗等 15 个旗县（市、区），人口 325.28 万人，占全区人口的 12.81%；耕地 147.85 万亩，年降水量 200~400 毫米，水资源总量 30.2 亿立方米。该区是我国中东部地区重要的生态安全屏障和京津冀地区重要的水源涵养带，也是旱作农业主要区域和优质杂粮果蔬重要产区。

二、内蒙古农牧空间特征[①]

（一）耕地面积广阔，粮食生产稳定

内蒙古的耕地面积达到 1.39 亿亩，是全国 5 个耕地保有量过亿亩的省区之一。年粮食产量稳定在 3000 万吨以上，在全国 13 个粮食主产区中居第 6 位。内蒙古的人均耕地是全国平均水平的 5 倍，每年有超过一半的粮食调往区外，供应全国，是我国 5 个粮食净调出省区之一。

（二）草原面积广阔，畜牧业发达

内蒙古拥有 8 亿亩的草原面积，是全国最大的草原牧区。丰美的牧草和洁净的空气，为畜牧业的发展提供了良好的环境，使得内蒙古成为享誉世界的优质畜牧区和黄金奶源带。内蒙古的草食牲畜存栏超过 7000 万头只，牛奶、羊肉、牛肉、羊绒的产量均居全国首位。每年有 630 万吨牛奶、155 万吨牛羊肉和 6000 吨羊绒供应到区外，被称为国家的"奶罐""肉库""绒都"。

---

① 本部分数据主要来源于内蒙古自治区人民政府网及《内蒙古日报》。

（三）农牧发展多样化

内蒙古的农牧业发展不仅仅局限于传统的粮食和畜牧业，还逐渐扩展到特色种植、生态旅游、农畜产品深加工等多个领域。河套—土默川平原、西辽河流域、嫩江流域等粮食生产功能区属于平原地带，且水资源充足，是小麦、大豆等大宗主粮产区。赤峰、通辽、兴安盟和呼伦贝尔发展玉米生产，是"世界黄金玉米产业带"和优质粳稻、大豆产区；嫩江流域及北方农牧交错带、北部牧区寒冷地区为重点的优质饲草产业带，以及燕麦、马铃薯等旱作杂粮主产区。内蒙古还利用其独特的自然风光和丰富的民族文化资源，发展起了生态旅游。草原风光、沙漠探险、民族风情等旅游产品吸引了大量游客前来观光旅游，为当地带来了可观的经济收入。在农畜产品深加工方面，内蒙古依托其丰富的农畜产品资源，发展起了乳制品、肉制品、绒毛制品等深加工产业。这些产品不仅满足了国内市场的需求，还出口到世界各地，进一步提升了内蒙古农牧业的国际竞争力。

（四）脆弱性

脆弱性主要体现为自然因素与人为因素。从自然因素来看，内蒙古大部分地区多年平均降雨量少于 400 毫米，并且自西向东降水不断减少，年均蒸发量在 1000 毫米左右，春秋风大、大风日数多、蒸发量大于降雨量等共同作用，风蚀沙化严重。内蒙古牧草地面积占全区总面积的 57.03%，且牧草地黑土层薄，厚度为 5～10 厘米，一旦破坏恢复困难。

从人为因素来看，草场载畜量不平衡的问题始终存在，大多数草场均存在不同程度的过量载畜问题，草地生态环境易遭受破坏，草场植被逐步退化，土壤裸露，水土流失严重。耕地利用方式不合理，对耕地保护不够、只种不养，造成了原始植被大面积破坏，使得土地盐碱化、荒漠化愈加严重，同时乡村空壳化加剧，土地撂荒现象也比较严重。近年来草原旅游业兴起，游客的践踏作用使土壤的孔隙度缩小，土壤质地变硬，降雨入渗变差，易产生径流等因素造成水土流失加剧，进一步加剧了农牧空间的脆弱性。

（五）非均衡性

水资源与耕地资源作为农业生产必不可少的因素，支撑并制约着农业生产，内蒙古水资源与耕地资源分布的不平衡使得农业生产出现了地域不均衡。全区地表径流的90%集中于嫩江流域和西辽河流域的东部盟市。中西部地区水资源仅占全区的24%，大部分地区水资源紧缺。耕地资源大部分位于内蒙古南部与东部，且呈现条状分布。农产品生产区需要依靠水资源与耕地资源进行分布，水资源与耕地资源分布不均衡使农牧空间生产出现非均衡性。

三、内蒙古农牧空间碳排放特点

农牧空间是碳排放空间与碳汇空间。依据"双碳"理念，实现碳达峰碳中和的目标，关键在于降低碳排放量，并减少产生新的碳排放量，对于已产生的碳排放量需要通过广泛的措施进行固定、吸收与转化，最终碳净增长量趋于"零"。内蒙古农牧空间碳排放特点需要从碳排放与碳汇两个方面来综合分析。

（一）碳排放来源众多分散

结合内蒙古农牧空间种养兼具的生产特点，内蒙古农牧空间主要的碳排放按照来源可以分为三种。（1）作物种植碳排放。作物种植过程中，各类农业生产投入物的使用以及废弃物处理过程中产生的碳排放，包括直接与间接碳排放。直接碳排放的来源包括化肥、农药以及地膜的使用；间接碳排放的来源主要包括农用机械化生产中使用柴油所产生的碳排放、农业灌溉过程中消耗电能引起化石燃料使用的碳排放，以及农业生产过程中翻耕活动对土壤碳库的破坏也会产生碳排放。（2）牲畜养殖碳排放。牲畜养殖过程中会产生大量的碳排放，其来源一是动物肠道的发酵所产生的碳氢化合物排放，二是牲畜排放粪便所产生的甲烷以及氧化亚氮。（3）居民生活碳排放。农村居民分散布局，基础设施建设成本高，农村居民空间和环境品质较低，造成碳排放增加。

（二）碳排放与碳汇并存

农牧空间碳汇主要有三个方面，分别是种植业碳汇、土壤碳汇和畜牧业碳汇，三个碳增汇过程相对独立但又紧密相关。种植业碳汇是农作物生长全生命周期中的碳吸收量，即农作物通过光合作用形成的净初生产量（生物产量）。土壤碳汇的输入主要分为两个部分，分别是农作物残体还田与人为添加的有机质物料，农作物秸秆作为农业有机肥的部分将二氧化碳固定到土壤中，通过改善农业土壤管理和农业实践方式，增加土壤有机质含量，可以提高土壤的碳储存能力。畜牧业碳汇即草原碳汇，主要将吸收的二氧化碳固定在地下的土壤中，草地碳汇能力很强，多年生草本植物的固碳能力更强。

（三）能源消耗大，碳汇能力不足

通过前文特点总结可知内蒙古农牧空间碳排放的两个主要途径以及碳汇的三个途径。如图 2－8 所示，实线及其联通框代表农牧空间碳排放途径，虚线及其联通框代表农牧空间碳汇途径，图中并未涵盖居民生活碳排放。从中可以看出，碳排放趋增，能源消耗多，但是碳汇能力不足，效益不足以弥补碳排放。

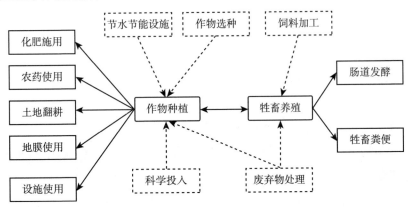

图 2－8　内蒙古农牧空间碳排放与碳汇途径

03

第三章

"双碳"目标下内蒙古
人口空间布局优化

"双碳"目标对人口空间分布的影响

"双碳"目标作为国家的重大战略,为经济社会发展提出了新的挑战与要求。在实施过程中,它不可避免地与新旧动能转换升级、工业体系调整、稳定经济及保障就业等多重战略机遇期交织在一起。"双碳"目标的实施将推动城市化进程、经济结构、能源结构和城市规划的调整,这些变化将对人口的空间分布和生活方式产生深远的影响。

一、"双碳"目标推动城市人口增加

随着碳排放限制政策的实施,城市可能会成为更为吸引人的生活选择。城市通常拥有更为发达的公共交通系统、更高效的能源利用方式,以及更丰富的就业和教育资源,这些因素将吸引更多的人口流入城市。

城市通常拥有更为发达的公共交通系统,对于减少碳排放具有关键作用。公共交通作为城市出行的重要方式,具有节能、减排、高效等优点。

随着碳排放限制政策的实施，政府将更加注重公共交通的建设和发展，提高公共交通的服务质量和覆盖范围。这将使得城市居民能够更加便捷、舒适地出行，从而吸引更多的人口流入城市。

城市拥有更高效的基础设施和能源利用方式，是减少碳排放的重要因素。这些基础设施包括智能电网、节能建筑等，它们不仅能满足城市居民的生活需求，还能有效降低能源消耗和碳排放。例如，智能电网可以实时监测和调整电力供应，确保电力需求与供应之间的平衡，减少能源浪费；节能建筑则通过采用先进的建筑技术和材料，提高建筑的保温、隔热性能，降低空调、照明等设备的能耗。这些高效基础设施的建设，有助于降低城市的碳排放量，提高城市的能源利用效率，为城市居民创造更加健康、环保的居住环境。

城市通常拥有更丰富的就业和教育资源，吸引人口集聚。随着经济的发展和社会的进步，城市的就业和教育机会不断增加。这些资源为城市居民提供了更多的发展机会和空间，使得城市成为更多人的理想居住地。随着碳排放限制政策的实施，这种趋势可能会更加明显，吸引更多的人口流入城市。

二、"双碳"目标引导产业结构调整影响人口流动

产业结构调整是实现碳中和的关键手段。通过减少对化石燃料的依赖，可以推动传统高碳排放产业的逐步转型，同时为新兴的低碳产业腾出发展空间。一方面，"双碳"目标实现的过程中，不可避免地伴随着传统高碳排放产业的萎缩。在过去几个世纪里，煤炭、石油等化石燃料产业一直是全球经济的支柱。然而，为了实现碳中和，各国政府纷纷出台政策，限制化石燃料的使用，推动产业向低碳方向转型。在这一过程中，传统高碳排放产业可能会面临市场份额的逐渐缩减，甚至面临生存危机。另一方面，"双碳"目标为新兴的低碳产业带来了发展机遇。随着科技的不断进步，清洁能源、新能源汽车等低碳产业正在迅速发展。这些产业不仅具有较低的碳排放，而且能够创造更多的就业机会，推动经济增长。例如，太

阳能和风能等清洁能源产业在全球范围内得到了广泛应用，为各国提供了可持续的能源解决方案。新能源汽车产业也在迅速发展，逐步取代传统的燃油汽车，为交通领域带来了更加环保的出行方式。

产业结构调整引导人口从高碳排放产业集中的地区流向低碳产业快速发展的地区。对于传统的高碳排放地区，如煤炭产区，其经济和社会结构将面临深刻的调整，随着煤炭产业的逐步退出，这些地区需要寻找新的经济增长点，为当地居民提供稳定的就业机会。而具有清洁能源发展潜力的地区将迎来新的发展机遇，如太阳能、风能等可再生能源在这些地区具有得天独厚的优势，清洁能源、节能环保等新兴产业会得到发展。在"人随产业走"这一规律作用下，低碳产业快速发展地区将吸引更多的资本和人口流入。这种人口流动有助于优化资源配置，提高经济效率，同时也为地区间的均衡发展提供了契机。

三、"双碳"目标导致资源配置不均影响人口空间分布

实现"双碳"目标需要更多的资源投入绿色技术和清洁能源等领域，这可能导致资源在不同地区的分配不均，从而对人口的空间分布产生影响。具体表现在：（1）一些地区由于资源丰富或技术先进，更容易实现"双碳"目标，吸引了大量的人口流入，而一些资源匮乏或技术落后的地区可能会面临人口流出的压力，这将导致一些地区人口增长迅速，而另一些地区人口减少或停滞；（2）实现"双碳"目标需要大量的资金和技术投入，资源丰富的城市往往能够更快地实现碳减排目标，吸引更多的人口和投资，而农村地区则可能面临资源匮乏、技术滞后等问题，导致人口流出和经济落后，加剧城乡差距；（3）"双碳"目标的实施将推动清洁能源、环保技术等新兴产业的发展，这些产业往往集中在一些发达地区或资源丰富的地区，而一些传统产业可能会面临转型或减少，导致就业机会的不均衡分布，进而影响人口的空间分布；（4）实现"双碳"目标需要改善城市基础设施、推动环保教育等措施，这些社会服务往往集中在一些发达地区，而一些资源匮乏的地区可能面临基础设施不完善、教育资源匮乏等问

题，影响居民的生活质量和人口流动；（5）政府会通过城市规划和土地利用调整来推动"双碳"目标的实施，如建设生态城市、绿色低碳社区等，将直接影响人口的空间分布和居住选择。

四、"双碳"目标促进生态环境改善影响人口空间分布

"双碳"目标的实施，通过减少碳排放、保护生态环境、改善空气质量等措施，带来生态环境的明显改善，对人口空间分布产生积极影响，推动人口向生态环境优良、生活品质高的地区集聚，促进区域经济的可持续发展，从而影响人口空间分布的状态。具体表现在：（1）生态环境改善会使得一些原本因为环境问题而不适宜居住的地区重新受到关注，吸引人口迁入，如改善空气质量、保护水资源等举措使得一些山区、湖区等生态环境较好的地区成为居住首选；（2）为了实现"双碳"目标，城市会推动生态环境建设，如建设城市绿地、湿地公园、生态园区等，这些生态化建设将改善城市环境质量，提升居民的生活品质，从而吸引更多人口流入；（3）生态环境改善会推动生态移民和生态扶贫政策的实施，对一些生态环境脆弱、生态资源丰富的地区进行保护和开发，吸引贫困地区的人口迁入，促进人口空间分布的调整；（4）生态环境改善通常伴随着城市环境的改善，如减少污染、提高绿化率等，这将改善城市的居住环境，提升居民的生活质量，吸引更多人口留在城市居住；（5）生态环境改善将促进生态旅游业的发展，吸引游客流入生态优美的地区旅游观光，从而带动当地经济发展，吸引更多人口流入。

五、"双碳"目标带来社会政策调整影响人口的生活方式和选择

为了实现"双碳"目标，政府会出台一系列政策措施，将影响人口的生活方式和选择，推动居民采取更加环保、低碳的生活方式，促进社会向可持续发展的方向转变。具体表现在：（1）政府会鼓励居民采取低碳生活方式，如鼓励乘坐公共交通工具、推广步行和骑行出行、倡导节约用水和

用电等，这些政策将影响居民的出行方式、能源消费和生活习惯，促使他们更多地选择环保、低碳的生活方式；（2）政府会鼓励居民采用清洁能源，如提供太阳能、风能等清洁能源设施的补贴或优惠政策，这将影响居民的能源选择，促使他们更多地采用清洁能源，减少对传统化石燃料的依赖；（3）政府会通过税收政策、奖励措施等手段，鼓励居民选择绿色、环保的消费品和服务，如购买节能电器、选择环保包装产品等，这将影响居民的购物行为和消费习惯，推动绿色消费的普及和发展；（4）政府会加强对公众的环境教育，提高居民对环境问题的认识和意识，促使他们更加重视环境保护和可持续发展，这将影响居民的价值观和行为模式，推动他们更加积极地参与到环保行动中；（5）政府会出台一些限制高碳消费行为的政策措施，如限制高碳排放车辆进入城市、加大对高污染产业的监管力度等，这将影响居民的消费选择和行为，促使他们更加理性地选择低碳、环保的生活方式。

▶ 第二节　内蒙古人口分布的时空演变

人口分布的时空演变指的是人口数量和结构在地理空间和时间上的变化过程。它涵盖了人口数量的增减、人口密度的变化、人口结构的演变等方面，同时考虑了地理环境、社会经济发展、政治因素等多种影响因素对人口分布的影响。分析人口分布的时空演变，有助于深入理解人口与地域、经济、社会等因素之间的相互关系，为促进人口稳定增长、经济发展和社会进步、人口布局优化提供重要的基础数据和参考依据。

一、内蒙古人口总量变化

如图 3-1 所示，从总量上看，1953～2000 年内蒙古常住人口保持了较快增长，从 1953 年的 609.1 万人增长到 2000 年的 2375.54 万人，年均增长 37.6 万人；2001～2010 年人口增长较为缓慢，年均增长 9.7 万人；

常住人口在 2010 年达到峰值 2472.2 万人，之后呈现缓慢下降，到 2020 年
为 2402.8 万人，2010～2020 年常住人口减少 72.2 万人。2023 年末全区常
住人口为 2396 万人，跌破 2400 万整数关口，较 2022 年减少 5.17 万人，
减幅 0.22%，继续呈现出轻微下降的态势。

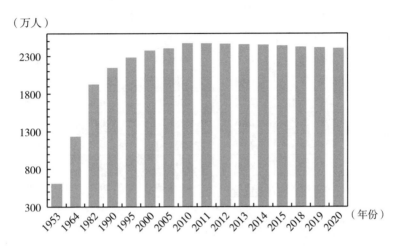

图 3-1 1953～2020 年内蒙古常住人口数

资料来源：根据历年《内蒙古统计年鉴》和历次人口普查数据整理绘制。

本研究采用由中国人口预测系统（CPPS）对内蒙古 2021～2050 年人
口总量进行预测。在 CPPS 预测中存在两个基本假定：一是未来人口的死
亡模式保持不变；二是所研究的人口为封闭人口（即不考虑预测期间省际
的流动情况）。预测结果如表 3-1 和图 3-2 所示。

表 3-1　　　　2000～2050 年内蒙古人口数量总量现状及预测数据

年份	总人口（万人）	年份	总人口（万人）	年份	总人口（万人）
2000	2372.40	2006	2415.10	2012	2463.90
2001	2381.40	2007	2428.80	2013	2455.30
2002	2384.10	2008	2444.30	2014	2449.10
2003	2385.80	2009	2458.20	2015	2440.40
2004	2392.70	2010	2472.20	2016	2436.20
2005	2403.10	2011	2470.10	2017	2433.40

续表

年份	总人口 （万人）	年份	总人口 （万人）	年份	总人口 （万人）
2018	2422.20	2029	2351.64	2040	2171.93
2019	2415.30	2030	2340.41	2041	2149.37
2020	2402.80	2031	2328.09	2042	2125.64
2021	2400.00	2032	2314.79	2043	2100.80
2022	2401.43	2033	2300.54	2044	2074.95
2023	2397.77	2034	2285.27	2045	2047.98
2024	2392.85	2035	2268.95	2046	2020.08
2025	2386.73	2036	2251.60	2047	1991.29
2026	2379.48	2037	2233.21	2048	1961.47
2027	2371.20	2038	2213.83	2049	1930.96
2028	2361.92	2039	2193.39	2050	1899.59

资料来源：历年《内蒙古统计年鉴》。2000~2021年为实际数据，2022~2050年为基于内蒙古第七次全国人口普查数据 CPPS 预测而得。

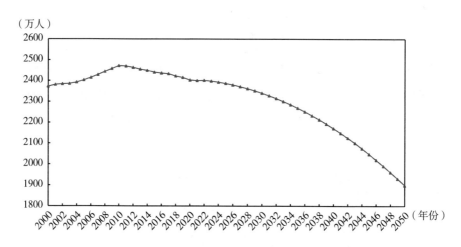

图 3-2　2000~2050 年内蒙古人口总量变化趋势

从表 3-1 和图 3-2 可以看出，2020~2040 年，内蒙古人口总量呈缓慢下降趋势，预测到 2040 年人口总量约为 2172 万人，人口总数减少约 230 万人，年均下降速度 0.48%。2041~2050 年，内蒙古人口总量的下降速度有所加快，年均下降速度约 1.2%，预计 2050 年人口总量约

1900 万人。

综合来看，内蒙古的人口已全面进入负增长时代，并且人口下降速度在加快。如何应对人口下降，进行合理的人口布局，是内蒙古当前面临的重要问题。

二、内蒙古各盟市人口总量变化

（一）各盟市人口总量差距明显，人口空间分布不均衡

如图 3-3 所示，2021 年，各盟市人口总量由多到少依次为赤峰市、呼和浩特市、通辽市、包头市、呼伦贝尔市、鄂尔多斯市、乌兰察布市、巴彦淖尔市、兴安盟、锡林郭勒盟、乌海市和阿拉善盟。300 万以上人口的盟市包括赤峰市、呼和浩特市，200 万~300 万人口的盟市包括通辽市、包头市、呼伦贝尔市、鄂尔多斯市，100 万~200 万人口的盟市包括乌兰察布市、巴彦淖尔市、兴安盟、锡林郭勒盟，人口不足 100 万的盟市包括乌海市、阿拉善盟，人口最多的赤峰市人口数是人口最少的阿拉善盟的 9 倍。

（二）赤峰市、通辽市、乌兰察布市、巴彦淖尔市、兴安盟和呼伦贝尔市的人口总量整体波动较小

2000~2003 年赤峰市人口总量呈上升趋势，2003 年达到最高值，为447.26 万人，占全自治区人口的 19.6%；之后呈波动下降趋势，2021 年人口数为 401.9 万人，占比为 16.7%，相较于 2003 年，人口下降 45.36 万人，占比下降 2.9%。2000~2021 年，通辽市、乌兰察布市和巴彦淖尔市人口总量整体均呈先上升再下降的趋势，2021 年人口数分别为 285.31 万人、165.95 万人和 152.8 万人，分别占全自治区人口的 11.6%、6.9% 和6.4%；呼伦贝尔市、兴安盟人口总量整体呈下降趋势，2021 年人口数分别为 221.39 万人、140.54 万人，占比分别为 9.2%、5.9%。

（三）呼和浩特市、包头市、鄂尔多斯市人口总量仍保持上升态势

2000~2021 年，呼和浩特市和鄂尔多斯市人口总量上升趋势更为明

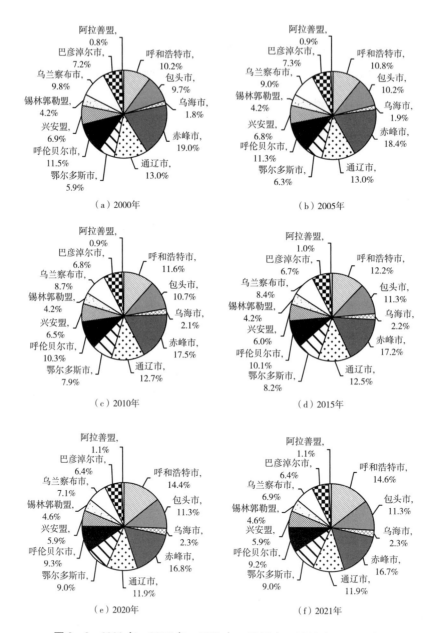

图 3-3 2000 年、2005 年、2010 年、2015 年、2020 年、2021 年内蒙古各盟市人口总量变化

资料来源:2000 年、2010 年、2020 年数据分别来自第五次、第六次、第七次全国人口普查;2005 年、2015 年数据来自 1% 人口抽样调查;2021 年数据来自《内蒙古统计年鉴(2022)》。

显。呼和浩特市作为首府城市，2021 年人口总量排第 2 位，人口数为
349.56 万人，占比为 14.6%，相比 2010 年占比提升了 3%。包头市、鄂尔
多斯市 2021 年人口占比分别为 11.3%、9%，相比 2010 年分别提升了
0.6%、1.1%。

（四）乌海市和阿拉善盟人口总量均呈现缓慢上升趋势，但上升幅度很小

2000 年，乌海市人口数为 42.76 万人，占比为 1.83%；2021 年人口
数为 55.81 万人，占比为 2.3%。阿拉善盟 2000 年人口数为 19.60 万人，
占比为 0.84%；2021 年人口数为 26.54 万人，占比为 1.1%。

三、内蒙古人口空间集聚变化

（一）计算公式

本部分选取人口地理集中度表示内蒙古人口空间集聚状况。地理集中
度综合考虑区域人口、面积等因素，既可以反映区域要素的空间分布情
况，又可以反映某区域在同级区域的地位和作用。人口地理集中度全面考
虑了内蒙古各盟市人口总量与内蒙古全区域总面积的因素，是反映人口空
间分布的有效变量。计算公式如下：

$$R_{POP_i} = \frac{pop_i / \sum_{i=1}^{n} pop_i}{S_i / \sum_{i=1}^{n} S_i} \qquad (3.1)$$

其中，R_{POP_i} 表示 i 地区人口地理集中度；pop_i、S_i 分别表示 i 地区的常住人
口数、土地面积。

（二）人口空间变化特征

依据式（3.1），基于 2000～2021 年《内蒙古统计年鉴》数据、内
蒙古人口普查数据、人口抽样调查数据等，测算人口地理集中度，结果

如表 3 - 2 所示。

表 3 - 2　　　2000 年、2010 年、2015 年和 2021 年内蒙古自治区
各盟市人口地理集中度

地区	2000 年	2010 年	2015 年	2021 年
呼和浩特市	6.9285	8.0008	8.6230	10.0177
包头市	4.0523	4.5912	4.9508	4.8366
乌海市	12.5260	14.9281	15.8487	16.1822
赤峰市	2.4545	2.3079	2.3158	2.2011
通辽市	2.5343	2.5269	2.5426	2.3636
鄂尔多斯市	0.7860	1.0757	1.1421	1.2314
呼伦贝尔市	0.5289	0.4819	0.4841	0.4313
兴安盟	1.3463	1.2917	1.2150	1.1584
锡林郭勒盟	0.2397	0.2431	0.2495	0.2714
乌兰察布市	2.0680	1.8639	1.8608	1.4873
巴彦淖尔市	1.3014	1.2416	1.2623	1.1695
阿拉善盟	0.0361	0.0411	0.0437	0.0484

总结各盟市人口地理集中度在不同年份的变化情况,呈现如下基本特征。

1. 各盟市人口集中度等级变化较小

2000~2021 年人口空间集聚最高的始终为乌海市,其次为呼和浩特市和包头市,人口集聚最低的为阿拉善盟和锡林郭勒盟。2021 年,乌海市人口集聚最高,人口地理集中度由 2000 年的 12.53 上升为 2021 年的 16.18;呼和浩特市、包头市、赤峰市、通辽市人口集聚紧随其后;阿拉善盟人口最为稀疏,人口地理集中度仅为 0.048。空间结构上人口集聚呈现东部以赤峰市与通辽市为中心、中部以呼和浩特市与包头市为中心的双核心人口集聚分布趋势。

2. 人口进一步向呼包鄂流动集聚

2000~2010 年,内蒙古地区人口不断向中部地区集聚,呼和浩特市、包头市、鄂尔多斯市人口地理集中度不断上升,东部的赤峰市、通辽市、兴安盟人口集中程度不断下降,呼包鄂对人口的吸引作用逐渐显现。2011~

2021 年，人口进一步向中部呼包鄂地区集中，呼包鄂人口地理集中度进一步上升，其中呼和浩特市由 6.93 上升为 10.02，呼包鄂对人口的吸引效果进一步显现，呼和浩特市人口吸引最为明显，人口集中度上升 3.09；赤峰市、通辽市、呼伦贝尔市、兴安盟等东部盟市人口进一步流失，人口地理集中度进一步下降。2000~2021 年，巴彦淖尔市人口集中度呈不断下降趋势；锡林郭勒盟基本保持不变，由 2000 年的 0.24 上升为 2021 年的 0.27；阿拉善盟出现小幅度上升，2021 年人口地理集中度为 0.048，人口集聚程度始终为区域最低。

3. 东部盟市人口集聚下降

东部人口集聚中心的赤峰市、通辽市人口集中度不断下降，赤峰市由 2000 年的 2.45 下降为 2021 年的 2.20，下降了 0.25；通辽市由 2000 年的 2.53 下降为 2021 年的 2.36，下降了 0.17。东部盟市人口受中部呼和浩特市吸引提升与靠近京津冀地区影响，人口集聚明显下降，存在人口流失现象。

综合来看，各盟市人口集中度变化较小，内蒙古人口已经处于下降阶段，部分盟市人口呈现下降趋势，东部盟市人口集聚下降，吸引力下降，尤其东部地区人口流失较严重，但呼包鄂地区人口整体呈上升趋势，人口进一步向呼包鄂流动集聚，人口集聚不断上升，呼包鄂城市群建设对人口的吸引作用显著。

▶ 第三节 内蒙古主体功能区的经济人口承载力

各主体功能区是以提供主产品的类型为基准进行划分的，在内蒙古经济发展中同等重要。本书按照重点生态功能区、城市化发展区和农畜产品主产区进行分类，以旗县为研究对象，对各主体功能区的经济人口承载力进行测算。数据来自《内蒙古统计年鉴》、内蒙古自治区统计公报和内蒙古第七次人口普查数据。

经济人口承载力测算模型为：

$$区域经济人口承载力 = \frac{区域经济总量}{参考区人均GDP}$$

$$e = \frac{区域实际人口}{区域经济人口承载力}$$

其中，参考区人均 GDP 为内蒙古 2020 年人均 GDP；e 表示区域经济人口承载力指数，$e<1$ 表示区域经济还有富余的人口承载力，$e=1$ 表示区域经济人口承载力与内蒙古平均水平处于平衡状态，$e>1$ 表示区域人口有富余。

一、重点生态功能区经济人口承载力

重点生态功能区以提供生态产品为主，也提供一定的农产品、服务产品和工业品，允许适度开发，坚持生态环境保护和修复，保障国家生态系统稳定，并进行必要的城镇建设。内蒙古重点生态功能区包括 46 个旗县，主要分为：大小兴安岭森林生态功能区、呼伦贝尔草原草甸生态功能区、科尔沁草原生态功能区、浑善达克沙漠化防治生态功能区、阴山北麓草原生态功能区、黄土高原丘陵沟壑水土保持生态功能区、阿拉善沙漠化防治生态功能区。依据经济人口承载力测算模型，重点生态功能区经济人口承载力测算结果如表 3-3 所示。

表 3-3　　内蒙古重点生态功能区经济人口承载力测算结果

生态区	盟市	旗县区	现实人口数（万人）	经济人口承载力（万人）	超载人口（万人）	人口超载率（%）	区域经济人口承载力指数 e
大小兴安岭森林生态功能区	呼伦贝尔市	阿荣旗	25.782	13.158	12.624	95.95	1.96
		莫力达瓦达斡尔族自治旗	22.882	12.030	10.852	90.21	1.90
		鄂伦春自治旗	17.402	9.479	7.923	83.58	1.84
		牙克石市	25.640	14.110	11.529	81.71	1.82
		额尔古纳市	6.848	5.468	1.380	25.23	1.25
		根河市	7.144	4.519	2.625	58.09	1.58
		扎兰屯市	31.893	21.279	10.614	49.88	1.50
	兴安盟	阿尔山市	3.230	2.737	0.494	18.04	1.18

续表

生态区	盟市	旗县区	现实人口数（万人）	经济人口承载力（万人）	超载人口（万人）	人口超载率（％）	区域经济人口承载力指数 e
呼伦贝尔草原草甸生态功能区	呼伦贝尔市	陈巴尔虎旗（规划新加）	5.056	11.733	-6.678	-56.91	0.43
		鄂温克族自治旗（规划新加）	14.110	15.351	-1.241	-8.09	0.92
		新巴尔虎左旗	3.701	3.471	0.230	6.62	1.07
		新巴尔虎右旗	3.836	8.259	-4.423	-53.55	0.46
科尔沁草原生态功能区	赤峰市	阿鲁科尔沁旗	24.036	12.777	11.259	88.12	1.88
		巴林右旗	15.503	8.184	7.319	89.44	1.89
		翁牛特旗	33.397	19.975	13.422	67.20	1.67
	通辽市	科尔沁左翼中旗	39.963	18.190	21.773	119.70	2.20
		科尔沁左翼后旗	32.144	17.045	15.099	88.58	1.89
		开鲁县	31.336	18.162	13.174	72.54	1.73
		库伦旗	15.113	7.494	7.620	101.68	2.02
		奈曼旗	37.531	17.281	20.250	117.18	2.17
		扎鲁特旗	25.181	18.309	6.871	37.53	1.38
	兴安盟	科尔沁右翼中旗	20.738	9.532	11.206	117.56	2.18
浑善达克沙漠化防治生态功能区	锡林郭勒盟	阿巴嘎旗	3.859	4.998	-1.139	-22.79	0.77
		苏尼特左旗	3.364	3.975	-0.611	-15.37	0.85
		东乌珠穆沁旗	7.061	12.994	-5.933	-45.66	0.54
		西乌珠穆沁旗	9.926	18.370	-8.444	-45.97	0.54
		苏尼特右旗	6.240	5.211	1.029	19.74	1.20
		太仆寺旗	10.937	6.355	4.582	72.10	1.72
		镶黄旗	2.740	2.962	-0.222	-7.50	0.92
		正镶白旗	4.295	4.259	0.036	0.85	1.01
		正蓝旗	6.991	7.551	-0.560	-7.42	0.93
		多伦县	10.374	6.651	3.722	55.96	1.56
	赤峰市	克什克腾旗	18.614	17.257	1.357	7.87	1.08

续表

生态区	盟市	旗县区	现实人口数（万人）	经济人口承载力（万人）	超载人口（万人）	人口超载率（%）	区域经济人口承载力指数 e
阴山北麓草原生态功能区	包头市	固阳县	11.862	8.811	3.051	34.63	1.35
		达尔罕茂明安联合旗	6.956	12.713	-5.757	-45.28	0.55
	巴彦淖尔市	乌拉特中旗	11.216	13.205	-1.989	-15.06	0.85
		乌拉特后旗	5.395	9.382	-3.987	-42.50	0.58
	乌兰察布市	四子王旗	12.937	8.398	4.539	54.05	1.54
		察哈尔右翼中旗	8.611	7.448	1.163	15.61	1.16
		化德县	9.527	6.608	2.920	44.18	1.44
		察哈尔右翼后旗	10.360	9.315	1.045	11.22	1.11
黄土高原丘陵沟壑水土保持生态功能区	呼和浩特市	武川县（2021 规划新加）	9.587	7.106	2.481	34.91	1.35
		清水河县	7.667	9.144	-1.476	-16.14	0.84
阿拉善沙漠化防治生态功能区	阿拉善盟	阿拉善左旗	17.674	34.201	-16.527	-48.32	0.52
		阿拉善右旗	2.265	2.831	-0.566	-20.00	0.80
		额济纳旗	3.576	5.289	-1.714	-32.40	0.68
生态功能区经济人口承载力测算结果汇总			644.499	493.576	150.923	30.577	1.3058

根据计算结果，内蒙古重点生态功能区经济人口承载力的基本结论如下。

1. 大小兴安岭森林生态功能区人口超载严重

大小兴安岭森林生态功能区属于水源涵养型地区，重点实施《大小兴安岭林区生态保护与经济转型规划》，保护森林、草原、湿地、野生动植物资源，禁止乱开滥采、过度放牧等行为。大小兴安岭森林生态功能区森林覆盖率高，具有完整的寒温带森林生态系统，是我国北方地区重要的生态安全屏障。大小兴安岭森林生态功能区包括呼伦贝尔市和兴安盟，以呼伦贝尔市为主，是重点生态功能区中人口超载最严重的地区之一，在 7 个旗（县、市）中，阿荣旗、莫力达瓦达斡尔族自治旗、鄂伦春自治旗、牙克石市和根河市等地区的人口超载率均超过了50%，其中阿荣旗人口超载率高达95.95%，莫力达瓦达斡尔族自治旗人口超载率高达90.21%，扎兰屯市人口超载率为49.88%，远超当地经济可承载的适度人口。额尔古纳市人口超载率为25.23%，阿尔山市人口超载率为18.04%，为大小兴安岭森林生态功能区中人口超载较轻的地区。

从区域经济人口承载力指数来看，大小兴安岭森林生态功能区的区域经济人口承载力指数均大于1，这表明该功能区人口远超当地经济可承载的适度规模人口，给当地的生态带来了严重的压力。大小兴安岭森林生态功能区目前原始森林受到较严重的破坏，出现不同程度的生态退化现象。

2. 呼伦贝尔草原草甸生态功能区人口未达饱和状态

根据《内蒙古自治区国土空间规划（2021—2035年）》，呼伦贝尔草原草甸生态功能区新增陈巴尔虎旗、鄂温克族自治旗，加上原有的新巴尔虎左旗、新巴尔虎右旗，共4个旗。此生态功能区的区域经济人口超载率较低，陈巴尔虎旗、鄂温克族自治旗和新巴尔虎右旗经济人口承载力分别为 -56.91%、-8.09%和 -53.55%，表明人口均未超过经济人口承载力范围。新巴尔虎左旗人口超载率为6.62%，是该生态功能区中唯一一个人口超载的地区，但超载率较低，整体来看呼伦贝尔草原草甸生态功能区没有达到人口饱和状态。

3. 科尔沁草原生态功能区人口超载极为严重

科尔沁草原生态功能区包括赤峰市、通辽市和兴安盟的10个旗（县），其中通辽市的科尔沁左翼中旗、库伦旗、奈曼旗和兴安盟的科尔沁右翼中旗的 e 值均超过了2，人口严重超载。阿鲁科尔沁旗、巴林右旗、翁牛特旗、科尔沁左翼后旗、开鲁县 e 值范围为1.5～2.0，扎鲁特旗 e 值为1.38，人口超载均比较严重。

从当前测算的数据来看，科尔沁草原生态功能区是内蒙古整个生态功能区中人口超载最严重的地区。科尔沁草原生态功能区内人口密度大、开发强度高，给当地的生态带来巨大的压力，造成草场退化、盐渍化和土壤贫瘠化严重，成为沙尘暴的主要沙源地之一，对东北和华北地区生态安全构成严重威胁。

4. 浑善达克沙漠化防治生态功能区人口已达饱和状态

浑善达克沙漠化防治生态功能区主要包括锡林郭勒盟和赤峰市的 11 个旗县，以锡林郭勒盟为主。苏尼特右旗、太仆寺旗、正镶白旗、多伦县和克什克腾旗 5 个旗县 e 值均大于 1，均存在人口超载现象。阿巴嘎旗、苏尼特左旗、东乌珠穆沁旗、西乌珠穆沁旗、镶黄旗和正蓝旗 6 个旗县的 e 值范围为 0.5~1.0，经济人口承载力接近饱和。

5. 阴山北麓草原生态功能区人口已基本达饱和状态

阴山北麓草原生态功能区主要包括包头市、巴彦淖尔市和乌兰察布市的 8 个旗县，此生态功能区土地贫瘠、水资源匮乏、耕地沙化严重，是北京乃至华北地区沙尘暴的主要来源地之一。固阳县、四子王旗、察哈尔右翼中旗、化德县和察哈尔右翼后旗的 e 值均大于 1，人口已经超载；达尔罕茂明安联合旗、乌拉特中旗和乌拉特后旗 e 值范围为 0.5~1，经济人口承载力已经接近饱和。

6. 黄土高原丘陵沟壑水土保持生态功能区人口已达饱和状态

黄土高原丘陵沟壑水土保持生态功能区包含武川县与清水河县两个以农业为主的地区，属于水土保持型地区。武川县以山地、丘陵为主，矿产资源、风能资源和水能资源丰富，清水河县位于内蒙古高原与黄土高原的中间地带，且与库布齐沙漠距离较近，受流水侵蚀严重，高原地貌遭到破坏。清水河县人口超载率为 -16.14%，e 值为 0.84，接近饱和状态；武川县的人口超载率为 34.91%，e 值为 1.35，超出了本地区的经济人口承载力水平。

7. 阿拉善沙漠化防治生态功能区人口未达饱和状态

阿拉善沙漠化防治生态功能区包括阿拉善盟的 3 个旗。阿拉善左旗、阿拉善右旗和额济纳旗人口超载率分别为 -48.32%、-20.00% 和 -32.40，e 值均小于 1，存在较大的经济人口承载力富余。

综合来看，内蒙古的重点生态功能区的区域经济人口承载力指数 e = 1.3058，整体的人口超载率达到 30.577%，人口已经超过经济承载力度，其中大小兴安岭森林生态功能区与科尔沁草原生态功能区人口超载较为严重。生态功能区的生态系统比较脆弱，资源环境承载能力较低，不具备大规模高强度工业化、城镇化开发的条件，须把增强生态产品生产能力作为首要任务，合理开发旅游资源，限制大规模、高强度、工业化的城镇化开发。

二、城市化发展区经济人口承载力

城市化发展区以提供工业和服务产品为主，也提供部分农产品和生态产品，是人口集聚、经济发展的主要地区，是区域协调发展的重要支撑点、自主创新能力提升的核心区，发挥着经济、人口集聚作用。内蒙古的城市化发展区分布在除阿拉善盟外的 11 个盟市的 39 个旗县区中。经济人口承载力测算结果如表 3-4 所示。

表 3-4　　内蒙古城市化发展区经济人口承载力测算结果

盟市	旗县区	现实人口数（万人）	经济人口承载力（万人）	超载人口（万人）	人口超载率（%）	区域经济人口承载力指数
呼和浩特市	新城区	69.967	84.284	-14.317	-16.99	0.83
	回民区	43.604	39.646	3.958	9.98	1.10
	玉泉区	52.457	45.029	7.428	16.50	1.16
	赛罕区	88.532	107.328	-18.796	-17.51	0.82
	托克托县	16.619	19.732	-3.112	-15.77	0.84
	和林格尔县	16.248	25.331	-9.083	-35.86	0.64
	土默特左旗	26.313	26.531	-0.218	-0.82	0.99
包头市	东河区	48.422	46.770	1.651	3.53	1.04
	昆都仑区	78.768	115.728	-36.960	-31.94	0.68
	青山区	53.513	78.601	-25.088	-31.92	0.68
	九原区	24.519	35.465	-10.946	-30.86	0.69
	石拐区	2.475	7.973	-5.499	-68.96	0.31
	白云鄂博矿区	2.268	4.356	-2.088	-47.94	0.52

续表

盟市	旗县区	现实人口数（万人）	经济人口承载力（万人）	超载人口（万人）	人口超载率（%）	区域经济人口承载力指数
鄂尔多斯市	东胜区	57.424	97.444	-40.020	-41.07	0.59
	伊金霍洛旗	24.798	98.622	-73.824	-74.86	0.25
	准格尔旗	35.918	104.342	-68.424	-65.58	0.34
	鄂托克旗	16.273	51.767	-35.494	-68.57	0.31
	鄂托克前旗	9.272	19.490	-10.218	-52.42	0.48
	康巴什区	11.880	12.482	-0.603	-4.83	0.95
	乌审旗	15.857	43.975	-28.118	-63.94	0.36
	达拉特旗	32.859	44.364	-11.505	-25.93	0.74
	杭锦旗	11.082	17.878	-6.796	-38.01	0.62
呼伦贝尔市	扎赉诺尔区	8.442	6.560	1.882	28.69	1.29
	海拉尔区	36.501	24.210	12.292	50.77	1.51
	满洲里市	15.051	19.635	-4.584	-23.35	0.77
兴安盟	乌兰浩特市	35.604	24.581	11.022	44.84	1.45
通辽市	霍林郭勒市	13.868	19.977	-6.110	-30.58	0.69
赤峰市	红山区	46.908	41.378	5.530	13.37	1.13
	松山区	70.631	38.939	31.692	81.39	1.81
	元宝山区	28.499	22.989	5.510	23.97	1.24
	宁城县	48.440	21.677	26.762	123.46	2.23
锡林郭勒盟	锡林浩特市	34.995	34.068	0.928	2.72	1.03
	二连浩特市	7.579	9.151	-1.572	-17.17	0.83
乌兰察布市	丰镇市	19.523	11.975	7.548	63.03	1.63
	集宁区	42.506	29.849	12.657	42.40	1.42
巴彦淖尔市	临河区	58.221	40.381	17.840	44.18	1.44
乌海市	海勃湾区	58.221	36.212	22.008	60.78	1.61
	海南区	9.477	22.302	-12.825	-57.51	0.42
	乌达区	12.270	19.594	-7.324	-37.38	0.63
城市化发展区经济人口承载力测算结果汇总		1285.803	1550.618	-264.815	-17.078	0.829

1. 呼包鄂城市群仍具有较大的人口容纳潜力

呼和浩特市作为内蒙古的首府，玉泉区、回民区的 e 值分别为 1.16、1.10，人口超载较轻，新城区、赛罕区、托克托县、和林格尔县和土默特左旗经济人口承载力指数均小于 1，表明呼和浩特市仍可容纳人口流入。

包头市的 6 个区中，昆都仑区、青山区、九原区、石拐区和白云鄂博矿区 5 个区的人口超载率均为负值，经济人口承载力富余，可以吸纳较多的人口流入。

鄂尔多斯市对人口的承载严重不足，所有地区的承载力指数 e 均小于 1，其中 5 个地区的人口承载力指数小于 0.5，可见，以鄂尔多斯的经济发展水平，仍有较大的人口集聚空间。

呼包鄂城市群属于国家级重点开发区域，区位和资源优势明显，一直是内蒙古经济的增长极，未来较长时间里仍是经济增长的中心。从当前的经济人口承载力来看，呼包鄂城市群远没有达到作为国家级重点开发区域的人口集聚规模。

2. 东部五盟市城市化发展区人口已超载

东部五盟市共有 11 个城市化发展区，除呼伦贝尔市的满洲里市、通辽市的霍林郭勒市、锡林郭勒盟的二连浩特市的 e 值小于 1 外，其他 8 个城市化发展区 e 值均大于 1，其中赤峰市是城市化发展区人口承载力最高的地区，宁城县的 e 值达到了 2.23，人口超载严重。

3. 西部的乌兰察布市、巴彦淖尔市、乌海市人口已达饱和状态

乌兰察布市、巴彦淖尔市、乌海市共 6 个城市化发展区，除乌海市的海南区和乌达区 e 值均小于 1 外，其他 4 个城市化发展区 e 值均大于 1。

总体来看，城市化发展区 e 值为 0.829，经济人口承载力仍有富余，主要集中在呼包鄂城市群，其他城市化发展区应大力提升经济发展水平，以提升经济人口承载力。

三、农畜产品主产区经济人口承载力

农畜产品主产区以提供农畜产品为主体功能，以提供生态产品、服务

产品和工业品为其他功能，需要在国土空间开发中限制进行大规模高强度工业化城镇化开发，以保持并提高农产品生产能力的区域。内蒙古的农畜产品主产区包括 18 个旗县，其经济人口承载力测算结果如表 3-5 所示。

表 3-5　　　　内蒙古农畜产品主产区经济人口承载力测算结果

盟市	旗县区	现实人口数（万人）	经济人口承载力（万人）	超载人口（万人）	人口超载率（%）	区域经济人口承载力指数
包头市	土默特右旗	23.742	22.889	0.854	3.73	1.04
乌兰察布市	凉城县	11.906	6.339	5.568	87.83	1.88
	商都县	17.393	8.299	9.094	109.58	2.10
	察哈尔右翼前旗	12.517	10.843	1.674	15.44	1.15
	卓资县	8.565	7.627	0.938	12.30	1.12
	兴和县	16.788	8.046	8.742	108.64	2.09
巴彦淖尔市	杭锦后旗	21.757	16.109	5.648	35.06	1.35
	五原县	22.481	14.402	8.079	56.09	1.56
	乌拉特前旗	25.783	19.328	6.454	33.39	1.33
	磴口县	9.020	8.028	0.992	12.35	1.12
兴安盟	科尔沁右翼前旗	28.539	14.438	14.102	97.67	1.98
	突泉县	22.067	10.484	11.583	110.48	2.10
	扎赉特旗	31.515	14.261	17.254	120.98	2.21
通辽市	科尔沁区	71.867	60.706	11.160	18.38	1.18
赤峰市	敖汉旗	44.871	20.339	24.532	120.61	2.21
	林西县	18.666	11.484	7.183	62.55	1.63
	巴林左旗	15.503	17.237	-1.734	-10.06	0.90
	喀喇沁旗	26.279	12.103	14.176	117.13	2.17
农产品主产区经济人口承载力测算结果汇总		429.259	282.962	146.296	51.70	1.52

从测算数据来看，只有赤峰市巴林左旗 e 值小于 1，其余 17 个旗县的 e 值均大于 1，商都县、兴和县、突泉县、扎赉特旗、敖汉旗和喀喇沁旗的 e 值均大于 2，实际人口均超过经济人口承载力的 2 倍。农畜产品主产区各旗县现实人口总数为 429.259 万人，经济人口承载力总数为 282.962 万人，超载人口多达 150 万人左右，人口超载率为 51.70%，可见，内蒙古农畜

产品主产区的人口严重超载，过多的人口集中于农畜产品主产区不利于地区城镇化的发展。合理引导人口流动，适度推进城市化，对促进农畜产品主产区协调发展具有重要意义。

综上所述，内蒙古的重点生态功能区人口已经超过经济承载力，其中大小兴安岭森林生态功能区与科尔沁草原生态功能区人口超载较为严重；城市化发展区 e 值为 0.83，经济人口承载力仍有富余，主要集中在呼包鄂城市群；农畜产品主产区的人口严重超载，其中商都县、兴和县、突泉县、扎赉特旗、敖汉旗和喀喇沁旗实际人口均超过经济人口承载力的 2 倍。总体来说，内蒙古 12 个盟市、103 个旗县中，经济人口承载力超载地区主要位于内蒙古东部的呼伦贝尔市、兴安盟、通辽市、赤峰市和中部地区的乌兰察布市，西部的阿拉善盟、呼包鄂城市群均存在人口容纳潜力。

▶ 第四节　内蒙古生态承载力评价

生态承载力是指在一定条件下，生态系统所能容纳的最大有机物数量、人类活动和生物生存的资源与环境的最大供容能力。目前，生态足迹分析是测算承载力的一个有效方式。生态足迹是指能够持续提供资源或消纳废物的、具有生物生产力的地域空间。生态足迹代表着特定人口对环境的影响规模，又代表了特定人口对环境提出的需求。其概念于 1992 年由加拿大生态经济学家威廉·雷斯等提出，马希斯·瓦克纳戈尔将其进一步发展为生态足迹模型，用来研究人类利用自然的情况，主要是通过计算自然提供的生态服务和人类对生态服务要求的差距，分析人类对生态系统的依赖性以及生态系统的承载力，以此来度量和评估可持续发展程度。

本章基于《中国统计年鉴》和《内蒙古统计年鉴》资源与环境数据，对内蒙古 2005～2020 年的人均生态足迹、人均生态承载力以及生态盈余和生态赤字进行测算，基于测算结果，对内蒙古的生态承载力现状、存在问题及发展潜力进行分析。

一、生态承载力模型计算方式

1. 指标选取

本章研究生态承载力模型计算涉及 6 类指标，包括耕地、草地、林地、水域、建筑用地、化石能源，具体如表 3 - 6 所示。

表 3 - 6　　　　　　　　　生态承载力模型指标

土地类型	指标
耕地	小麦、其他谷类、薯类、豆类、油料、蔬菜、禽蛋、猪肉
草地	羊肉、牛肉、牛奶、羊绒、山羊毛、绵羊毛、蜂蜜
林地	园林水果
水域	水产品
建筑用地	电力
化石能源	原煤、原油、天然气、水电、核电和其他能源

2. 生态足迹计算

本章选取生态足迹计算公式如下：

$$EF = N \cdot ef = N \sum (aa_i) r_j = N \sum \left(\frac{c_i}{p_i} \right) r_j \tag{3.2}$$

其中，EF 为总的生态足迹（公顷），N 为总人口数（人），ef 为人均生态足迹，aa_i 为人均 i 项消费项目折算的生物生产面积（公顷/人），c_i 为第 i 项消费项目的人均年消费量，p_i 为该项目的全球平均年生产力，r_j 为均衡因子。均衡因子采用最常用的全球均衡因子，即耕地建筑用地为 2.51，林地为 1.26，草地为 0.46，水域为 0.37，化石原料用地为 1.26。

3. 生态承载力计算

在计算生态承载力时，由于各地区各种生物生产面积的产出差异很大，这时需引进一个产量因子来实现生物生产面积的转化，还应扣除 12% 的生物多样性保护面积，即为可利用的人均生态承载面积。计算公式为：

$$EC = N \cdot ec = N \sum (a_j r_j y_j) \tag{3.3}$$

其中，EC 为区域总人口的生态承载力（公顷），N 为人口数（人），ec 为人均生态承载力（公顷/人），j 为生态生产性土地的类型，a_j 为 j 类型生物生产性人均拥有面积（公顷/人），r_j 为均衡因子，y_j 为产量因子。产量因子采用刘某承等（2010）对内蒙古产量因子的计算数值，即耕地建筑用地为 0.52，林地为 0.68，草地为 1.07，水域为 1.07，化石能源用地为 0。

4. 生态盈余与生态赤字的计算

生态足迹和生态承载力都是用生物生产性土地面积来衡量的，因此，它们可以直接比较，比较结果即为生态盈余/赤字（ED）。当一个地区的生态承载力小于生态足迹时，即出现"生态赤字"；反之，则产生"生态盈余"。生态赤字表明该地区的环境负荷超过了其生态承载力，要满足现有水平的消费需求，该地区或是从地区之外进口所欠缺的资源以平衡生态足迹，或是通过消耗自身的自然资本来弥补供给流量的不足。生态盈余值可以从某种程度上定量反映一个地区的可持续发展状况。计算公式为：

$$ED = EC - EF = N(ec - ef) \tag{3.4}$$

二、人均生态足迹与承载力分析

依据生态足迹、生态承载力、ED 公式计算 2005～2020 年内蒙古人均生态承载力、人均生态足迹、生态赤字，结果如表 3-7 和图 3-4 所示。

表 3-7 内蒙古人均生态承载力、人均生态足迹、生态赤字计算结果

年份	人均生态承载力（ec）	人均生态足迹（ef）	生态赤字（ED）
2005	2.2732	9.9828	-7.7097
2006	2.2505	10.9295	-8.6790
2007	2.2304	12.0318	-9.8014
2008	2.2167	13.5371	-11.3204
2009	2.3010	16.4282	-14.1272
2010	2.2880	18.6093	-16.3213
2011	2.2899	19.8920	-17.6021

续表

年份	人均生态承载力（ec）	人均生态足迹（ef）	生态赤字（ED）
2012	2.3870	19.9922	-17.6052
2013	2.1544	20.7919	-18.6375
2014	2.1614	20.9595	-18.7981
2015	2.1707	20.7969	-18.6262
2016	2.1802	20.8410	-18.6607
2017	2.1839	21.2554	-19.0715
2018	2.2335	21.9214	-19.6879
2019	2.2907	22.9409	-20.6502
2020	2.4192	22.1577	-19.7386

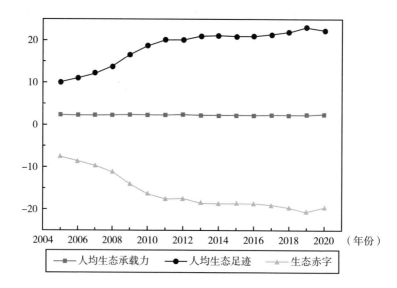

图 3-4 内蒙古人均生态承载力、人均生态足迹及生态赤字变化情况

1. 内蒙古人均生态足迹整体呈上升趋势

内蒙古人均生态足迹由 2005 年的 9.98 公顷/人上升为 2020 年的 22.16 公顷/人，最高为 2019 年的 22.94 公顷/人。其中，2005～2011 年增长速度较快，2012 年后，受政府环保理念宣传与人们环保意识上升影响，人均生态足迹整体上升缓慢，2020 年开始呈下降状态。

2. 人均生态承载力整体变化幅度不明显，呈现缓慢上升态势

内蒙古人均生态承载力由 2005 年的 2.27 公顷/人上升为 2020 年的 2.42 公顷/人，得益于退牧还林与天然林工程建设，人均生态承载力自 2013 年后呈明显增长态势。

3. 内蒙古生态环境赤字严重

内蒙古生态环境在 2005～2020 年存在严重生态赤字问题，且整体呈恶化趋势，赤字由 2005 年的 7.71 公顷/人增加到 2020 年的 19.74 公顷/人。2005～2011 年，生态赤字呈快速增长态势，对环境造成了严重破坏；2012～2019 年，生态赤字呈缓慢增长态势，变化较稳定，这与 2012 年后民众环境保护意识不断提升、环境破坏行为减少、政府不断增加环境保护支出和加大环境治理密切相关；2019～2020 年内蒙古生态赤字出现改善现象，是之前 8 年环境保护积累的结果。

三、各盟市生态承载力分析

（一）生态承载力分析

本章选取 2005 年、2010 年、2015 年和 2020 年 4 个时间节点，分别计算各盟市人均生态承载力（见图 3-5）。

从图 3-5 可以看出，相同盟市不同年份的人均生态承载力波动幅度较小，12 个盟市人均生态承载力在 0～5 公顷/人，人均生态承载力数值明显低于生态足迹，12 个盟市中承载力较高的有呼伦贝尔市、兴安盟、锡林郭勒盟、乌兰察布市，2020 年均在 4 公顷/人以上；通辽市、赤峰市、巴彦淖尔市、阿拉善盟稍次之，人均生态承载力 2020 年均在 2 公顷/人以上；鄂尔多斯市、呼和浩特市、包头市、乌海市的承载力依次降低，2020 年基本在 2 公顷/人以下，其中乌海市最低为 0.4 公顷/人以下；鄂尔多斯市的人均生态足迹和承载力差值显著，人均生态足迹在全区排名靠前，承载力则始终处于最低层次的水平，反映到生态余量上，赤字现象较严重。

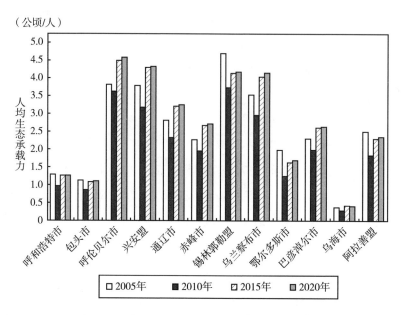

图 3-5 2005 年、2010 年、2015 年、2020 年内蒙古 12 盟市人均生态承载力

资料来源：郝蕾，张文剑，翟涌光，等. 近 15 年内蒙古生态承载力时空分析 [J]. 绿色科技，2022，24（22）：1-6.

（二）生态余量空间分析

本章选取 2005 年、2010 年、2015 年和 2020 年 4 个时间节点，分别计算各盟市生态余量（见图 3-6）。

从图 3-6 可以看出，12 个盟市的生态余量全部为赤字，并呈现分布不均衡的空间格局，中部盟市保有较低赤字水平，东西部盟市则赤字较高。时间尺度上内蒙古总人均生态赤字呈现明显上升趋势。12 个盟市中，呼和浩特市、包头市、乌兰察布市和锡林郭勒盟基本保持了较低程度的赤字，各年份间变动较小。阿拉善盟、乌海市、巴彦淖尔市、呼伦贝尔市和赤峰市的赤字处于中低等级；阿拉善盟和乌海市除在 2010 年处于中等外，其余年份都处于较低水平；巴彦淖尔市前 3 个年份赤字都处于较低等级，但 2020 年上升到中等水平，主要受到人均生态足迹小幅上升的影响；呼伦贝尔市赤字整体呈上升状态，在 2005 年和 2010 年处于较低等级，2015 年和 2020 年上升到中等水平，耕地类型人均生态足迹增高是主要影响因素；

赤峰市赤字相比 2005 年，2020 年赤字等级有所上升。兴安盟生态赤字的严重程度呈上升态势，2020 年甚至达到最高等级，主要受耕地类型人均生态足迹升高影响。鄂尔多斯市和通辽市赤字现象严重，但赤字均在 2020 年有小幅下降。

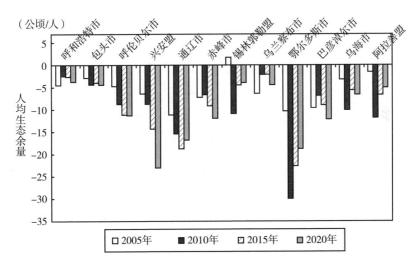

图 3 - 6 2005 年、2010 年、2015 年、2020 年内蒙古 12 盟市人均生态余量

资料来源：郝蕾，张文剑，翟涌光，等. 近 15 年内蒙古生态承载力时空分析［J］. 绿色科技，2022，24（22）：1-6.

综合来看，内蒙古生态赤字严重，面临严峻的生态环境压力，2011 ~ 2020 年生态状况有所缓解，2020 年生态赤字已经明显改善，但内蒙古改善生态赤字、提升生态承载力仍然有很长的路要走。

▶第五节 "双碳"目标下主体功能区人口分布优化

国土空间格局是特定时期和地域人地关系的集中体现。人地关系的表现方式、强度及其互馈关系具有较大的地域差异，这决定了不同地域的空间结构，塑造形成了不同区域差别化的生态空间、农业空间和城镇空间的配置格局。面向"碳达峰、碳中和"目标，应坚持人地和谐理念，在生态优先的基础上推动国土空间格局的优化和协调。内蒙古重点生态功能区应定位于祖国北方生态安全屏障，人与自然和谐相处的示范区，提供生态产品的重要区域。农畜产品主产区应定位于维护地区的粮食安全，建设绿色高效农畜产品生产基地。城市化发展区应定位于内蒙古人口与经济的双高峰，快速又高质量地发展经济才能对重点生态功能区、农畜产品主产区的超载人口产生吸引力，进而实现各功能区的人口承载力均衡。

一、厚植＂北疆绿＂，提升生态系统承载力

内蒙古的七大生态功能区涵盖了山水林田湖草沙各种生态类型，应坚持系统观念，扎实推进山水林田湖草沙一体化保护和系统治理。统筹森林、草原、湿地、荒漠生态保护修复，加强治沙、治水、治山全要素协调和管理，着力培育健康稳定、功能完备的森林、草原、湿地、荒漠生态系统，严格实施国土空间用途管控，留足必要的生态空间，提升综合生态承载力，筑牢北方生态安全屏障。

（一）加强草原生态系统保护和修复

严格落实基本草原保护草畜平衡、禁牧休牧轮牧和草原生态保护监测评估等基本制度，认真组织实施国家草原保护修复重大工程项目。严格落实草原＂三区＂用途管控制度，严格规范草原征占用审核审批，严禁随意改变草原用途，严禁在草原上乱采滥挖、新上不符合相关规定的矿产资源开发项目。充分发挥国家重点生态工程的示范引领作用，对不同程度退化、沙化的草原进行分类治理，促进草原生态修复。加强草种质资源保护，大力发展现代草种业，推动草原畜牧业转型升级。切实加强草原生物灾害监测预警和防控能力建设，巩固草原保护建设成果。

（二）加强森林生态系统保护和修复

森林生态系统保护修复的重点在于增绿、提效，要持续推进林草植被建设，加快国土绿化步伐，形成国土绿化新格局。落实林地总量控制、定额管理和林地审核审批制度。建立和完善森林保护培育和经营制度，采取

人工造林、飞播造林、封山育林等措施，有效增加森林面积，提高森林覆盖率。加强大兴安岭、阴山山脉、贺兰山山脉等山区天然林保护，提高黄河、嫩江、西辽河等流域林草植被覆盖度。实施森林质量精准提升工程，加强古树名木保护，探索通过租赁、置换、协议等方式加强重点区位森林保护。

（三）加强河湖湿地保护和修复

保护湿地对于维护生态平衡、实现人与自然和谐共生具有十分重要的意义，要深入推进重要河湖湿地生态保护与修复，以黄河、西辽河流域为重点，持续开展流域生态治理，在重要水源地建设以水源涵养为主的林草植被。持续推进"一湖两海"及察汗淖尔等河湖湿地生态综合治理，不断改善流域生态环境。加强重点河湖生态补水，继续利用凌汛水对黄河流域、乌梁素海、岱海等河湖实施生态补水。将湿地资源保护管理纳入林长制、河湖长制考核范围，压实地方党委、政府湿地保护主体责任。

（四）推进荒漠化治理

全力打好黄河"几"字弯攻坚战，以毛乌素沙地、库布齐沙漠等为重点，全面实施区域性系统治理项目，加快沙化土地治理，保护修复河套平原，河湖湿地和天然草原，增强防沙治沙和水源涵养能力。坚持科学治沙，全面提升荒漠生态系统质量和稳定性。科学部署重大生态保护修复工程项目，彻底治理科尔沁草原生态功能区、浑善达克沙漠化防治生态功能区、阿拉善沙漠化防治生态功能区草地生态功能退化、荒漠化加剧的趋势，提升荒漠系统生态承载力，保护生态与改善民生步入良性循环。持续推进"三北"防护林体系建设，巩固拓展防沙治沙成果，锲而不舍地推进"三北"防护林工程建设，筑牢我国北方生态安全屏障。

（五）推进水土流失综合治理

水土流失直接关系到国家的生态安全、防洪安全、粮食安全和饮水安全。重点在黄土高原丘陵沟壑水土保持生态功能区内实施水土保持工程，加快推进十大孔兑①综合治理，加强粗泥沙集中来源区坡耕地综合治理和淤地坝、拦沙工程建设。实施小流域综合治理，通过构建包括水土保持农业耕作措施、林草措施与工程措施在内的综合防治措施体系，达到保护、改良与合理利用水土资源的目的，进一步提高生态系统的承载力。

二、优化城镇空间布局，引导人口集聚

（一）强化呼包鄂城市群引领带动作用

从经济、生态承载力来看，呼包鄂城市群的承载力仍存在较大富余，鄂尔多斯市多个区和旗县的现实人口数还未达承载力的一半，人口集聚规模仍有很大的空间。因此，需要突出城市群核心地位，强化生态环境、水资源等约束和城镇开发边界管控，优化城市群内部空间结构，构建集约高效一体化发展的空间格局。

依托特色资源和产业基础，发挥比较优势，优化呼包鄂城市功能布局和空间结构，促进城市分工协作、错位发展，推动呼包鄂建成内蒙古人才集聚程度最高、创新创造活力最强、科技和人才成果最多的人才"高地"，增强优质资源的虹吸能力和对周边中小城市的涓滴效应。

1. 呼和浩特市重点提升服务功能

发挥科教文卫资源丰富、金融机构聚集、商贸物流发达、数字经济领先、乳业产业集群等优势，大力发展现代服务型经济，引领智慧城市建设一体化，建设国家级乳业、大数据、光伏产业基地和动物疫苗研发基地。

2. 包头市重点发挥制造业辐射功能

发挥稀土资源富集、工业基础雄厚、创新活跃强劲、产业工人众多等优势，大力发展精深加工，打造创新型企业孵化基地和具有全球影响的"稀土+"产业中心，建设全国重要的新型材料产业基地、现代能源产业

---

① "孔兑"是蒙古语"山洪沟"的意思。内蒙古的十大"孔兑"从西向东依次为毛不拉孔兑、卜尔嘎斯太沟、黑赖沟、西柳沟、罕台川、壕庆河、哈什拉川、母花沟、东柳沟、呼斯太河，是黄河内蒙古河段的主要产沙支流。

基地和现代装备制造业基地，建成宜居宜业的现代化工业城市。

3. 鄂尔多斯市重点优化现代能源供给功能

发挥能源资源丰富、煤基产业发达、民营经济活跃、城市建设优美等优势，大力发展现代能源经济，打造现代能源化工产业示范基地，推动产业转型升级，建成要素集聚、生态宜居的现代化城市和生态文明先行示范区。

（二）完善城镇发展体系，促进人口向优势区集中

城市化发展区的发展实力是重要的吸引力来源。城市化发展地区应有本地区最高的经济实力，有着多元的产业布局、合理的大中小城市集群、完善的区域基础设施建设和良好的生态环境，对其他地区人口有较高的吸引力，形成地区的人口极点，同时，有助于舒缓农产品功能区、生态功能区人口压力，推动两地区向着合理方向发展。

1. 提升城市中心城区功能品质

坚持把生态和安全放在更加突出的位置，统筹兼顾经济、社会、文化等多元需求，增强中心城区服务功能，合理控制开发强度和人口密度，优化开发格局，改善市政设施功能，加强数字城市建设，提高智能管理能力。坚持产城融合，完善郊区新城功能，实现多中心、组团式发展，建设组团式卫星城市群。

东部地区以锡林浩特市、二连浩特市、赤峰市主城区、通辽市主城区、海拉尔区和乌兰浩特市为主，西部地区以乌海市和临河市为主，全面提升城市化建设水平，提升城市吸引力和人口承载力，促进人口合理向城市化地区流动，扩大城市人口集聚规模。优化城市空间布局，科学规划城市工业区、商务区、文教区、生活区、行政区和交通枢纽区；优化生产力布局，形成发展经济带；科学谋划建设城市轨道交通，完善服务设施；优化创业创新载体布局，通过培育产业增加就业，促进以高校毕业生为重点的青年和农牧区转移劳动力等重点群体实现就业。在人流、物流、商流和能源供应流的聚散力上做到高效率聚集、整合，全面提升城市人口集聚优势。推动赤峰市、通辽市等区域中心城市形成纵深推进全区人才队伍建设

的重要支点，促进其他盟市打造若干区域人才集聚地；乌海市应该发挥辐射带动作用，建设区域发展中心，加快发展以物流、金融为重点的生产服务业，建设园林型、滨水宜居城市，在经济与环境上吸引农产品和生态功能区人口集中。人口向区域中心城市集聚，也意味着进一步优化劳动力在三次产业间的配置结构，提升劳动生产效率，释放创新增长的潜力。

2. 提升小城镇承载力

强化城市空间连接、功能传导作用，支持位于城市群范围内的重点镇加强与周边城市的规划统筹、功能配套，分担城市功能。按照区位条件、资源禀赋和发展基础，因地制宜发展小城镇，促进特色小镇规范健康发展（见表3-8）。引导一般小城镇完善基础设施和公共服务，增强服务农村牧区、带动周边功能。

表3-8 重点发展的特色小镇

特点	特色小镇名称
三产融合	元宝山国际种苗小镇、临河区河套彤锣湾现代农业小镇、丰镇市隆盛庄月饼小镇、临河区"赋套·金钥"现代农业小镇、海南区阳光田宇葡萄小镇、商都县巨弘马铃薯小镇、奈曼旗青龙山甘薯小镇、伊金霍洛旗哈沙图田园综合体小镇
体育运动	和林格尔县奥威蒙元马文化运动休闲小镇、伊金霍洛旗伊泰大漠国际马产业文化旅游小镇、和林格尔县足球小镇、宁城县黑里河水上运动休闲小镇、新城区保合少水磨运动休闲小镇、喀喇沁旗美林谷冰雪运动及四季生态休闲度假小镇、牙克石市喜桂图冰雪小镇、凉城县岱海温泉冰雪小镇、杭锦旗独贵塔拉越野小镇、达拉特旗马术运动休闲小镇、康巴什区赛车小镇、陈巴尔虎旗汽车冬季试验试驾运动小镇
文化旅游	科尔沁右翼前旗察尔森湖生态休闲小镇、巴林左旗契丹辽文化旅游小镇、准格尔陶瓷小镇、康巴什区草原丝路文化康镇、玉泉区昭君文旅小镇、回民区莫尼山非遗小镇、托克托黄河康养农旅小镇、伊金霍洛旗乌兰木伦煤炭工业小镇、宁城县黑里河森林小镇、林西县新城子"水·果"生态文旅康养小镇、磴口县河套风情小镇、科尔沁右翼中旗代钦塔拉文旅小镇、阿尔山市白狼林俗村生态休闲小镇、伊金霍洛旗苏布尔嘎乡村旅游小镇、奈曼旗蒙中医药小镇、大兴安岭满归红豆康养小镇、通辽市哲里木湛露温泉康养小镇、大兴安岭绰尔森林康养小镇、阿尔山荆花温泉康养小镇、宁城县八里罕圣泉小镇
商贸流通	清水河县旅蒙云商小镇、乌兰察布市北方陆港中蒙俄商贸物流小镇
数字经济	和林格尔云谷小镇

资料来源：《内蒙古自治区新型城镇化规划（2021—2035年）》。

(三) 推动重点生态功能区人口有序退出

服从生态环境保护需要，减少人类活动对自然空间的占用，严禁不符合主体功能定位的各类开发活动。引导库布齐沙漠、毛乌素沙地、丘陵沟壑区、土石山区等生态脆弱地区人口向城镇转移，逐步降低人口数量，减轻人口对生态环境的压力。推动大小兴安岭森林生态功能区、科尔沁草原生态功能区等人口超载严重地区人口退出，向城市化发展区转移。控制浑善达克沙漠化防治生态功能区、阴山北麓草原生态功能区、黄土高原丘陵沟壑水土保持生态功能区等人口饱和地区人口增长，疏导人口有序退出。

三、加快农村牧区乡村振兴，推进城乡融合发展

(一) 积极调整农牧业产业结构

产业结构决定着产业的未来，劳动力在一定程度上决定着产业的未来和农村牧区的未来。乡村振兴战略的实施关键在于"人"。对于内蒙古广大农村牧区来说，首先得"留得住"中青年劳动力，其次要"用得好"，最后还要"引得回"。调整农牧业结构必须考虑三个结合。一是与当前人们的消费选择相结合。消费是生产动力，也是市场需求，是农牧业结构调整绝对不能忽视的。二是与本地资源优势相结合。内蒙古在农牧业结构调整、发展绿色农业等方面具有得天独厚的优势，可以打造"一村一品"的特色种植、养殖结构。在这个过程中，既可以结合老年劳动力的经验优势，又可以充分发挥中青年劳动力思想活跃、市场感知度强的特点。进而通过这样的农牧业产业结构的调整起到"留得住"青年劳动力的作用。三是与现代农牧业产业体系建设相结合。现代农牧业产业体系大大延伸了农牧业产业链、价值链，促进一二三产业交叉融合发展，使技术人才、市场流通人才、经营管理人才等各类人才在广大的农村牧区都有了用武之地，才有可能吸引高才回流农村牧区创业就业。

（二）促进城乡要素和资源的双向流动

城市群内城市作为未来人口集聚的重点地区，在保持自身快速发展的同时，应加强对周边非城市群城市在资金、技术和人才等方面的扶持；推动一二三产业在农村牧区融合发展、加快推进农业和农村现代化，基础设施向农村牧区延伸、公共服务向农村牧区覆盖，通过生态移民、易地搬迁等方式加快城镇化进程，完善基础设施和公共服务设施，增强城市便利性、宜居性，有效利用当地独特的生态资源，明确城市发展定位，加强生态环境保护，走"小而美""精而特"的发展路径；加强以交通为重点的基础设施互联互通建设，按照建设大通道、疏通内循环的目标，推进高速公路、铁路、城市道路和县乡公路建设。通过高铁经济带建设辐射周边，将结构更紧密、联系更紧密的城市圈作为城镇群突破口，扩大人口流动量。综合考虑产业基础、交通条件和空间布局等因素，按照集约紧凑、产城融合、集聚人口的原则，建设特色鲜明、生态环境优美、功能设施完善、社会事业进步的小城镇，把小城镇建设成联结城市、辐射周边镇村、提升县域经济的重要平台。依托商业、文化、旅游等产业聚集城镇活力。完善城镇基础设施建设，提升城镇服务功能。结合乡村振兴战略的实施，合理布局供给充分、独特多样和高质量的私人消费服务、社会事业和公共服务，营建优美的生活、生态环境，完善便捷的交通和数字基础设施体系。

（三）促进城乡融合发展，加快农牧业转移人口市民化

严格控制位于农牧业核心区城镇建设用地总量和开发边界，控制农畜产品主产区土地开发强度。积极引导广大农牧民有序向城镇转移，加大农牧业转移人口市民化奖励资金支持、城镇建设用地增加规模与吸纳落户数量挂钩力度，支持引导进城落户农牧民自愿有偿转让"三权"。健全城乡融合发展体制机制和政策体系，统筹城乡布局，完善县域乡村建设规划，合理安排产业集聚、村落分布、生态涵养、农田保护等空间布局，形成布局合理、功能完善、协调有序的村庄新格局。

四、稳定边境人口，筑牢北疆安全稳定屏障

内蒙古作为祖国"北大门"，在全国安全稳定大局中的战略地位十分重要，19 个边境旗县市区分布在 4200 公里的边境线上。从 2020 年第七次全国人口普查数据来看，内蒙古边境地区人口持续减少，相比第六次人口普查，减少了 31.08 万人，同时人口老龄化严重。边境地区的这些人口变化特征削弱了稳边固防的群众力量，削弱了地区经济增长的后劲，制约社会事业的更好发展，对北疆安全稳定屏障带来了不利的影响。建设祖国北疆安全稳定屏障，是习近平总书记对内蒙古的谆谆嘱托、殷殷期望，是党中央对内蒙古的发展定位，是内蒙古对国家政治安全、边疆安宁所负的重大责任。稳边固边，方能兴边富民，内蒙古深入推进固边兴边富民行动，发展产业，不断提高沿边地区基本公共服务和重大基础设施保障水平，努力吸引更多人到边境地区置业安居。

（一）以经济发展集聚人口

边境旗县要依托和强化自身的跨境、边境地理区位以及自然和人文资源优势，将边境旅游作为县域经济新增长点，培育边境旅游产业新业态，因地制宜将生态优势转化为经济优势，在守护生态屏障的同时，扶持绿色农林业、生态旅游业等产业发展，带动边民增收。以兴边富民行动为政策指引，加强旅游产品、旅游服务、旅游技术的创新和研发，引导当地居民和更多的旅游商户共同参与到边境旅游产业的开发、运营和管理中，进一步完善旅游基础设施建设和增强社会文化软实力，促进县域经济提质增效。充分发挥内蒙古向北开放重要桥头堡的战略地位优势和在中俄蒙经济走廊建设中的纽带作用，打造充满活力的沿边开发开放经济带，积极推进面向俄罗斯和蒙古国的交通物流枢纽建设，持续推动口岸产业加工基地建设，加快延边实体经济发展和经贸往来。以生态优势发展旅游康养产业，充分发挥北方边境地区夏季凉爽宜人、空气清新、辽阔壮丽的气候环境优势，以温泉疗养、马术培训、森林氧吧等休闲康养新业态，吸引人口进行

"候鸟式"和季节性的迁徙、居住和消费。

（二）以优厚政策吸引人口

通过高工资和福利吸引、留住人口，以按服务年限递进提升艰边补贴等形式，持续提高边境地区的工资福利待遇，扩大边民补贴的发放范围，提高发放标准，提升边民生活质量。对于进驻边境区域的企业提供就业补贴，以投融资、工商、税收等方面的政策优惠，吸引人口和产业聚集。多措并举加强人才招聘与引进力度，在引进人才时重点以德才兼备为准绳，注重人才的个人发展与价值体现，使其能留得住、用得好、形成归属感，采用定向培养、协议服务、征信约束等形式向边境地区输送急需的医疗、教育及其他特殊人才，提高人才队伍稳定性。由"鼓励生育"向"激励生育"转变，加大边境地区生育补贴和税收减免力度，对符合条件的多子女家庭给予高中阶段学费减免、区内大学降分录取等支持政策，为边境地区育龄女性提供更加宽松优厚的产假、二孩补贴、生育保险制度，激发多孩生育意愿，提高边境地区人口出生率。

（三）以良好环境留住人口

完善边境地区农牧区基础设施建设。提高边境行政村道路通达率、通畅率、自然村公路通达率、村内道路硬化率、广播电视综合人口覆盖率、农村饮水安全普及率、用电人口覆盖率、主电网人口覆盖率、行政村路灯普及率、通宽带率、光纤通达率、4G用户信号覆盖率、邮政服务覆盖率、金融服务覆盖率等。

着力提升社会公共服务水平。加大在教育、医疗、文体方面对边境农牧区社会公共事业的投入，逐步实现城乡基本公共服务均等化。合理优化中小学学校布局和教育资源分配，加强职业教育，全方位多维度提升边民的综合素质和技能水平。推动边境地区与院校合作办学，大力推广在线教育等模式，弥补师资短板。完善国门学校等教育机构建设，深入开展"五个认同"教育。

加强沿边重点乡镇政策支持。推进"美丽边境线"建设，围绕"创新探索、因地制宜、分类施策、突出特色",重点建设一批边境特色新型小城镇,着力培育供给侧边境小镇经济,与美丽乡村建设形成有机衔接,在抵边一线集中建设一批新村,使其成为边境线上重要发展节点。支持农牧民创业创新与农牧民工返乡创业,推动乡村农牧业与服务业融合发展,积极拓展休闲农牧业与乡村旅游等业态的增收和就业渠道,解决边境地区农牧民就近就地就业创业难的问题。

(四)以长效机制稳定人口

从边境地区人口老龄化问题的实际出发,加快推进边境地区养老社会保障体系建设,加大政策和资金扶持力度,提升社会养老服务功能水平,确保政策的长期性与稳定性。进一步加大对养老院、福利院的资金投入,改善老年人生活基础设施,提高老年人生活水平,增加养老方面的医疗财政支出,针对老年人会面临的突发性疾病,做好应急措施。积极布局老龄产业,加快推进智慧养老服务建设,形成新的经济增长点,挖掘低龄老年人口的人力资源,加快发展"银发产业",积极推进"智慧用老",利用老年群体知识、技能和经验丰富的优势,开发更多适合老年人的工作岗位,做到"老有所为"。

(五)以现代技术手段助力守边戍边

从未来看,边境旗县的人口仍将呈现减少趋势,为弥补人口减少带来的影响,应确立科技戍边的理念,积极采用先进的科技手段,如监控技术、地理信息系统、无人监测系统、电子围栏和传感器网络以及卫星遥感技术等,提高边境地区的管理效率和安全水平,减轻人力资源不足的压力。

04

第四章

内蒙古经济空间布局优化

实现"双碳"目标是推动高质量发展的内在要求。改革开放以来，内蒙古经济社会发展取得辉煌成就，综合经济实力明显增强，但与国内发达省份甚至全国平均水平相比，内蒙古发展不平衡、不充分的矛盾仍然突出，实现高质量发展，尽快缩小差距是解决问题的基础。内蒙古自然地理环境的特殊性，决定了其经济空间开发、产业格局优化既要遵循一般地区空间开发的普遍规律，更要突出内蒙古的区域特点。内蒙古应正确认识把握碳达峰碳中和对经济绿色低碳转型的重要促进作用，统筹考虑资源分布、人口分布、产业布局、交通格局与能源供需体系，优化碳排放与碳汇格局，以"空间锚定"推动"双碳"目标和社会经济发展目标有序均衡实现。

▶ 第一节 "双碳"目标对内蒙古经济空间布局的影响

"双碳"目标将成为我国经济未来四十年甚至更长时期实现可持续发展的重要驱动力，降碳将成为经济社会发展的重要主题，资源高效利用、绿色低碳发展将成为经济社会发展的基本路径，正在重塑产业链，催生出更多的"绿色低碳"新兴技术、产业和商业模式，推动传统产业的生产流程和技术路线发生深刻变革，倒逼产业加快发展方式转型，走低能耗、少污染、高质量的绿色发展道路，加快构建绿色低碳的经济体系。

一、"双碳"目标促进能源经济转型

凭借改革红利，内蒙古经济发展迅速，正处于工业化快速发展时期，经济发展中"碳"要素十分重要。但是，内蒙古地区的经济发展方式仍然是传统的粗放型经济发展方式，这种方式势必会造成资源能源过快消耗和生态环境严重破坏，所以迫切需要转型到依靠知识、技术、治理提高效率、支撑增长的发展阶段。"双碳"目标的战略决策，将带来广泛而深刻的经济社会变革，形成新的发展方式，对能源经济领域的影响尤为显著。在能源结构方面，需进一步着力推进绿色、数字、创新转型，把绿色低碳作为调整能源结构主攻方向，使新能源满足大部分新增能源需求，促进能源发展"绿色转型"。在能源产业方面，大力打造风能、太阳能、氢能和储能四大新型能源产业。依托国家重要能源和战略资源基地建设，抢抓碳达峰、碳中和带来的难得机遇，结合巨大市场需求，以丰富的资源和广阔的市场吸引新型能源产业。着力实施新能源倍增、灵活电网、控煤减碳、源网荷储、再电气化、绿氢经济、数字能源、惠民提升、科技赋能、区域合作这十项重点能源领域工程。

二、"双碳"目标促进产业结构合理调整

在"双碳"目标的大背景下，资源高效利用、绿色低碳发展趋势正在重塑全球产业链，催生出更多的"绿色低碳"新兴技术、产业和商业模式，推动传统产业进行大洗牌，意味着传统固有的经济体系会发生颠覆性变化，将会打造一个基于零碳能源的新工业体系，推动产业转型和新工业体系的建立。基于碳中和目标，整个工业生产工艺、技术、产业布局将迎来一系列调整，形成绿色能源科技的产业集群。"双碳"目标，在很大程度上将颠覆工业革命以来内蒙古地区以化石燃料为基础的能源

消费结构，而且需要创造新的行业和产业盈利模式。新兴产业先天具有低碳化的优势，在技术路线的选择上没有传统高碳产业的历史包袱，能以较低成本走上低碳甚至零碳的发展方向。大量与低碳技术研发、示范和推广应用相关的持续巨额投资，将为经济增长提供新动能。在新能源革命的基础上，围绕"零碳"技术作出的全局性、系统性调整，拼的是学习速度和绿色资源的高效开发，是用低碳化、数字化和智能化为手段实现产业升级。

三、"双碳"目标促进绿色金融经济转型

金融承担着服务实体的功能，"双碳"目标下实体经济的绿色低碳转型，将从政策支持与金融需求两个方面为绿色金融发展带来更大机遇。降低碳排放需要企业大规模、长期的资本支出，投资绿色低碳的新技术或工艺、改变生产模式等，将产生大量的金融需求。此外，风电、光伏、新能源汽车行业进入补贴退坡期，行业发展从政策驱动转变为市场驱动，企业需要通过金融系统获取资金。绿色金融是指为支持环境改善、应对气候变化和节约资源高效利用等经济活动而提供的金融服务，绿色金融行业对于绿色经济发展具有重要作用。为了更好地树立和践行绿色发展理念，内蒙古通过建立完善绿色金融管理制度、目标和指标体系，形成具有内蒙古生态特色的绿色金融体系。近年来绿色金融服务行业发展迅速，如绿色信贷、绿色债券、绿色产业基金、绿色保险等各项金融产品的兴起，不仅极大地促进了绿色服务行业的进步，而且为低碳技术投融资提供了一个好的渠道。绿色金融服务行业所衍生出的金融产品和工具为其他行业的绿色化转型起到了一个很好的支撑作用。

四、"双碳"目标促进碳汇经济的发展

"双碳"目标的实现离不开固碳增汇，离不开生态文明建设的深入推进。为了更好地平衡企业二氧化碳的减排和超排，实现低碳经济的可

持续发展，碳交易市场应运而生。碳交易实际上是把以二氧化碳为代表的温室气体视作"商品"，通过给予特定企业合法排放权利，让二氧化碳实现自由交易的市场。国内碳排放交易市场发展迅速，2021年7月16日全国碳市场上线交易正式启动，这是我国利用市场机制控制和减少温室气体排放、推进绿色低碳发展的一项重大制度创新。利用内蒙古丰富的碳汇资源优势，通过碳汇交易市场可以获得可观的经济效益。内蒙古作为我国重要的生态屏障区，既有丰富的碳汇资源，又有增加碳汇能力的巨大潜力。内蒙古应该充分利用这些资源优势，积极争取国家的营林植绿支持项目，加强对林草资源的保护，提高林草的总量与质量。发挥保护环境所带来的生态优势，提升巩固植物、土地的碳汇能力，同时开发利用生态系统的综合价值，将绿水青山转化为金山银山，促进生态价值变现为经济效益。

五、"双碳"目标促进碳排放交易体系的完善

从2011年起，我国分别在7个地区开展碳排放权交易试点工作，积累了构建碳市场的经验，在"双碳"目标推动下，从试点走向全国，2021年7月，中国碳市场正式开市，加快了碳市场在全国范围内的建设。全国碳交易目前主要集中在火电行业，应该积极将石化、冶炼、化工等行业引入碳市场，扩大碳市场的应用领域，从而在更大范围内促进碳排放降低。碳市场的碳价由市场决定，碳价影响企业对自身减排策略的选择，减排成本的上升则会逼迫企业进行低碳技术的研发和应用。实践证明，碳市场是高效减排的关键措施，完善的碳排放交易机制才能高效减排，利用市场机制实现低成本高效益。

实现碳达峰碳中和与推动经济转型发展是一体两面。实现碳达峰碳中和是经济转型的重要前提和条件，通过将碳达峰碳中和贯穿于经济转型全过程，能够倒逼能源结构低碳型转变、产业结构系统性升级、空间结构高效型调整、政策制度体系化转型以及发展方式根本性转变。经济转型是实现碳达峰碳中和的关键抓手，只有通过彻底的绿色低碳转型，才能更好地

实现"双碳"目标。我国将创造条件尽早实现能耗"双控"向碳排放总量和强度"双控"转变，会对新能源的增长、产业属性的衍变、新发展模式的形成等带来一系列机遇，经济转型目标也有了更加清晰的"锚"。对此，内蒙古要坚持系统观念，遵循绿色转型规律和市场规律，用发展的办法解决转型中的问题，尽快形成绿色低碳的新发展模式，努力在减碳降碳中促进转型，在转型发展中实现减碳降碳，促进降碳、减污、扩绿、增长协同推进。

▶ 第二节　内蒙古产业园区分布

产业园是指由政府或企业为实现产业发展目标而创立的特殊区位环境，发挥着产业集群和创新要素集聚的作用。作为区域经济发展的主阵地，产业园区具有经济基础好、能源消耗大、产业集聚等特点，是构建灵活多样、低碳高效的综合能源服务体系的"试验田"，也是"双碳"背景下区域生产力布局优化的主阵地。

一、内蒙古产业园区的空间分布

产业园区作为重要的新型经济发展载体，在内蒙古已进入规范、健康发展阶段。通过大力引导企业向产业园区集中，不断加大园区招商引资力度，扩大规模、完善功能，有效地促进了企业的空间集聚。根据前瞻产业研究院数据，目前内蒙古共有 855 个产业园，分布在 98 个旗县区中，其中呼和浩特市有 151 个，鄂尔多斯市有 125 个，包头市有 123 个，赤峰市有 94 个，通辽市有 74 个，锡林郭勒盟有 64 个，乌兰察布市有 54 个，巴彦淖尔市有 47 个，呼伦贝尔市有 35 个，乌海市有 31 个，兴安盟有 31 个，阿拉善盟有 26 个（总共 98 个区县，855 个产业园）。具体分布如表 4 - 1 所示。

表 4-1　　　　　　　　　　内蒙古各盟市产业园分布情况

盟市	产业园分布	盟市	产业园分布
呼和浩特市 （9个旗县区， 155个产业园）	玉泉区：14个 回民区：14个 和林格尔县：19个 土默特左旗：34个 新城区：32个 赛罕区：23个 托克托县：7个 武川县：7个 清水河县：1个	通辽市 （8个旗县区， 74个产业园）	科尔沁区：35个 奈曼旗：10个 科尔沁左翼中旗：7个 科尔沁左翼后旗：6个 开鲁县：6个 霍林郭勒市：4个 扎鲁特旗：4个 库伦旗：2个
鄂尔多斯市 （9个旗区， 125个产业园）	东胜区：36个 康巴什区：16个 伊金霍洛旗：16个 达拉特旗：15个 鄂托克旗：11个 准格尔旗：10个 杭锦旗：7个 乌审旗：7个 鄂托克前旗：5个 伊金霍洛旗（东胜区）：1个 伊金霍洛旗（康巴什区）：1个	锡林郭勒盟 （12个旗县， 64个产业园）	锡林浩特市：25个 多伦县：6个 二连浩特市：6个 东乌珠穆沁旗：5个 太仆寺旗：5个 西乌珠穆沁旗：5个 苏尼特右旗：3个 正蓝旗：3个 苏尼特左旗：2个 阿巴嘎旗：2个 正镶白旗：1个 镶黄旗：1个
包头市 （9个旗县区， 123个产业园）	九原区：34个 昆都仑区：25个 青山区：17个 东河区：13个 土默特右旗：10个 青山区（九原区、昆都仑区）：8个 石拐区：4个 固阳县：4个 九原区（青山区）：2个 九原区（昆都仑区）：1个 白云鄂博矿区：1个 达尔罕茂明安联合旗：1个	乌兰察布市 （10个旗县区， 54个产业园）	集宁区：17个 兴和县：8个 商都县：6个 察哈尔右翼前旗：6个 丰镇市：5个 化德县：4个 察哈尔右翼后旗：4个 四子王旗：4个 卓资县：1个 凉城县：1个

续表

盟市	产业园分布	盟市	产业园分布
赤峰市 (11个旗县区, 94个产业园)	红山区:29个 松山区:13个 翁牛特旗:10个 敖汉旗:9个 喀喇沁旗:6个 元宝山区:6个 克什克腾旗:5个 巴林右旗:5个 巴林左旗:3个 阿鲁科尔沁旗:1个 林西县:1个	巴彦淖尔市 (7个旗县区, 47个产业园)	临河区:13个 乌拉特前旗:9个 杭锦后旗:8个 五原县:6个 磴口县:4个 乌拉特后旗:4个 乌拉特中旗:3个
呼伦贝尔市 (11个旗县区, 35个产业园)	海拉尔区:7个 满洲里市:6个 阿荣旗:5个 牙克石市:4个 扎兰屯市:3个 根河市:3个 鄂温克族自治旗:2个 陈巴尔虎旗:2个 鄂伦春自治旗:1个 莫力达瓦达斡尔族自治旗:1个 新巴尔虎右旗:1个	兴安盟 (6个旗县区, 31个产业园)	乌兰浩特市:9个 科尔沁右翼前旗:7个 突泉县:7个 科尔沁右翼中旗:3个 扎赉特旗:3个 阿尔山市:2个
乌海市 (3个区, 31个产业园)	海勃湾区:12个 海南区:10个 乌达区:9个	阿拉善盟 (3个旗, 26个产业园)	阿拉善左旗:22个 额济纳旗:2个 阿拉善右旗:2个

资料来源:前瞻产业研究院。

截至2021年,以重点生态功能区内不再有任何产业园为原则,筛选之后的产业园总共56个区县,681个产业园的具体分布如表4-2所示。

表4-2　　　　　　不涉及生态功能区的旗县产业园分布情况

盟市	产业园分布	盟市	产业园分布
呼和浩特市 (7个区县, 147个)	玉泉:14个 回民区:14个 和林格尔县:19个 土默特左旗:34个 新城区:32个 赛罕区:23个 托克托县:7个	乌兰察布市 (7个区县, 44个)	集宁区:17个 兴和县:8个 商都县:6个 察哈尔右翼前旗:6个 丰镇市:5个 卓资县:1个 凉城县:1个

续表

盟市	产业园分布	盟市	产业园分布
通辽市 （2 个区县， 39 个）	科尔沁区：35 个 霍林郭勒市：4 个	锡林郭勒盟 （2 个区县， 31 个）	锡林浩特市：25 个 二连浩特市：6 个
包头市 （8 个区县， 118 个）	九原区：34 个 昆都仑区：25 个 青山区：17 个 东河区：13 个 土默特右旗：10 个 青山区（九原区、昆都仑区）：8 个 石拐区：4 个 九原区（青山区）：2 个 九原区（昆都仑区）：1 个 白云鄂博矿区：1 个	鄂尔多斯市 （9 个区县， 125 个）	东胜区：36 个 康巴什区：16 个 伊金霍洛旗：16 个 达拉特旗：15 个 鄂托克旗：11 个 准格尔旗：10 个 杭锦旗：7 个 乌审旗：7 个 鄂托克前旗：5 个 伊金霍洛旗（东胜区）：1 个 伊金霍洛旗（康巴什区）：1 个
赤峰市 （7 个区县， 67 个）	红山区：29 个 松山区：13 个 敖汉旗：9 个 喀喇沁旗：6 个 元宝山区：6 个 巴林左旗：3 个 林西县：1 个	巴彦淖尔市 （5 个区县， 40 个）	临河区：13 个 乌拉特前旗：9 个 杭锦后旗：8 个 五原县：6 个 磴口县：4 个
呼伦贝尔市 （2 个区县， 13 个）	海拉尔区：7 个 满洲里市：6 个	兴安盟 （4 个区县， 26 个）	乌兰浩特市：9 个 科尔沁右翼前旗：7 个 突泉县：7 个 扎赉特旗：3 个
乌海市 （3 个区县， 31 个）	海勃湾区：12 个 海南区：10 个 乌达区：9 个	阿拉善盟 （0 个区县， 0 个）	

资料来源：前瞻产业研究院。

二、内蒙古产业园区发展特点

（一）特色产业集聚正在形成

产业园区产业的规模化发展、重点项目的引进和重点企业的培育，对县域经济的辐射和带动作用明显，已成为推动当地工业结构优化升级、保持工业经济快速增长、加快工业化进程的主要动力。以和林格尔开发区和鄂托克经济开发区为例，和林格尔县和鄂托克旗90%以上的工业总产值来自产业园区，产业园区已成为当地经济发展的主要支柱。

（二）建设规模不断扩大

在产业园区发展的进程中，随着产业园区基础设施建设和工业项目、服务项目的引进，有效地带动了区域城镇化建设和服务业的发展，有些产业园区已成为当地经济繁荣、环境优美、生机盎然的新城镇。例如，鄂托克经济开发区（蒙西高新技术园区）的建成，把昔日的"沙窝子"变成了美丽的蒙西镇；和林格尔开发区的建设，把旧日的盐碱滩变成了具有草原文化气息的旅游之地。

（三）经济增长速度明显高于全区工业经济增长速度

产业园区的各项经济指标增速明显高于全区平均水平，产业园区已成为内蒙古工业经济最耀眼的增长点。在快速发展的同时，可持续发展提上日程。一批重点产业园区开始转变传统粗放的增长方式，大力发展循环经济，积极引进大项目、构筑大产业，延长和拓展循环经济产业链取得了很好的经济和社会效益。

（四）人才集聚效应明显

产业园区作为当地对外开放的窗口，已经成为培育造就一大批优秀人才的重要基地。随着大集团、大企业和大项目的引进，产业园区吸引了大批省内外乃至国内外的优秀人才，同时引进了新的思想和观念。驻区企业的建设和发展也培育了一批专业型人才，极大地推动了所在地区人员的思想解放和观念的转变。例如，托克托、和林格尔、霍林郭勒等开发区的发展，使当地的人员素质、思想观念、社会管理水平都有了明显的提升。

▶ 第三节 "双碳"目标下产业园区布局优化的主导思想

根据区位特点、地区资源禀赋、主体功能要求,"双碳"约束会决定一个地区的主导产业和功能定位。"十四五"期间是内蒙古进行经济低碳转型的重要时期,而经济的低碳转型主要以产业结构调整和产业布局优化为前提。

一、"双碳"目标下产业园区总体布局优化指导思想

(一)明确"双碳"目标长中短期关系,差异性规划发展

实现碳达峰碳中和目标、推动经济转型发展是一个循序渐进的过程,既要有中长期终极目标、长期战略任务引领阶段性任务,也要有短期攻坚任务,做到"积小胜为大胜"。一段时间以来,一些地方脱离实际,将长期目标短期化、碎片化,搞"运动式"减碳、"碳冲锋",严重影响了企业的正常生产经营。从发达国家碳治理的经验看,经济转型都会有一定的平台期,需要把握好节奏,有步骤分阶段地循序渐进。对内蒙古而言,针对能耗强度较高、碳排放量较大的突出问题,短期内要突出"治标",坚决限制"两高"项目盲目无序发展,对照国家用能标准,通过技术改造促进节能减排,提高绿色供给能力,为碳达峰碳中和预留空间,为转型发展打基础。从中长期来看,着眼于解决产业结构偏重、能源消费偏煤、资源利用效率偏低、传统产业规模偏大、政策制度保障偏弱等根本性矛盾,抢抓碳达峰碳中和带来的新一轮能源革命机遇、产业结构重大调整机遇、重大技术创新突破机遇、配套政策制度变革和创新机遇,强化"标本兼治",通过全面优化能源、产业、区域空间结构,彻底转变发展方式、思维方式,持续增加绿色生产力和新动能替代能力,摆脱传统发展路径依赖,实

现生产生活全面绿色转型、换道超车。

（二）合理调整产业结构，促进低碳转型升级

产业结构是影响经济发展的重要因素之一，是衡量一个国家或地区经济发展水平的重要标志，推动高质量发展必须把产业结构转型升级作为重点。着力推动产业发展迈向高端化。坚持以创新驱动引领产业升级，支持创新平台建设，聚焦关键领域集中攻关，用科技创新为产业赋能，推动产业走向高端化。顺应产业发展趋势，打造一批高端新兴产业集群，全面提升战略性新兴产业的支撑引领作用。实施延链补链强链行动，启动一批产业基础再造工程项目，培育一批专精特新"小巨人"企业，加快数字产业化和产业数字化步伐。推动稀土资源保护性开发、高质化利用、规范化管理，做精做优做强稀土产业。着力推动产业发展迈向智能化，深入实施"上云用数赋智"行动，积极创建国家数字经济创新发展示范区，促进实体经济与数字经济融合发展，用大数据、云计算、人工智能等新一代信息技术改造提升能源、化工、冶金、建材等传统产业，推动传统产业数字化转型。加快发展以数字技术为基础的新产业新业态新模式，形成数字产业集聚效应，为经济发展培育新优势、注入新动能。着力推动产业发展迈向绿色化。推进企业开展清洁生产改造，发展循环经济、低碳经济，提升绿色低碳技术、绿色产品服务供给能力，构建绿色低碳的产业链供应链。大力发展节能环保产业，助推产业绿色转型。

（三）增强能源安全意识，坚守底线思维

内蒙古产业大多处于产业链的中上游，原煤、电石、铁合金、PVC、多晶硅、单晶硅、铝材等全国市场占有率均超过 20%，在初级产品"保供"中具有不可替代的作用。现代化过程中，我国对能源重化工产品的需求仍将持续，在传统产业消费峰值还未到来之际，大幅度减少高耗能产业产能，势必影响产业链供应链安全。2021 年中央经济工作会议特别提出，要正确认识和把握初级产品供给保障。因此，减碳绝不是减少生产能力。这意味着转型过程中传统产业在国民经济和国家经济安全中的基础性作用

进一步被明确，在减碳约束和初级产品重要性"双加强"的情境下，推动传统产业转型的关键是要做好"节、保、压、转"文章，坚持节约优先，保留先进产能，压减和淘汰落后产能，推动高耗能高碳排产业向绿色低碳产业转变，推动产品从普通原材料向重要工业"四基"转型，推动传统生产经营模式向数字化、绿色化转变。广泛拓展新能源场景应用，大力发展新能源装备制造业和运维服务业，壮大风光氢储四大产业集群，推动新能源产业从单一发电卖电向全产业链发展转变。就内蒙古而言，当前稳增长压力较大，传统动能面临冲击较大，转型的时间窗口较紧，一旦处置不力将面临产业外流、经济"失速"等一系列风险挑战，影响金融稳定和社会就业。因此，绝不能认为转型就等于肯定低速增长。转型发展必须坚守发展底线、安全底线、民生底线，坚持先立后破，坚持低碳、零碳产业发展先于高碳产业退出，坚持人员安置、就业发展优于资产处置，坚持风险防范处置早于各类风险发生，确保安全降碳、安全转型。

（四）不搞"一刀切""齐步走"，各盟市梯次有序碳达峰

按照国家战略部署，在 2030 年前实现碳达峰，在 2060 年前实现碳中和，是一个整体性目标，也是梯次实现的过程，有先有后，不能搞"齐步走"。一直以来，内蒙古作为国家重要的能源和战略资源基地，为国家新型工业化发展提供了有力的能源、原材料支撑保障，当然也付出了沉重的资源、环境代价，转型发展需要化解诸多矛盾问题。在全面建设社会主义现代化国家进程中，还要继续发挥能源安全兜底、初级产品保供的作用。同时，内蒙古工业化发展任务尚未完成，城镇化正进入持续深化期，经济转型的基础条件相对薄弱，产业结构的特点也决定了碳排放惯性仍会持续一段时间。因此，内蒙古在实现"双碳"目标和经济转型过程中，既需要与全国同向而行、主动作为，将碳排放增量控制在合理区间，避免冲动冒进，确保如期达峰；也需要争取预留一定的发展时间和空间，在政策安排、产业链供应链布局、要素保障上予以支持。同理，各盟市主体功能不同、工业化发展进程不同、产业组成不同，应按照各自的实际情况，明确碳达峰、碳中和与转型发展的时间表、路线图、施工图，分类推进碳达峰

和经济转型。

（五）坚持生产力与资源环境相适应原则，处理好能力与发展的关系

促进生产力布局与资源环境相适应，是建设我国北方重要生态安全屏障的根本要求，也是经济转型的内在要求。内蒙古国土空间结构具有地广人稀、生产要素分散、生态红线范围大等鲜明特点。过去经济高速增长时期，各地区纷纷建设工业园区、大搞重化工，造成了生产力布局与生态环境承载力的错配，给生态环境带来了巨大压力，也加大了碳治理难度。国土空间特点和生产力布局的现状，决定了在"双碳"目标下实现经济转型，必须在集中集聚集约上寻求突破，在"全面治理、集中攻坚、分类推进"上狠下功夫，推动生产力布局优化、生态环境保护与减碳固碳能力提升"三管齐下"，促进生产生活生态相统一、人与自然环境相协调。具体来讲，城镇化工业化地区要进一步增强集聚人口和要素的能力，强化碳治理，集中要素资源在经济转型中重点突破，带动全面转型；农产品主产区要重点加强农牧业固碳功能，推进农牧业绿色低碳循环发展，引导工业企业向"专精特新"方向发展；生态功能区要持续引导人口转移，提高生态要素的碳汇功能，释放碳汇潜力，促进生态资产增值保值。

（六）调整完善区域政策，推进区域协调发展

按照国土空间规划，调整完善区域政策，引导各地立足优势特色，推进优势突出、结构合理、创新驱动、区域协调、城乡一体发展格局的形成。全面贯彻落实《呼包鄂乌"十四五"一体化发展规划》，推动中西部盟市以黄河流域大保护大治理为重点，推进基础设施联通、公共资源共享，增强区域产业、生态治理和公共服务合作，支持呼和浩特提升中心城市功能、优化发展环境，率先实现高质量发展，支持包头建设战略资源和现代装备制造基地，支持鄂尔多斯建设现代能源产业基地，进一步增强呼包鄂对全区经济的带动作用。支持西部盟市加快产业迭代替代步伐，在突出产业特色和补生态环境短板中实现高质量发展。东部地区要充分发挥好赤峰、通辽两个中心城市的优势带动作用，抓好基础设施建设、生态环境

保护、民生保障等重点任务。增强城市群和中心城市综合承载能力，促进大中小城市和小城镇协调联动、特色化、内涵式发展，构建多中心带动、多层级联动、多节点互动的新型城镇化格局。实施城市更新行动，强化基本公共服务保障，提高城市精细化管理水平，不断提升市民化质量和城镇化质量。

（七）积极融入国家向北开放总体布局，高质量建设向北开放"桥头堡"

把内蒙古打造成为我国向北开放重要"桥头堡"，是内蒙古推动更高水平对外开放并以高水平开放促进高质量发展的现实需要。必须坚持问题导向，找准主攻方向，切实解决"酒肉穿肠过"问题。深化同俄蒙各领域合作，组织实施口岸枢纽扩能改造、联运通道能力补强、集疏运设施补短板等建设项目，为打造我国向北开放重要"桥头堡"夯实基础。明晰口岸和腹地功能定位，着力补齐短板，优化中欧班列开行布局，提升运行畅通水平，促进口岸与腹地联动发展。大力发展泛口岸经济，优化口岸资源配置，加强面向腹地的重大基础设施和重要枢纽节点建设，构建形成口岸带动、腹地支撑、边腹互动格局，推动"经济通道"向"通道经济"转变，推动"过路经济"向"落地经济"转型。以乌兰察布—二连浩特、呼和浩特国家物流枢纽建设为抓手，促进资源集聚集散、要素融汇融通。以满洲里、二连浩特为口岸节点，持续推动保税仓储、多式联运发展，充分发挥中欧班列带动作用，推动内蒙古货源在口岸集散、扩大出口规模，推动进口商品在内蒙古落地转化。以"班列+园区""班列+口岸""班列+跨境电商""班列+金融"模式推动经济发展。

二、"双碳"目标下分区域布局优化指导思想

（一）国家级重点开发区域

国家级重点开发区域是支撑经济增长的重要增长极，是落实区域发展

总体战略、促进区域协调发展的重要支撑点，是重要的人口和经济密集区。对于国家级重点开发区域的产业布局优化来说，既要加强城市群的紧密联系，充分发挥核心城市产业集聚的扩散和辐射作用，又要使产业与城市从根本上实现低碳转型升级。

国家级重点开发区域布局优化指导思想：（1）以产业低碳转型为主导，促进产业结构调整和产业布局优化。现阶段虽然高耗能产业的能耗水平有所下降，但是从整体方面来看，产业平均能耗仍然居于高位，经济区内的高技术产业以及清洁能源的能源消费结构比重依然偏低。（2）加速推进低碳城市建设，为新兴低碳产业发展和布局提供空间和市场。在低碳城市的建设过程中，需要大量的绿色低碳环保材料、低碳能源等，这将会满足经济区主导产业和低碳产业发展的市场需求。此外，低碳城市的建设可以达到一劳永逸的效果，将大大减轻城市碳减排的压力，能够更好地实现"双碳"目标。同时生态宜居环境优美的低碳城市，也会吸引大量人才定居和外来资金技术投资，为产业结构优化升级提供巨大帮助，最终形成新兴低碳产业与低碳城市良性循环发展的格局。

（二）限制开发区域（农畜产品主产区）

限制性开发区域是内蒙古实施乡村振兴战略的主要区域，同时是国家绿色农畜产品的生产基地。根据内蒙古"十四五"规划要求，推进绿色兴农兴牧，优化农牧业布局，推动产业向优质高效转型，不断提高对绿色优质农畜产品的供应。农畜产品主产区严禁大规模、高强度地发展工业化和城市化，加大对基本农田、基本草地的保护力度，确保国家粮食安全。

农畜产品主产区布局优化的指导思想：（1）加强对农畜产品主产区的农业基础设施建设，引进使用先进的农业生产机械设备，提高农畜产品的产出总量和质量；（2）重点建设以"两区两带"为主体的农畜产品主产区，包括河套—土默川平原农业主产区、西辽河平原农业主产区、大兴安岭沿麓农业产业带、呼伦贝尔—锡林郭勒草原畜牧业产业带，利用优越的自然地理条件及气候条件，引导农业集约式发展，形成巨大的规模效益；（3）以县城所在地和资源富集区为中心，在不超过资源环境承载力允许的范围内，合理发展农畜产品加工业，适度发展绿色能源、冶金化工等特色产业，同时鼓励发展绿色、生态、低碳旅游等服务业；（4）继续推进交通等基础设施的建设，结合公路、铁路、航天等多种运输途径的优势与特点，进一步优化交通线路的空间布局和结构，实现交通资源的最大化配置，为现代化农业、低碳旅游业、运输业等联系紧密的区域产业发展及区域经济合作提供最大的保障；（5）拓展产业创新发展新路径，在保证现代农业和现代服务业等主导产业可持续健康发展的同时，结合节能减排战略，充分利用当地的自然资源，加大对风能、光伏等新能源重点低碳产业的支持。

（三）限制开发区域（重点生态功能区）

重点生态功能区的建立是保障生态系统稳定运行的关键，它不仅是一个国家或地区的生态安全屏障，同时也是人与自然和谐共处的重要体现。以大兴安岭生态屏障、阴山北麓生态屏障、沙地防治区、沙漠防治区、黄土高原丘陵沟壑水土保持区的"两屏三区"为主体进行生态安全战略布局。根据不同生态保护区的功能和特点，有选择地发展与生态环境相适宜的产业。在生态功能区内尽量建设据点式小城镇，以防大范围的居民活动给生态环境带来破坏。围绕居民生活聚集地，适度合理地发展农畜产品加工业，同时做好对企业相关产业准入标准的严格审查。对于化工冶金等对生态环境有着严重破坏的产业，要及时停用与迁移，通过生态旅游等服务业做到该区域的经济补偿发展。

（四）禁止开发区域

禁止开发区域是指有代表性的自然生态系统、珍稀濒危野生动植物物种的天然集中分布地、有特殊价值的自然遗迹所在地和文化遗址等点状分布的生态地区，其功能是保护自然文化资源遗产、珍稀物种基因资源，保护生物物种多样性。具体包括自然保护区、世界文化自然遗产、风景名胜区、森林公园、地质公园、重要湿地、重要饮用水水源保护区等。

禁止开发区域布局优化的指导思想：加快对生态保护与修复相关政策的落实，促进人口有序地向城镇转移集中集聚并定居落户。完善法律法规体系，对禁止开发区域制定严格的监管制度，严禁开展不符合主体功能定位的各类活动，严格控制人为因素对自然保护区、风景名胜区等保护区的干扰，以此维护自然生态系统的完整性。制定相应的财政政策，建立生态补偿机制。对禁止开发区所影响经济发展的当地区域以及受影响的当地个体单位实施减免税、补贴等政策优惠。

▶ 第四节　内蒙古分区域产业园区布局整合优化方案

作为产业集聚发展的核心单元，在促进经济发展的同时，产业园区也成为碳排放大户，园区减排是达成碳中和目标的关键，低碳园区是"双碳"政策落地的首要抓手。可持续发展社区协会（ISC）发布的《低碳园区发展指南及使用手册》，对低碳园区进行了定义：在满足社会经济环境协调发展的目标前提下，以系统产生最少的温室气体排放获得最大的社会经济产出，以实现土地、资源和能源的高效利用，以温室气体排放强度和总量作为核心管理目标的园区系统。贯彻落实主体功能区规划，综合考虑产业园区所在地区发展定位、资源环境承载能力、发展基础和发展潜力，因地制宜、科学布局，引导各产业园区差异化协同发展，构建"特色鲜明、优势互补、紧密协作、联动发展"的新格局。

一、呼包鄂乌区域

贯彻落实内蒙古呼包鄂乌协同发展战略，加快提升呼包鄂乌地区示范引领和辐射带动作用，打造形成以呼包鄂乌协同发展为核心的沿黄河沿交通干线产业空间集聚带。依托特色资源和产业基础，发挥比较优势，因地制宜、分类指导，优化四市城市功能布局和空间结构，促进城市分工协作、错位发展。呼和浩特市重点提升服务功能，包头市重点发挥制造业辐射功能，鄂尔多斯市重点优化现代能源供给功能，乌兰察布市重点提升枢纽经济集聚功能。

（一）呼和浩特市

呼和浩特市作为内蒙古自治区的首府，应担当首府使命、彰显首府作为，全面建设体现新发展理念的现代化区域中心城市，着力提升首府核心功能和产业能级，整合七大开发区，重点培育"六大产业集群"。呼和浩特市产业园区及产业布局如表4-3所示，开发区及产业布局如图4-1所示。

表4-3 呼和浩特市产业园区及产业布局

序号	开发区名称	产业园名称	主导产业
1	呼和浩特经济技术开发区	经济技术产业园	生物科技、装备制造
		白塔物流园	现代物流
		金桥产业园	新材料、石油化工
2	呼和浩特金山高新技术产业开发区	金山产业园	高技术制造、高端装备制造
		科技城产业园	科技研发、新一代信息技术
3	内蒙古呼和浩特敕勒川乳业开发区	金川绿色食品加工产业园	乳制品、绿色食品加工及上下游配套
		新能源汽车产业园	新能源汽车、高端装备制造
		伊利现代智慧健康谷	乳制品、绿色食品加工及上下游配套
4	内蒙古呼和浩特和林格尔乳业开发区	盛乐绿色食品加工产业园	绿色食品加工、电子信息产业
		大红城物流园	现代物流
5	内蒙古呼和浩特托清经济开发区	托克托产业园	现代化工、生物医药
		清水河产业园	非金属材料、现代化工
6	内蒙古和林格尔新区	—	数字经济、电子信息等
7	呼和浩特综合保税区	—	商贸物流、保税加工

1. 绿色农畜产品加工产业集群

内蒙古呼和浩特敕勒川乳业开发区、和林格尔乳业开发区布局从"一棵草到一杯奶"、研发到生产再到市场的全产业链，培育以乳业、草种业为龙头的绿色农畜产品加工产业集群，推进"千亿级乳产业集群"加速形成，打造"中国乳都"这一强力品牌。

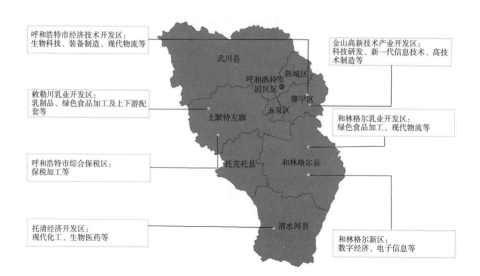

呼和浩特市经济技术开发区：
生物科技、装备制造、现代物流等

金山高新技术产业开发区：
科技研发、新一代信息技术、高技术制造等

敕勒川乳业开发区：
乳制品、绿色食品加工及上下游配套等

和林格尔乳业开发区：
绿色食品加工、现代物流等

呼和浩特市综合保税区：
保税加工等

托清经济开发区：
现代化工、生物医药等

和林格尔新区：
数字经济、电子信息等

武川县
呼和浩特市回民区
新城区
赛罕区
玉泉区
土默特左旗
托克托县
和林格尔县
清水河县

图4-1 呼和浩特市开发区及产业布局

2. 清洁能源产业集群

呼和浩特市光伏风电资源均属国家一类资源地区，拥有清洁能源发展的先天优势，聚焦国家重大战略、积极完成内蒙古新能源发展布局，以大唐国际托克托发电有限责任公司为龙头，全力培育清洁能源产业集群。

3. 现代化工产业集群

按照"能化一体"的思路加速打造以节能低碳为方向的现代化工产业集群，重点布局在托清经济开发区。

4. 新材料和现代装备制造产业集群

在金山高新技术产业开发区重点打造蓝宝石晶体、富勒烯材料、单晶硅片等新材料产业集群；敕勒川乳业开发区新能源汽车产业园内，打造新能源汽车、高端装备制造产业集群。

5. 生物医药产业集群

在呼和浩特经济技术开发区、托清经济开发区加快推动金宇国际生物产业园、金河佑本动物疫苗生产基地等项目建设，积极推动生物制药向试剂、注剂、片剂及新品研发方向转型，为首府生物医药产业集群发展打下坚实基础。

6. 电子信息技术产业集群

依托和林格尔新区作为全国唯一的大数据基础设施统筹发展类综合试验区的核心区的基础，全面布局新型数字技术产业，培育以大数据、云计算为特色的电子信息技术产业集群。

（二）包头市

立足新起点和发展新阶段，包头市既要传承延续工业城市的"优良基因"，更要围绕服务好国家"双碳"目标，以生态优先、绿色发展为导向，充分发挥比较优势，优化产业布局，整合七大工业园区，推动产业融合与升级，打造发展高地。包头市产业园区及产业布局如表4-4所示，开发区及产业布局如图4-2所示。

表4-4　　　　　　　　　包头市产业园区及产业布局

序号	开发区名称	产业园名称	主导产业
1	包头稀土高新技术产业开发区	稀土产业园	稀土应用及深加工、有色金属冶炼
		白云鄂博产业园	稀土应用及深加工、矿产及尾矿资源综合利用
2	内蒙古包头钢铁冶金开发区	金属深加工产业园	钢铁、不锈钢
		石拐产业园	钢铁、铁合金制造加工
		金山产业园	金属加工、碳素石墨烯新材料
3	内蒙古包头铝业产业园区	—	铝产品及深加工
4	内蒙古包头九原工业园区	新材料产业园	化工及新能源、战略性新兴产业
		食品加工产业园	食品加工
5	内蒙古包头装备制造产业园区		装备制造
6	内蒙古包头达茂巴润工业园区		黑色金属冶炼、稀土应用及深加工
7	内蒙古包头土右新型工业园区		新能源、新型化工

1. 打造"世界稀土之都"

在稀土高新技术产业开发区全力推动稀土应用深加工，与新能源、新材料等优势产业耦合发展，大力延伸磁性材料、储氢材料、抛光材料、催化及助剂材料、稀土合金和"稀土+"消费品产业链，推动稀土产业向"世界级产业"迈进，以稀土产业高质量发展更好地承担国家使命、服务国家战略。

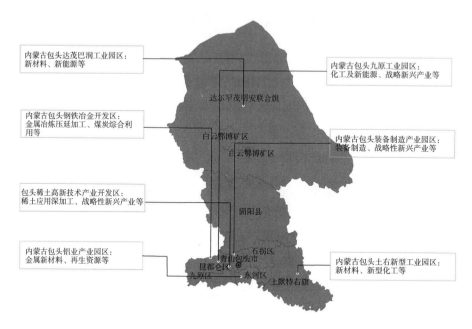

图4-2 包头市开发区及产业布局

2. 建设"世界绿色硅都"

着力构建以晶硅光伏产业集群为核心，以半导体产业集群和有机硅产业集群为两翼的晶硅产业体系，打造万亿级光伏产业集群、千亿级半导体产业集群和有机硅产业集群，成为全球硅产业发展中心、先进技术研发中心、应用场景示范中心。

3. 发展"五大战略性新兴产业"

积极引进大型叶片、大功率发电机等关键零部件企业，打造陆上风电装备产业集群。积极引进高端化、高附加值金属新材料产业，打造先进金属材料产业集群。积极引进碳丝及碳碳复合制品、可降解塑料、超高分子量聚乙烯及制品领军企业，打造碳纤维及高分子新材料产业集群。积极引进电池、电机、电控系统等核心零部件及铝深加工一体化铸造配套企业，打造新能源重卡及配套产业集群。积极引进制氢设备、储氢设备、氢能装备制造领军企业和氢燃料电池汽车配套企业，打造氢能储能产业集群。以延链补链强链为重点，推动"五大战略性新兴产业"集聚发展，打造更多千亿级产业集群。

4. 做优做强现代农牧业和现代服务业

加快发展现代农牧业，重点发展蔬菜、马铃薯、牛羊肉、黄芪的生产、精深加工、流通服务产业，不断提高优质绿色农畜产品加工输出能力；大力发展现代物流、金融、节能环保等生产性服务业，实现一二三产业有机融合；加快引进现代商贸、健康养老、体育服务、文旅融合等生活性服务业项目，积极招引国内外知名品牌开设首店、举办首发活动，培育新业态，扩大知名度，打造城市 IP，推动生活性服务业向精细化、高品质发展。

（三）鄂尔多斯市

鄂尔多斯市的主要产业是能源化工、煤电煤化工、新材料、煤炭资源的清洁及高效利用，同时伴有信息技术产业、轻工纺织业、装备制造业、物流及相关延伸产业。受限于现阶段的环境承载能力，产业清洁化和低碳化的趋势不可逆转。鄂尔多斯市应以"双碳"目标倒逼结构调整，整合优化产业园区布局，打造四大产业集群，以能源转型带动产业转型、新兴产业发展引领动能转换、现代服务业升级优化产业体系。鄂尔多斯市产业园区及产业布局如表4-5所示，开发区及产业布局如图4-3所示。

表4-5　　　　　　　　鄂尔多斯市产业园区及产业布局

序号	开发区名称	产业园名称	主导产业
1	鄂尔多斯高新技术产业开发区	高新技术产业园	信息技术、新兴产业
		装备制造产业园	装备制造
		轻纺产业园	轻工纺织
2	内蒙古鄂尔多斯准格尔经济开发区	准格尔产业园	无机非金属材料、低阶煤综合利用
		大路产业园	能源化工、资源综合利用
3	内蒙古鄂尔多斯达拉特经济开发区	达拉特产业园	能源化工、新材料
		达拉特物流园	物流及相关延伸产业
4	内蒙古鄂尔多斯蒙苏经济开发区	圣圆产业园	煤电、煤化工
		江苏产业园	清洁能源、新材料
		伊金霍洛物流园	物流及相关延伸产业

续表

序号	开发区名称	产业园名称	主导产业
5	内蒙古鄂尔多斯杭锦经济开发区	独贵塔拉产业园	化工、新材料
		新能源产业园	清洁能源、新兴产业
6	内蒙古鄂尔多斯鄂托克经济开发区	蒙西产业园	新材料、精细化工
		棋盘井产业园	能源化工、新兴产业
7	内蒙古鄂尔多斯上海庙经济开发区	—	能源化工、资源综合利用
8	内蒙古鄂尔多斯苏里格经济开发区	苏里格产业园	能源化工、新材料
		纳林河产业园	化工、煤炭清洁高效利用
9	鄂尔多斯空港物流园区（鄂尔多斯综合保税区）	—	保税加工、物流

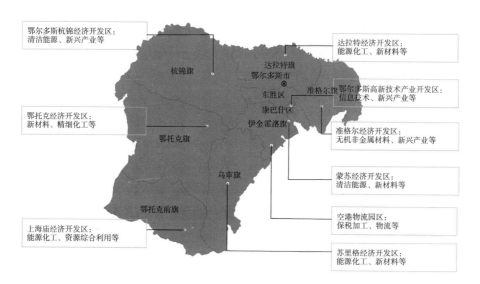

图 4-3　鄂尔多斯市开发区及产业布局

1. 新能源产业集群

围绕"双碳"目标，以产业转型为引领，推进绿色转型，坚持降碳、减污、扩绿、增长协同推进，以能源结构转型引领带动产业结构转型、经济结构转型，持续做好"链"上功夫，集中打造新能源重卡、绿氢、风光、储能四大新能源产业链，逐渐将鄂尔多斯建成国家现代化绿色能源基地。

2. 传统升级产业集群

以清洁化和低碳化为核心开展技术革新，积极运用新技术、数字化赋能传统产业，推动精细化工、氯碱化工、焦化、固废综合利用及新材料、轻纺、绿色农畜产品深加工等传统产业智慧升级，实现由"低加工度、低附加值"向"高加工度、高附加值"转变，打造高端化、智能化、绿色化的传统产业升级版。

3. 未来新兴产业集群

以创新驱动为核心，把握新一轮科技革命和产业变革，实施战略性新兴产业培育工程。发挥好产业基础和用能优势，因地制宜构建一批各具特色、优势互补、结构合理的战略性新兴产业增长引擎，培育新技术新产品新业态新模式，加快形成一批以航空、科技赋能、数字经济、生物医药及健康为主导的战略性新兴产业集群。

4. 现代服务业产业集群

加快5G、大数据、云计算、物联网等新一代信息技术与服务业融合，推动先进制造业和现代服务业深度融合，重点围绕文化旅游产业、金融服务产业、商贸服务和现代物流产业，构建优质高效、布局优化、竞争力强的服务产业新体系，不断满足产业转型升级需求和人民美好生活需要，为实现经济高质量发展提供重要支撑。

（四）乌兰察布市

乌兰察布市应发挥区位交通便利、农畜产品优质、生态环境良好、口岸腹地相连等优势，重点发展风光储能、储氢等清洁能源产业，大力发展旅游、康养产业，打造中欧班列货物集结中心，建设绿色农畜产品品牌化发展区、石墨（稀）新材料生产基地、旅游康养休闲度假知名目的地、绿色数据中心、国家物流枢纽网络重要节点。乌兰察布市产业园区及产业布局如表4-6所示，开发区及产业布局如图4-4所示。

表4-6   乌兰察布市产业园区及产业布局

序号	开发区名称	产业园名称	主导产业
1	乌兰察布—二连浩特国家物流枢纽园区	二连浩特边境经济合作区	进出口加工、商贸物流
		乌兰察布临空产业园区	跨境电商及国际航空物流服务
		乌兰察布综合物流产业园	进口矿石产品落地加工及海铁联运服务
2	内蒙古乌兰察布察哈尔高新技术开发区	益武堂产业园	装备制造、新能源
		巴音产业园	医药化工、农畜产品加工
3	内蒙古乌兰察布京蒙合作产业开发区	察右前旗京蒙合作产业园	冶金、化工
		化德产业园	冶金、服装
4	内蒙古乌兰察布丰川循环经济开发区	丰镇产业园	冶金、化工
		四子王旗产业园	化工、农畜产品加工
5	内蒙古乌兰察布新材料产业开发区	兴和产业园	石墨（烯）新材料
		察右后旗产业园	石墨（烯）新材料、化工
		卓资产业园	石墨（烯）新材料、化工
6	内蒙古乌兰察布辉腾锡勒绿色经济开发区	商都产业园	农畜产品加工、装备制造
		察右中旗产业园	农畜产品加工、装备制造

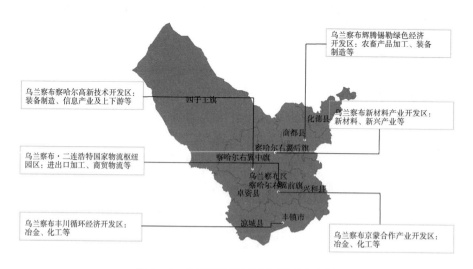

图4-4 乌兰察布市开发区及产业布局

二、内蒙古东部重点开发区域

内蒙古推动东中西部盟市差异化协调发展，精准制定区域发展政策，促进东部盟市构建绿色产业体系、发展泛口岸经济，形成绿色化、开放型经济发展特色优势。东部地区以集聚产业、转型升级为主攻方向，全力推动现代装备制造、新材料、生物医药、电子信息、节能环保等新兴产业向规模化、高端化、绿色化、集群化发展，培育形成新产业、新动能、新增长极，促进全区经济高质量发展。内蒙古东部地区产业园区及产业布局如表4-7所示。

表4-7　　　　　　　内蒙古东部地区产业园区及产业布局

盟市	开发区名称	产业园名称	主导产业
呼伦贝尔市（3个）	呼伦贝尔经济技术开发区	海拉尔产业园	装备制造、现代服务业
		伊敏产业园	生态恢复环保产业、现代物流
		鄂温克产业园	农畜林产品加工、商贸物流
	内蒙古呼伦贝尔牙克石高新技术产业开发区	—	农畜产品加工、建材
	内蒙古呼伦贝尔岭东农畜林产品开发区	阿荣旗产业园	绿色有机食品加工
		扎兰屯产业园	农畜林产品加工、生物科技
		陈旗产业园	化工
兴安盟（3个）	内蒙古兴安盟经济技术开发区	乌兰浩特绿色产业园	农畜产品加工、生物技术
		高新技术产业园	化工、装备制造
		科右前旗产业园	绿色产品加工、高新技术
		扎赉特旗产业园	绿色农畜产品加工、高新技术
	内蒙古兴安盟农畜产品物流园区	—	交易运输农畜产品加工、商贸物流
	内蒙古兴安盟农畜产品开发区	突泉产业园	农畜产品加工、装备制造
		科右中旗产业园	农畜产品加工、装备制造
通辽市（6个）	内蒙古霍林郭勒高新技术产业开发区	霍林郭勒产业园	铝及铝深加工
		扎哈淖尔产业园	电解铝及铝后加工、煤炭加工
		鲁北产业园	农畜产品加工、煤化工

续表

盟市	开发区名称	产业园名称	主导产业
通辽市 (6个)	内蒙古通辽经济 技术开发区	高新技术产业园	智能制造、电子商务及物流
		科左中旗产业园	乳肉加工
	内蒙古通辽承接 产业转移开发区	科左后旗产业园	农畜产品加工、蒙中医药
		库伦旗产业园	农畜产品加工、硅砂新型建材
	内蒙古通辽科尔沁 工业园区	绿色食品创新产业园	绿色食品加工
		玉米生物产业园	玉米生物、风电装备制造
	内蒙古通辽开鲁 生物医药开发区	—	玉米生物科技、生物医药化工
	内蒙古通辽奈曼 工业园区	—	农畜产品加工、冶金建材
赤峰市 (6个)	内蒙古赤峰高新 技术产业开发区	红山产业园	冶金化工、医药
		松山产业园	装备制造、电子信息
		元宝山产业园	化工、生物医药和物流
		东山产业园	冶金化工
	内蒙古赤峰有色 金属开发区	林西产业园	有色冶金化工、农畜产品加工
		林东产业园	有色冶金化工、食品加工
	内蒙古赤峰冶金 化工开发区	克什克腾产业园	冶金化工、农畜产品加工
		巴林右旗产业园	冶金、农畜产品加工
	内蒙古赤峰农畜 产品开发区	翁牛特旗产业园	农畜产品加工、新材料
		敖汉旗产业园	农畜产品加工、冶金
	内蒙古赤峰承接 产业开发区	—	黑色金属冶炼化工、食品加工
	内蒙古赤峰商贸 服务物流园区		商贸物流
锡林 郭勒盟 (5个)	内蒙古锡林郭勒 经济技术开发区	能源装备制造产业园	能源、装备制造
		农畜产品加工产业园	农畜产品加工
		空港物流园	物流
	内蒙古锡林郭勒 白音华经济开发区	白音华产业园	能源化工、有色金属冶炼及深加工
		巴拉嘎尔高勒产业园	农畜产品加工、生物科技
		珠恩嘎达布其物流园	进出口资源落地加工、国际物流商贸仓储

续表

盟市	开发区名称	产业园名称	主导产业
锡林郭勒盟（5个）	内蒙古锡林郭勒苏尼特经济开发区	苏尼特左旗产业园	农畜产品加工、能源化工
		苏尼特右旗产业园	农畜产品加工、装备制造
		朱日和产业园	冶金、新材料
	内蒙古锡林郭勒承接产业开发区	上都产业园	农畜产品加工、能源
		明安图产业园	农畜产品加工、装备制造
		宝昌产业园	农畜产品加工、战略性新兴产业
	内蒙古锡林郭勒多伦经济开发区	—	煤化工、机械制造
满洲里市（2个）	满洲里市边境经济合作区	进出口资源加工产业园	精细化工、木材加工
		扎赉诺尔工业园	能源开发转化、进出口资源加工
		国际物流产业园	进口资源落地加工、国际物流商贸仓储
	满洲里中俄互市贸易区	—	中俄边民互贸、跨境电商

（一）呼伦贝尔市

"双碳"目标的提出既是对传统经济发展的约束，也是大力发展低碳和循环经济的动力和优势。呼伦贝尔市应充分发挥丰富的林草资源优势，将绿色理念贯穿产业发展的全领域和全过程，将发展"绿色低碳循环工业"作为推动生态产业化和产业生态化的有力支撑，整合呼伦贝尔经济技术开发区、呼伦贝尔牙克石高新技术产业开发区、呼伦贝尔岭东农畜林产品开发区三大开发区，优化升级电力、化工、建材等传统产业，培育壮大数字经济、生物科技、装备制造等新兴产业，加快新旧动能转换，大幅提高农畜林产品加工、生态文旅、资源综合利用等行业所占比重，构建以生态产业化、产业生态化为核心的绿色现代产业体系。满洲里市边境经济合作区、满洲里中俄互市贸易区两个开发区发展进口资源加工业，推动"通道经济"向"落地经济"转变。呼伦贝尔市开发区及产业布局如图4-5所示。

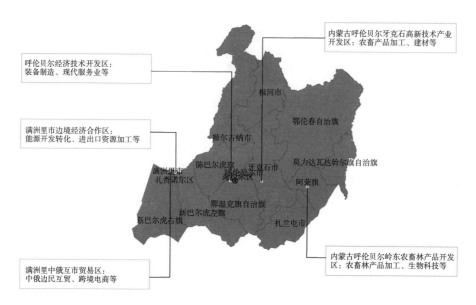

图 4 - 5　呼伦贝尔市开发区及产业布局

（二）兴安盟

兴安盟依据各区域地形地貌特征和产业发展条件，将全盟划分为生态功能区、农产品主产区和重点开发区三部分，引导各片区实施不同强度的开发策略，明确产业发展方向。在阿尔山市、科尔沁右翼中旗生态功能区布局旅游、观光休闲农业、农林牧产业生产加工等产业。在科尔沁右翼前旗、突泉县、扎赉特旗农畜产品主产区重点布局种植、养殖、农畜产品生产加工等产业。在乌兰浩特市、科尔沁右翼前旗等重点开发区布局农畜产品生产加工、清洁能源、生物制药和现代装备制造等产业。整合兴安盟经济技术开发区、兴安盟农畜产品物流园区、兴安盟农畜产品开发区三大开发区，建设现代绿色农牧业、清洁低碳工业、生态文化旅游三大产业体系。兴安盟开发区及产业布局如图 4 - 6 所示。

（三）通辽市

通辽市通过大力发展农畜产品加工、玉米科技、镍硅新材料三大核心产业，加快推进新能源、飞地经济、现代物流、装备制造四大战略性新兴产业，推动商贸服务、特色旅游、中蒙医药、大健康、数字经济等现代服务业提质增效，建立多极支撑的优势特色产业体系。整合优化六大开发区，北部区域着力打造铝新材料产业基地，中部区域着力打造生物技术及战略性新兴产业基地，南部区域着力打造镍循环经济及绿色农畜产品加工产业基地，以中心城区为重点发展现代物流业，建设国家级物流枢纽承载城市。通辽市开发区及产业布局如图4-7所示。

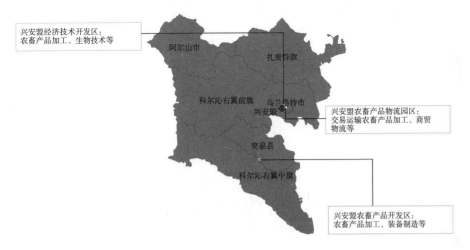

图4-6　兴安盟开发区及产业布局

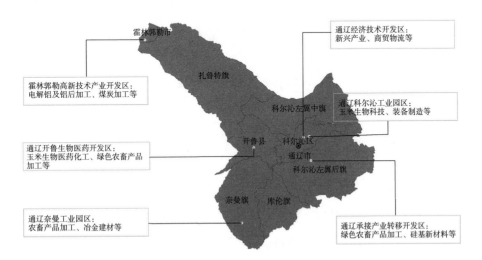

图4-7　通辽市开发区及产业布局

（四）赤峰市

赤峰市已形成以能源、冶金、食品、医药、纺织、建材化工、机械等行业为支柱的门类较为齐全、具有地方特色的工业体系。"双碳"目标下，以碳排放"双控"倒逼产业转型升级，以高端化、智能化、绿色化为主攻方向，改造升级冶金、化工、农畜产品加工等传统产业，培育壮大高端装备制造、新能源、新材料、生物医药、节能环保等战略性新兴产业，发展文化旅游、数字创意、金融服务等新兴服务业。整合六大开发园区，优化产业结构和空间布局。赤峰市开发区及产业布局如图4-8所示。

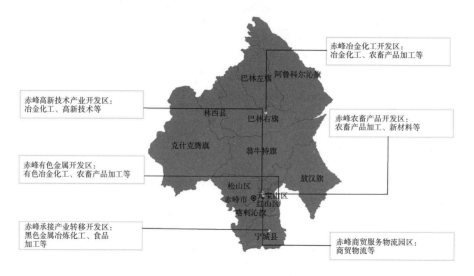

图4-8 赤峰市开发区及产业布局

（五）锡林郭勒盟

锡林郭勒盟依托资源优势和产业基础，以现代畜牧业、清洁能源产业和文化旅游业为核心，建设国家重点优质良种畜繁育基地和国家重要绿色畜产品生产加工输出基地，打造生态草原文旅体验示范区，培育壮大新能源、新材料、节能环保、生物制品等战略性新兴产业，发展现代服务型经济。合理安排生产力空间布局。北部地区构建现代能源产业体系，重点发展工业固废综合利用、有色金属冶炼加工和畜产品加工业；西部地区发展生态复合型产业；南部地区围绕先进制造业、现代农牧业、现代服务业三大领域，积极承接京津冀产业转移，优先发展旅游产业，口岸地区对接腹地打造"一带一路"中蒙经济合作区。锡林郭勒盟开发区及产业布局如图4-9所示。

图4-9 锡林郭勒盟开发区及产业布局

三、内蒙古西部重点开发区域

内蒙古西部地区产业园区及产业布局如表4-8所示。

表4-8　　　　　　　　内蒙古西部地区产业园区及产业布局

盟市	开发区名称	产业园名称	主导产业
巴彦淖尔市（4个）	巴彦淖尔经济技术开发区	—	农畜产品加工、战略性新兴产业
	内蒙古巴彦淖尔河套农畜产业开发区	杭后工业园	农畜产品加工、装备制造
		五原工业园	农畜产品加工、装备制造
		磴口工业园	农畜产品加工
	内蒙古巴彦淖尔进口资源加工开发区	乌拉特前旗产业园	冶金、化工
		甘其毛都口岸园	煤化工
	内蒙古巴彦淖尔乌拉特后旗工业园区	—	有色金属冶炼、化工

续表

盟市	开发区名称	产业园名称	主导产业
乌海市 (1个)	内蒙古乌海高新 技术产业开发区	海勃湾产业园	新材料、装备制造
		乌达产业园	精细化工、新材料
		海南产业园	煤焦化下游产业、氯碱化工及新材料
		低碳产业园	新材料、精细化工
阿拉 善盟 (2个)	内蒙古阿拉善高新 技术产业开发区	高新技术产业园	化工、新材料
		敖伦布拉格产业园	化工、新材料
		腾格里技术产业园	化工、新材料
	内蒙古策克口岸经济开发区	—	进口资源加工、商贸物流

（一）巴彦淖尔市

巴彦淖尔市坚持生态优先、绿色发展导向，调整优化产业布局，整合四大开发区，推动区域差异化协调发展。河套平原建设全域绿色有机高端农畜产品生产加工服务输出基地，北部和东部草原地区积极培育消耗低、排放少、质量效益高的新兴产业，依托黄河"几"字弯特殊地域优势，在乌兰布和沙漠周边重点探索防沙治沙与绿色产业发展相结合的新模式，发展风电、光伏等新能源产业和文旅产业，边境地区重点发展新能源、旅游等产业。巴彦淖尔市开发区及产业布局如图4-10所示。

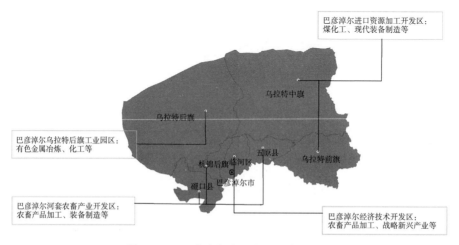

图4-10 巴彦淖尔市开发区及产业布局

（二）乌海市

乌海市聚焦建设国家重要能源和战略资源基地，推动煤焦化工、氯碱化工两大产业转型升级，推进清洁能源、新材料、装备制造业、节能环保等新兴产业。壮大军民融合产业，推动商业航天、核技术、信息安全、高分北斗数据资源应用、军工装备制造等产业发展。根据产业转型升级、城市功能提升对服务业的需求，发展物流、金融、检验检测、商贸流通服务型经济，从"塞外煤城"向"零碳城市"进阶。乌海市开发区及产业布局如图 4 - 11 所示。

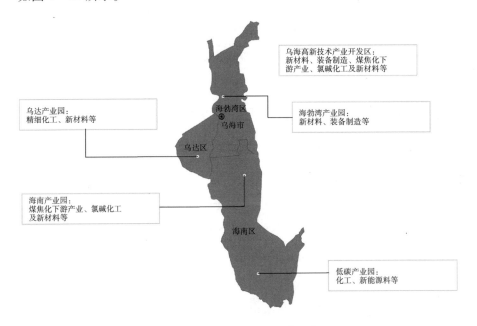

图 4 - 11　乌海市开发区及产业布局

（三）阿拉善盟

阿拉善盟加快传统产业改造升级和新兴产业培育壮大，持续推进煤化工、盐化工和精细化工产业向高端、绿色、低碳、循环方向转型，积极培育以石油化工为导向的高端现代能源化工产业，着力发展新能源、新材料和特色生物资源新兴产业，构建多元发展、多级支撑的现代产业体系。

阿拉善盟开发区及产业布局如图 4 – 12 所示。

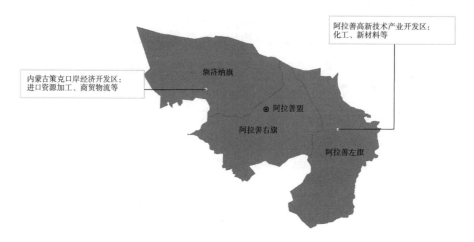

图 4 – 12　阿拉善盟开发区及产业布局

▶ 第五节　"双碳"目标下产业园区优化发展措施

产业园区是实现国家"双碳"目标的"最后一公里"。推动园区低碳化发展、优化新能源产业发展布局、实现产业结构绿色升级、加大绿色低碳技术研发、完善绿色低碳政策体系等系列措施,是实现"双碳"背景下园区绿色低碳循环发展的关键举措。

一、增强绿色循环底色,推动园区低碳化发展

(一) 推动园区集中集聚集约发展

内蒙古工业园区众多且分散,产业集聚度不高,主导产业不明晰,"低、小、散、弱"现象日益突出,碳排放底数不清,碳排放控制难度大。通过合理优化空间布局,实现产业错位发展,提升园区集约化、集聚化、承载力水平,不仅会提高工业园区经济效益,而且有利于节能降碳。2021年,内蒙古对工业园区布局进行优化调整,制定《内蒙古自治区开发区优

化调整实施方案》，公布开发区审核公告目录，明确了工业园区名称、园区级别、区块名称和主导产业。优化整合后，内蒙古各类开发区由188个减少至62个，全区工业园区规划面积由7285.5平方公里减少至5077.8平方公里，减少了30.3%，仍存在进一步整合的空间。

工业园区的整合不仅仅是管理机构数量的减少，更应是开发区（园区）的系统性重构、创新性变革，因此需要完善的配套措施。一是要在体制机制上强权赋能，整合后的工业园区形成空间相对集中连片的"一个平台"、管理运行独立权威的"一个主体"、集中统筹协同高效的"一套班子"，管理服务一体化。二是在产业培育上建链成群，整合后的园区在原有产业基础上统一规划、统一设计产业链和产业集群。三是统一招商条件，把绿色低碳作为招商引资的重要依据，落实到具体项目上。四是做好园区批而未用土地以及"僵尸"企业占地的盘活，提高土地利用效率。五是协调好各层级、各区域的利益关系，原有园区在经济统计、税收分配等方面维持现有格局，已整合园区管理与服务不能弱化。六是对撤销区块所在的旗县区加大转移支付力度。

（二）推进产业园区绿色循环化发展

实施园区循环化改造。鼓励园区按照"横向耦合、纵向延伸、循环链接"的原则，建设和引进产业链，合理延伸产业链，推动实现产业耦合共生，企业循环式生产、产业循环式组合。搭建资源共享、废物集中处理、服务高效的公共平台，促进企业间废物交换利用、能量梯级利用、废水循环利用，推动园区绿色低碳循环发展。

创建绿色发展示范园区。鼓励内蒙古各类园区积极创建国家生态工业示范园区、绿色园区和低碳园区。以包头稀土高新技术产业开发区、鄂尔多斯高新技术产业开发区等高新技术开发区为重点，加强绿色技术供给、构建绿色产业体系、实施绿色制造工程、提升绿色生态环境、健全绿色发展机制，推进国家级和自治区级绿色发展示范园区创建工作。

推广循环经济典型模式。总结赤峰红山经济开发区、鄂托克经济开发区棋盘井工业园区、乌海经济开发区海勃湾工业园区等国家级园区循环化改造示范试点经验，凝练具有自治区特色的循环经济发展模式并宣传推广。力争到 2025 年，自治区级及以上园区全部完成循环化改造，形成企业内小循环、园区内大循环的发展模式。

（三）加快低碳、零碳园区建设

有序落实"双碳"目标，按照减源、增汇和替代三条路径，将"近零碳排放""碳中和"理念融入园区建设和运营，引导工业园区实施低碳改造，推动能耗在线监测、用能预算管理工作开展。重点在内蒙古主体功能区规划中列明的限制开发区域和禁止开发区域及重点生态功能区、特色小镇等开展近零碳排放园区示范区建设。在具备条件的工业园区、工业企业，加快发展分布式光伏、分散式风电等新能源项目，支持工业绿色微电网和源网荷储一体化项目建设，开展新能源电力直供电试点。将鄂尔多斯市伊金霍洛旗蒙苏经济开发区远景零碳产业园建设成世界首创千亿级零碳产业园，打造中国传统工业区零碳转型的最佳实践样板。

（四）推进园区能源利用智慧化高效化

"互联网＋"智慧能源是互联网与能源生产、传输、存储、消费以及能源市场深度融合的能源产业发展新形态，是推进能源革命的重要战略支撑。通过综合利用物联网、能源大数据技术，可实现园区内重点用户能耗信息、园区内分布式电源和储能运行信息、电动汽车充电桩信息的物联采集、集中监视和运行管理服务，全面提升运营商对于园区能源项目的运营管理能力，提高园区分布式能源、节能服务以及充电桩等项目的运营效益，实现智能挖掘节能潜力，促进能效优化。

二、发挥区域优势，优化新能源产业发展布局

内蒙古年日照时数为 2600～3200 小时，太阳能丰富地区和较丰富地区面积约 72 万平方公里，占内蒙古总面积的 61％，其中巴彦淖尔市及阿拉

善盟系全国高值区，太阳能总辐射量高达 6490 ~ 6992 兆焦耳/平方米。[1]
2030 年风电光伏等可再生能源的建设总量有望达到 15 亿 ~ 16 亿千瓦，
2050 年将达到 45 亿 ~ 60 亿千瓦。[2] 若内蒙古未来可再生能源开发量能达
全国的 1/5，可在很大程度上满足华北、华东地区的能源需求，为国家
"双碳"目标的有效实施作出重要贡献。新能源布局应在资源环境承载力
的基础上，因地制宜，以风光资源分布为基础，充分发挥资源富集区优势
和制造业潜力，形成全产业链发展优势。

（一）光伏发电产业链

据第五次全国荒漠化和沙化土地监测情况，内蒙古荒漠化土地面积
60.93 万平方千米，占国土面积的 53.5%；沙化土地面积 40.80 万平方千米，
占国土面积的 35.6%。[3]因此，未来要尽快利用好这一空间，释放新能源发展
的潜力。下游光伏电站开发主要在中西部地区，以光伏治沙、工业分布式光
伏以及边境地区微网为主要开发场景。光伏制造业中的叶片和风电整机重
点在包头市、兴安盟、锡林郭勒盟、鄂尔多斯市、乌兰察布市布局，生产
发电机和夹层材料重点在呼和浩特市布局。多晶硅的提纯、铸锭和切片则
在电价低和靠近市场的呼和浩特市、包头市、巴彦淖尔市等地布局，适度
控制规模；中游围绕现有硅片生产企业，打造光伏组件核心部件——电池
的生产企业，同时加强引导现有硅片生产企业向光伏组件集成商转型。

（二）氢能产业链

从氢能产业链看，需要优化产业布局，推动新能源产业集中集聚错位
发展，重点打造"一区、六基地、一走廊"氢能产业布局。一个示范区：
以鄂尔多斯市为中心，连同呼和浩特市、包头市和乌海市共同构建鄂呼包
乌氢能产业先行示范区。六个基地：重点在鄂尔多斯市建设全国最大的绿
氢生产输出基地和燃料电池重卡应用基地，在呼和浩特市建设全区氢能技

---

①③　内蒙古自治区自然资源厅网站。
②　《内蒙古自治区"十四五"可再生能源发展规划》。

术研发基地,在包头市建设全区燃料电池重卡生产基地,在乌海市建设全区工业副产氢生产基地,在乌兰察布市、巴彦淖尔市、阿拉善盟打造蒙西氢能综合生产基地,在通辽市、赤峰市、锡林郭勒盟打造蒙东氢能综合生产基地,按照内蒙古自治区的发展规划,在"一区六基地"的基础上,建成贯通内蒙古自治区的东西氢能经济走廊。

(三)风电产业链

重点在打造包头风电组件生产基地和通辽风电组件生产基地;中游围绕锡林郭勒盟、乌兰察布市、通辽市以及兴安盟的大型风电基地布局;下游部署在现有特高压和超高压变电站附近,分布式布局主要围绕工业和大规模商业负荷。集中式风电项目重点布局在荒漠地区、边境沿线,集中式光伏发电项目重点布局在阿拉善盟、鄂尔多斯市和其他地区的沙漠地区、采煤沉陷区、露天煤矿排土场等区域,实行基地化、集约化、规模化开发。

三、加快能源供给侧结构性改革,实现产业结构绿色升级

(一)构建低碳清洁高效安全的能源体系

加快能源结构调整步伐,控制化石能源总量,尤其是合理控制煤电建设规模和发展节奏,大幅降低化石能源生产和消费的比重,提高清洁、零碳或低碳能源等非化石能源生产和消费的比重。实施可再生能源替代行动,深化电力体制改革,提高光伏、风力发电、生物质能源和核电的比例,加快电力部门脱碳,构建以新能源为主体的新型电力系统。推进新能源汽车对传统燃油汽车的替代,明确支持有条件的地方宣布停止燃油车销售的时间表,继续保持对新能源汽车的补贴和支持力度,大规模进行充电桩等相关基础设施的投资和部署,引导生产生活方式低碳转型。在建筑、制造和生活消费领域加大节能力度,着力提高利用效能。

(二)促进产业结构绿色化升级

加快调整产业结构,逐步降低高污染、高能耗、高碳排放产业和高含

碳产业占经济的比重。持续推动产业结构优化升级，加速实现经济绿色低碳转型，发展绿色、低碳经济，重点发展高质量制造业、绿色低碳制造业、现代服务业等，实施重点行业领域减污降碳行动，不断提高产业绿色低碳发展水平。控制钢铁、化工、有色、建材等偏向上游的高耗能工业部门的产能和产量，推动城市公交和物流配送车辆电动化、既有铁路电气化改造，大力引进国际上先进的低碳、零碳技术，降低设备能耗，提升终端用能部门的电气化率，推动各类工业制造的绿色节能改造和低碳转型。在建筑领域，尽快大规模实施超低能耗建筑标准和近零排放建筑标准，对零碳建筑提供更大力度的财政和金融支持。在交通领域，加快形成绿色低碳运输方式。

四、加大绿色低碳技术研发，完善绿色低碳政策体系

（一）加强绿色技术创新

抓紧部署绿色低碳前沿技术研究，加快推广应用减污降碳技术，建立完善绿色低碳技术评估、交易体系和科技创新服务平台，支持绿色低碳技术创新成果转化。加快光伏风力发电、生物质能源和核电等相关材料技术、氢燃料技术、储能技术、微电网技术等领域的研发突破和商业推广，提高转化效率。着手布局和推进关键零碳和负碳技术发展，重点关注发电、工业、交通等相关领域零碳和负碳技术的创新发展，争取从产业链和技术上走在世界前列。推动并加速碳捕捉封存等相关技术的研发应用，减少碳释放。用更有效的激励机制鼓励各类用能主体加大节能技术的开发和推广应用，提高国家整体的能效水平。

（二）完善绿色低碳政策和市场体系

推动并加速碳汇规模化建设，增强碳吸收能力，为碳中和提供能力支撑。积极开展生态系统保护、恢复和可持续管理，构建更有激励性的生态资产价值的市场化实现机制和交易机制。制定碳汇林业发展规划，加大森

林碳汇的建设，提高国土绿化率和质量，提升区域储碳量与增汇能力。

（三）完善政策体系

完善有利于绿色低碳发展的财税、价格、金融、土地、政府采购等政策，在促进城乡融合发展、全面实施乡村振兴过程中，坚持用碳中和理念来规划设计城乡建设和运营。培育和发展碳市场，加快推进碳排放权交易，积极发展绿色金融，让碳成为未来经济发展、产业布局的刚性约束，将有限的碳资源向高效率部门和地区配置。从电力、钢铁、建材等高排放行业起步，逐步向全行业推开，在此基础上完善碳交易制度和碳金融制度，形成正向的碳排放激励机制。

05

第五章

内蒙古城乡区域布局优化

"双碳"目标对城乡区域布局的影响

人类生产、生活的城乡空间是实现碳中和的关键要素汇集区,也是碳排放的主要来源。随着城镇化的推进,人口增加、城市扩张、土地利用变化和产业发展等都深刻影响着区域碳排放。合理且科学的城乡区域空间布局,可以有效地平衡空间发展和碳减排的需求。

一、"双碳"目标对城市空间布局的影响

(一)促进城市空间功能分区优化

为实现碳中和目标,城市功能分区将更加注重低碳导向。传统的工业区、商业区和居住区的明确划分可能会被打破,取而代之的是多功能混合的区域布局。例如,在工业区附近配套一定比例的居住和商业服务设施,减少工人通勤距离,降低交通碳排放。

城市中心区将更加注重发展低碳服务业和公共交通枢纽,提高土地利用效率,减少能源消耗。城市边缘地区将合理规划生态绿地和农业用地,增强城市的碳汇能力。例如,呼和浩特市中心大力发展金融、科技等低碳

服务业，同时不断完善地铁等公共交通系统，提高土地利用效率，减少能源消耗。目前，呼和浩特市地铁的日客流量达到数十万人次，有效减少了城市交通碳排放。包头市赛罕塔拉城中草原，位于包头5个城区之间，总面积770公顷，其中林地150公顷，草地500公顷，不仅成为市民休闲娱乐的场所，更为城市提供了重要的碳汇功能。

（二）推动绿色基础设施建设

"双碳"目标推动城市加大对绿色基础设施的建设投入。城市公园、绿地、湿地等生态空间将得到更多保护和扩展，不仅可以改善城市生态环境，还能吸收二氧化碳，降低城市热岛效应。绿色屋顶、垂直绿化等新型绿化方式将在城市建筑中广泛应用，增加城市的植被覆盖面积，提高碳汇能力。同时，城市雨水收集系统、污水处理系统等生态基础设施的建设也将得到加强，实现水资源的循环利用，降低能源消耗。

（三）引领交通体系变革

城市交通将向低碳化、智能化方向发展。公共交通将得到优先发展，地铁、轻轨、快速公交等大运量交通方式将不断完善，提高城市交通的效率和便捷性。同时，鼓励发展共享交通、慢行交通，如共享单车、步行道和自行车道网络的建设。目前，呼和浩特市的共享单车日使用量达到数万人次，有效减少了私人汽车的使用。

智能交通系统的应用将提高交通管理的效率，减少交通拥堵，降低能源消耗和碳排放。例如，智能交通信号灯可以根据交通流量实时调整信号时间，减少车辆等待时间和怠速排放。

二、"双碳"目标对乡村空间布局的影响

（一）有利于农业可持续发展

"双碳"目标促使乡村农业向生态化、有机化方向转型。减少化肥、

农药的使用，推广生态农业技术，如生物防治、有机肥料等，降低农业生产过程中的碳排放。同时，发展农业循环经济，实现农业废弃物的资源化利用，减少环境污染。

乡村土地利用将更加注重生态保护和碳汇功能。合理规划农田、林地、草地等生态用地，提高乡村的生态系统服务价值。例如，在农田周边种植防护林带，不仅可以防风固沙，还能吸收二氧化碳，改善农田生态环境。

（二）加快乡村能源转型

推动乡村能源结构调整，发展可再生能源。在乡村地区建设分布式太阳能光伏发电、风力发电等设施，满足乡村居民的生活和生产用能需求，减少对传统化石能源的依赖。推广生物质能源的利用，如生物质炉灶、生物质发电等。利用乡村丰富的农作物秸秆、畜禽粪便等生物质资源，实现能源的本地化生产和供应，降低碳排放。

（三）推进乡村建设低碳化

乡村建设将更加注重节能环保。采用新型建筑材料和节能技术，提高农村房屋的保温隔热性能，降低能源消耗。推广太阳能热水器、节能灯具等节能设备，减少农村居民的生活能源消耗。

加强乡村污水处理和垃圾处理设施建设，实现乡村环境的整洁和生态化。采用生态污水处理技术，如人工湿地、生物滤池等，减少能源消耗和碳排放。同时，推广垃圾分类和资源化利用，减少垃圾填埋和焚烧带来的碳排放。

三、"双碳"目标对城乡区域协调发展的影响

（一）有利于产业协同布局

"双碳"目标可以促进城乡产业协同发展，实现产业的低碳化转型。

城市将重点发展高端服务业、高新技术产业等低碳产业，同时将部分制造业向乡村地区转移，带动乡村产业发展。乡村地区则可以发展特色农业、农产品加工业、乡村旅游等产业，与城市产业形成互补。

建立跨区域的产业合作机制，共同推动绿色产业发展。不同地区可以合作建设可再生能源基地、生态农业示范区等，实现资源共享和优势互补，提高区域整体的低碳发展水平。

（二）健全生态补偿机制

为实现城乡区域的生态平衡和碳减排目标，建立健全生态补偿机制。城市可以通过向乡村地区提供生态补偿资金，支持乡村生态保护和碳汇建设。同时，乡村地区也可以通过向城市提供生态产品和服务，如清洁空气、水源等，获得相应的经济回报。

生态补偿机制的建立将促进城乡区域之间的资源合理配置和生态环境保护，实现共同发展和碳减排目标。

（三）推进区域交通一体化

区域铁路、公路、水路等交通基础设施的建设是实现区域交通一体化的基础。扩大交通网络的覆盖范围，能够将城市与乡村紧密连接起来，打破地域限制，促进资源的合理流动和优化配置。提高运输效率则有助于减少运输时间和成本，提高经济运行的效益。例如，完善的铁路网络可以实现快速、大容量的货物和人员运输，为区域经济发展提供有力支撑；公路网络的优化可以提高货物配送的及时性，满足居民生活和企业生产的需求；水路运输则以其低成本、大运量的优势，在区域间大宗货物运输中发挥着重要作用。

大力发展城际铁路、快速公交等区域公共交通。首先，区域公共交通能够提供便捷、高效的出行方式，减少居民对私人汽车的依赖。城际铁路具有速度快、运量大、准时性高等特点，可以满足城市间居民的出行需求；快速公交则在城市内部和城市之间提供了快速、舒适的公共交通服务。其次，鼓励居民选择绿色出行方式，有助于降低交通碳排放，减少环境污染。公共交通通常采用清洁能源或节能技术，相比私人汽车具有更低的碳排放水平。此外，发展区域公共交通还可以缓解交通拥堵，提高城市的运行效率。

综合来看，内蒙古地域辽阔，东西跨度大，每个地区的发展现状与资源禀赋均存在较大的差异，要实现构建以生态优先、绿色发展为导向的国土空间布局的战略目标，必须突出人与自然、人与社会和谐的价值取向，实现城市经济发展、资源环境可持续发展和社会和谐，保证经济效益、社会效益和环境效益的协调，同时在空间尺度上实现城市—乡村或城市—区域的协同发展，从而实现城市复合生态系统的可持续性和高效性运转。相应地，城市与乡镇空间结构的利好变化对城市的碳排放和可持续发展具有一定的促进作用。在城市空间布局优化中划定主体功能区，集中产业发展布局，强化城市资源环境的底线约束，以碳减排为目标，将碳排放量作为生态指标纳入产业发展过程中。乡镇拥有丰富的生态资源，具有良好的生态基础。在乡镇空间布局优化中，将各类功能空间与自然生态资源联系起来，构建依托自然生态要素的城乡融合的整体空间格局，进而缓解城镇发展对气候变化和生态系统的影响。

▶第二节　内蒙古各盟市碳达峰聚类分析

实现碳达峰碳中和是党中央统筹国内国际两个大局作出的重大战略决策。2021 年 9 月 22 日，中共中央、国务院印发《关于完整准确全面贯彻新发展理念做好碳达峰碳中和工作的意见》，指出我国"双碳"目标的实现要结合当地经济社会发展现状和自然资源禀赋，坚持分类施策的方案，分批次推动各地区实现"碳达峰"。内蒙古城乡区域之间的发展阶段、自然条件、人口规模、资源禀赋和产业结构各不相同，需要通过各具特色的达峰方案，走差异化的达峰路径和实施进程，梯次有序推进各地区实现碳达峰。

一、各盟市碳达峰聚类分析

内蒙古作为我国重要的能源基地,能源产量占全国的1/6,外输能源占全国能源跨区输送的1/3,内蒙古能源供给在全国的发展中占有较高的地位,同时较高的能源占比与供给地位决定了内蒙古实现"双碳"目标面临较大压力。2020年内蒙古能源消耗总量为2.71亿吨,远高于国家下达的2.25亿吨的目标,为实现2030年前"碳达峰"、2060年前"碳中和"目标,内蒙古需要综合考虑各盟市发展条件、自然条件、人口规模、产业结构等不同因素,走差异化达峰道路。

本章选取碳排放水平、人口、经济发展水平、产业结构、能源消耗强度、城市化水平、人口结构、城乡居民收入结构8项静态指标,动态指标包括人口增速、GDP增速、城市建设增速、碳排放增速,对12个盟市进行K-均值聚类分析。

表5-1　　　　　　　　　　　聚类指标选取

分类	指标	具体数据	年份
静态指标	碳排放水平	人均碳排放量	2017
	人口	年末人口数	2021
	经济发展水平	人均GDP	2021
	产业结构	第二产业产值占GDP比重	2021
	能源消耗强度	能源消耗总量/地区生产总值	2020
	城市化水平	建成区面积占比	2021
	人口结构	人口城镇化率	2021
	城乡居民收入结构	城乡居民收入比	2021
动态指标	人口增速	人口年均增长率	2011～2021
	GDP增速	GDP年均增长率	2011～2021
	城市建设增速	建成区面积年均增长率	2011～2021
	碳排放增速	碳排放年均增速	2007～2017

根据聚类结果将全区分为5类,分别为"碳达峰"先行区域、"碳达峰"潜力区域、重点控制排放区域、低碳转型亟待发展区域和"碳中和"

先行区域（见表 5 - 2）。

表 5 - 2　　　　　　内蒙古自治区"碳达峰"聚类结果

达峰类别区域	城市特征	城市
第一类：2 个	"碳达峰"先行区域	呼和浩特市、锡林郭勒盟
第二类：3 个	"碳达峰"潜力区域	包头市、乌海市、阿拉善盟
第三类：1 个	重点控制排放区域	鄂尔多斯市
第四类：3 个	低碳转型亟待发展区域	赤峰市、通辽市、兴安盟
第五类：3 个	"碳中和"先行区域	呼伦贝尔市、乌兰察布市、巴彦淖尔市

根据聚类结果，"碳达峰"先行区域包括呼和浩特市和锡林郭勒盟，"碳达峰"潜力区域包括包头市、乌海市和阿拉善盟，重点控制排放区域只包含鄂尔多斯市，低碳转型亟待发展区域包含赤峰市、通辽市和兴安盟，"碳中和"先行区域包含呼伦贝尔市、乌兰察布市和巴彦淖尔市。

二、各盟市"双碳"目标实现梯次分类

（一）"碳达峰"先行区域

"碳达峰"先行区域包括呼和浩特市与锡林郭勒盟，呼和浩特市作为呼包鄂乌城市群建设的核心部分区域，人口较多，2021 年末常住人口数达到 349.56 万人，城镇人口数为 278.53 万人，城镇化建设速度较快，2021 年末城镇化率为 79.7%，超过全区城镇化率水平 68.2%，就业人数逐年增加，2021 年末就业人数为 163.4 万人，居全区第二位。第二产业占比较低，第三产业占比高达 61.9%，产业结构以服务业为主，产业结构较优，对率先实现"碳达峰"存在优势。呼和浩特市人才质量高、基础设施齐全、技术水平较高，为实现转型升级提供了经济、人才、技术支持，经济发展水平在区域内名列前茅，2021 年地区生产总值为 3121.4 亿元，但单位 GDP 能耗仅为 0.64 吨标准煤/万元，经济发展质量明显高于其他地区，较发达的科技水平有利于提高能源效率和清洁能源结构，减少煤炭和石油等高碳能源的消耗，对建立低污染和低能耗的经济提供了保障。

锡林郭勒盟的人口数虽然不多，但是城镇人口占比依旧较高，城镇化率达到74.5%，超过了全区水平，且人均GDP为9.12万元，高于全区平均水平，实现经济转型升级压力较小。经济结构中第二产业比重相对较高，但呈下降趋势，单位GDP能耗也呈下降趋势，第三产业比重呈上升趋势，产业结构逐步优化。北部与蒙古国接壤，区域内二连浩特市是我国对蒙古国开放的最大陆路口岸，依靠政策支持，积极发展口岸经济；锡林郭勒盟是内蒙古草原的主要天然草场之一，是华北地区重要的生态屏障，是距首都北京最近的草原牧区，全盟草食畜拥有量位居全国地区级首位，是国家重要的畜产品基地。锡林浩特市和霍林郭勒市是区域内重点发展的中小城市，建设高品质草原城市有利于调整能源结构与产业结构，降低碳排放量，对率先实现"碳达峰"同样存在优势。

从图5-1中可以看出，呼和浩特市和锡林郭勒盟生产总值与碳排放增速的变化趋势基本一致，GDP总量呈逐渐上升趋势，2017年有小幅下滑，但是从2018年开始GDP恢复增长态势，总量逐步增加；碳排放增速基本呈现波动下降的态势，2011年之后下降幅度增大，虽然有几年增速有所变大，但相较以前依旧呈下降态势。可以看出，两个盟市经济发展良好，并且较早开始控制碳排放，单位GDP能耗较低，对于率先实现"碳达峰"具有良好的基础。

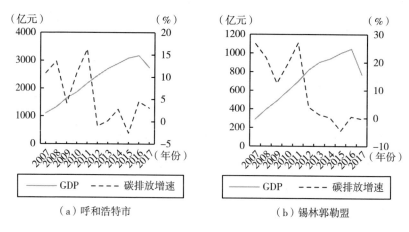

（a）呼和浩特市　　　　　　（b）锡林郭勒盟

图5-1　2007～2017年呼和浩特市和锡林郭勒盟GDP和碳排放增速的变化

（二）"碳达峰"潜力区域

"碳达峰"潜力区域包括包头市、乌海市、阿拉善盟。此类区域经济发展水平与人口规模不一致，但经济发展速度与城镇化率增速较快，对实现产业结构升级、减少碳排放量接受度更高。三个城市第二产业占比较高，产业结构以能源消耗与制造业相结合产业为主，导致此类盟市能源消耗量较高，但是单位 GDP 能耗呈下降趋势，具有较早完成碳达峰的潜力。

乌海市和阿拉善盟人口较少，均在 60 万人以下，实现经济转型升级压力较小。包头市人口虽然较多，但是人口流失较严重，三个盟市的人均GDP 都比较高，均高于全区平均水平，人口城镇化率均较高，包头市与阿拉善盟超过 80%，乌海市城镇化率更是达到 95.88%，经济结构中第二产业比重较高，但呈下降趋势，正处于结构转型发展期，且包头市作为呼包鄂乌城市群的中心城市之一，经济发展水平较高，此类地区可再生能源发展势头较强，包头市在风能、光伏、氢能产业发展速度较快，且包头市是中国北方的重工业城市，高耗能产业占据主要地位，但是"双碳"目标提出以来，包头市正在以全新的面貌对高耗能产业采取行动，推进环保改造重大项目和超低排放改造工程，同时投入大量资金推动项目落地，进一步节能降耗。包头市第二产业比重较高，采取措施集中对能源、钢铁等高耗能产业进行调整与改进，对实现碳减排有极大的促进作用，未来实现"碳达峰"具有较大潜力。乌海市与阿拉善盟同样第二产业比重较高，分别为71.1% 和 62.2%，第三产业发展潜力大，能源控制与减碳存在较大可行性空间，在实现"碳达峰"目标时也具有较大潜力，推动包头市、乌海市与阿拉善盟实现减碳对内蒙古实现"碳达峰"具有重要作用。

（三）重点控制排放区域

重点控制排放区域包括鄂尔多斯市。鄂尔多斯是一座典型的资源性城市，煤炭总量高达 5.42 亿吨，探明煤炭储量为 2102 亿吨；天然气探明储量约 5 万亿立方米，约占全国的 1/3，是我国"西气东输"的主要气源地之一。此外，还拥有丰富的化工、建材等资源。因此，鄂尔多斯的碳排放量急剧增加，年度碳排放量占内蒙古的1/3，人均碳排放量在48吨标准煤以上，单位能源消耗强度均值为1.44吨标准煤/万元，GDP增长主要依靠能源消耗带动，导致碳排放量久居不下。

鄂尔多斯市产业结构不均衡，主要依靠传统能源工业。2021年，鄂尔多斯市GDP达到4715.70亿元，较上年增长7.0%，人均GDP达到21.81万元，较上年增长6.3%。第一产业、第二产业、第三产业占比分别为3.1∶65.3∶31.6，第二产业占比明显居高。在鄂尔多斯的经济发展中，煤炭年消费近1亿吨，约占一次能源消费的87%，煤炭、化工等产业具有高碳排放的特点。同时，鄂尔多斯市产业园区比较分散，缺乏统一规划，导致产业之间孤立发展、同质竞争，产业协同协调发展的局势难以形成，无法发挥集群优势。

鄂尔多斯市生态环境脆弱，绿色发展转型较为缓慢。鄂尔多斯市地处高原腹地，降水量少，年均降水量150~500毫米，降水量变化大，自东南至西北方向逐渐干旱，呈现出北多南少的态势，全市水土流失、土地荒漠化、盐碱化等问题日渐突出。鄂尔多斯市传统能源工业发展带动了全市经济和相关其他产业等方面的快速发展，但也因此使生态遭到了破坏，环境受到了严重的污染。同时，"工业三废"和大气污染物的大量排放仍在继续，城市生活污水排放量也逐渐增加，使全市的生态环境更加脆弱敏感。

总体来说，鄂尔多斯市碳排放量增加，传统产业产值占GDP较高，经济增长依靠能源消耗拉动，生态环境问题严重，因此鄂尔多斯市需要重点控制碳排放。

（四）低碳转型亟待发展区域

低碳转型亟待发展区域包括赤峰市、通辽市和兴安盟。这类区域经济发展水平不一，但经济增长都处于低速的状态，2021年，赤峰市GDP达到1975.1亿元，年均增长率为5.8%；通辽市GDP达到1411.44亿元，年均增长率为4.75%；兴安盟GDP达到601.79亿元，年均增长率为4.3%。

赤峰市是内蒙古唯一一个常住人口在 400 万以上的城市，但人口已经开始缓慢下降，2021 年全市常住人口为 401.9 万人，较上年减少了 1.22 万人，城镇化速度缓慢。赤峰市第一产业、第二产业、第三产业占比为 19∶34∶47，第一产业占比接近 20%，但存在基础设施落后、生产效率不高和缺乏龙头企业等问题；第二产业规模较小，资源型工业产值持续下降，但产业内部结构单一的问题正在逐步改善，产业质量不断提高。

通辽市是内蒙古东部最大的交通枢纽城市，作为东北地区重要的能源接续地之一，产业结构以传统能源工业为主，主要有煤炭、电力、电解铝等资源，所以碳排放量较高，单位能源消耗强度均值为 1.78 吨标准煤/万元，应积极推动煤炭产业替代升级。通辽市拥有丰富的风光资源，风能、光伏等新能源产业发展速度较快，在新能源产业建设方面存在优势，可对新能源、新技术进行多元化的开发和利用，加快风能和光能的项目建设，促进产业与新能源之间的协同发展。

兴安盟位于内蒙古东北部，主要依靠传统农牧业，2021 年第一产业、第二产业、第三产业占比为 34.8∶26.2∶39，其中第一产业占比较高，在现代化发展的进程中，应不断优化产业结构，将自身的生态优势转化成经济发展优势，补齐重点产业链的短板。以第一产业发展为基础，立足粮食资源优势，促进农业现代化，引领农产品走向品牌化、集群化；以第二产业为主导，逐渐向城镇聚集，充分利用水资源、森林资源和土地资源的优势。

此类地区可再生能源发展势头较强，依靠传统方式发展经济已经存在瓶颈，需要进行产业升级，亟须找到新的经济发展方向。

（五）"碳中和"先行区域

"碳中和"先行区域包括呼伦贝尔市、乌兰察布市和巴彦淖尔市。这三个盟市的经济发展和城镇化速度较快，人口总量呈现逐渐减少的趋势，单位 GDP 能源消耗量在内蒙古处于较低水平。内蒙古"十四五"规划要求放大和发挥绿色生态优势，推动高质量发展，把保护好大草原、大森林、大河湖、大湿地作为主要任务，高质量建设农畜产品生产基地，以生态农牧业、生态旅游业为支柱构建绿色产业体系。

呼伦贝尔市位于内蒙古的东北部,与俄罗斯、蒙古国接壤,拥有丰富的森林、草原、湿地和湖泊,天然森林、草原面积在内蒙古占比最高,生态系统具备丰富的天然碳汇资源,在发挥生态系统的碳汇功能方面有其独特优势,具备在自治区率先实现碳中和的较大潜力。2021年第一产业、第二产业、第三产业占比为24.1:33.2:42.6,其中第三产业占比较高,得益于该地区丰富的森林、草原资源,拥有国家级旅游业改革创新区和重点开发区。但是,呼伦贝尔市第一产业比重相较其他盟市仍然较高,对此,呼伦贝尔市调整农业的种植结构,增加绿色优质农产品的供给,通过组织化生产、集约化管理,在农业生产中推行"测土施肥信息化、统防统治专业化、生产经营可控化、资源利用循环化"的管理模式,农药化肥实现"双减",推进农业高质量可持续发展。依托天然的生态优势,推进产业生态化,现有产业结构向绿色循环低碳方向升级。

乌兰察布市和巴彦淖尔市经济发展较快,产业结构类似。2021年,乌兰察布市第一产业、第二产业、第三产业占比为16.5:41.5:42,巴彦淖尔市第一产业、第二产业、第三产业占比为24.9:33.4:41.7。城镇化速度较快,分别为60.8%和60.6%,两市虽然第三产业的比重均为最高,但是尚未超过50%,第二产业仍然发挥着较重要的作用,加之两市风能与光能资源非常丰富,充分利用风、光资源优势,做优做强清洁能源产业,以清洁能源推动绿色低碳发展,积极开展绿能替代行动,建设低碳园区、绿能应用、清洁生产示范区,不断加强新能源供给,对降低碳排放具有促进作用,推动两市早日实现"双碳"目标。

总体来说,内蒙古自治区"双碳"目标的实现存在较大的困难,其中"碳达峰"先行区域具有优先条件,有望率先实现"碳达峰",探索碳中和路径。低碳转型亟待发展区域与"碳达峰"潜力区域碳排放量占自治区的50%以上,是内蒙古实现"碳达峰"的"牛鼻子",依靠能源转型,对实现经济快速增长与自治区"碳达峰"起到重要作用。重点控制排放区域需转变经济发展方式,减碳周期长决定了其实现"碳达峰"的时间,协调经济发展与资源利用方式是其面临的突出问题。

三、分类制订"碳达峰"方案并科学实施

（一）"碳达峰"先行区域

"碳达峰"先行区域应发挥优势，着力推动绿色、数字、创新发展，提前实现"碳达峰"。一是呼和浩特市和锡林郭勒盟应该抓住绿色发展这个着力点，巩固"碳达峰"基础，促进经济发展与生态保护相协调；二是坚持数字化创新，打造自主化技术发展创新平台，建设新型智慧城市；三是实施新能源替代行动，促进能源系统向分散化和智能化发展，进一步优化能源结构；四是优化产业和人口布局，有序疏解中心城区一般性制造业等功能和设施，进一步优化产业结构，实现碳排放与经济发展稳定脱钩；五是发挥首府政治与文化功能优势，着力推动绿色、数字、创新发展。

（二）"碳达峰"潜力区域

"碳达峰"潜力区域需重点关注能源结构与产业结构的转型优化，进一步提高经济发展质量。一是进一步优化产业结构，加大节能减排力度。包头市着力推动第二产业绿色化转型，阿拉善盟和乌海市开发能源清洁技术，对化石能源进行清洁化利用，形成可持续的绿色低碳发展机制。二是推进风、光、氢、核等新能源基地建设，配置储能设施，实现新能源就近消纳，推动风光火相结合，开展"源网荷储"一体化工程，减少对大电网电力需求，逐步实现本地区清洁能源自给。三是落实人才与低碳企业双向引进政策，限制高碳排放企业建设，降低对能源密集型产业的依赖，发展具有高技术支撑的第三产业。

（三）重点控制排放区域

重点控制排放区域应严格限制"两高"项目，建立多元化产业体系，提高资源利用效率，推动产业结构转型升级，提升经济发展质量。一是加快推进城市更新，优化布局工业产业园区、住宅区等城市空间，集中连片

发展低碳城区建设,实现城市绿色低碳转型。二是优化产业结构,实现产业升级,逐渐取缔原来的高耗能产业,建设低排放量企业。鄂尔多斯市作为内蒙古重要的产煤基地,依靠能源优势,建设煤炭能源清洗产业,在降低本区域煤炭碳排放量、促进新产业发展的前提下,对内蒙古甚至全国减少碳排放有重要推动作用。三是加大技术投入,依托采煤矿场与沉陷区建设"光伏+生态治理"工程,构建新能源保护与生态恢复相结合的发展格局。

(四)低碳转型亟待发展区域

低碳转型亟待发展区域应利用清洁能源优势,打造新能源开发利用先行示范区。一是打造风能、太阳能、氢能和储能相结合的新兴产业,依托战略机遇期,结合巨大市场,以广阔市场和国家战略为支撑,发展一批领军企业,打造一体化产业集群。依靠清洁能源建设实现工业、建筑业、交通低碳转型;以清洁能源产业建设为支撑,建设推动经济发展新动能。二是着力打造光伏产业集群。主要依托"光伏+生态治理"和"光伏+生态修复"发电基地建设,推动光伏产业形成产业链,进而一体化发展。三是人才引进是推动产业升级的重要依托。各地区人才引进奖励已经开始,由政府为主导,创新人才引进,依靠人才实现低碳、高效、绿色的发展模式。四是建设风光火储一体化示范项目,实现能源互补性与多样性,逐步替代化石能源消耗。

(五)"碳中和"先行区域

"碳中和"先行区域应重点培育低碳理念,持续巩固生态系统碳汇能力,稳定现有生态资源固碳作用。一是深入推进工业、建筑、交通等领域绿色低碳转型,加强重点行业的减排工作,推动低碳产业引进,降低对能源密集型产业的依赖。呼伦贝尔市可依托中俄东线天然气支线建设,力争实现全区域天然气覆盖,大幅减少煤炭使用,支持呼伦贝尔市和巴彦淖尔市的企业在蒙古国建设能源初加工产业,在本地建设精深加工产业,减少化石能源碳排放量;乌兰察布市可建设千万级风电基地,实现本区域电能供给，达到减碳目标。二是依靠优惠的落户政策和有利的区位优势，城市建设应注重低碳的规划与实施，扩大建筑业的节能应用，严控高能耗公共建筑，在实现经济发展的基础上合理布局产业，巩固原有低碳发展成果。三是进一步挖掘呼伦贝尔市农林生物质资源，发展农林生物质热电产业。四是加强森林、草原、湿地保护和恢复，增强碳汇能力。

内蒙古作为我国重要能源与战略资源基地，产业结构倚能倚重，属于典型的高碳经济，但本地区太阳能、风能资源丰富，可开发空间大。内蒙古保障国家能源安全的战略地位十分突出，减碳目标不可动摇，但必须坚持调整能源结构与新能源开发利用并举，以保障国家能源安全。实现"双碳"目标，各区域都扮演着重要角色，各地区要准确把握自身发展定位，结合本地区经济社会发展实际和资源环境禀赋，坚持分类施策、因地制宜、上下联动，梯次有序推进各地区实现碳达峰。

▶第三节　推动城乡区域低碳发展的政策措施

解决发展空间和碳空间这对矛盾，需要实行碳功能分区管治，通过空间结构调整优化生产、生活与生态功能布局，促进总体碳排放与碳吸收均衡。内蒙古各地及城乡经济发展水平、资源禀赋、产业结构及区域定位等条件各不相同，意味着各地要实现差别化、包容式的低碳转型。在监测评估的基础上，实施盟市间差异化政策，根据盟市功能定位、产业特征采取不同的支持和约束政策，形成不同组合的"政策包"。

一、制定基于功能区的土地政策

为了更有效地优化土地资源配置，未来应将更多的建设用地供给聚焦于呼包鄂乌城市群、赤峰通辽区域中心城市等关键发展区域。这些区域因其独特的地理位置、成熟的产业基础和强劲的发展势头，成为土地资源分配的重要目标。

为实现这一目标,需要采取两项核心措施。一是加快土地市场的流转速度,推动土地资源从效率较低的区域、企业(或园区)向效率较高的区域、企业(或园区)转移。这要求我们建立一个高效、透明的土地交易机制,确保土地资源的合理分配。二是积极盘活存量土地,对闲置和低效利用的土地进行再开发和再利用。这不仅可以释放土地资源潜力,为新的建设项目提供用地保障,也有助于提高土地资源的整体利用效率。

在执行这一策略时,必须保持谨慎和稳重,以理性的态度进行决策,确保土地资源的可持续发展。必须注重平衡土地资源供给和需求的关系,避免土地资源过度集中和浪费。在推动建设用地供给向关键发展区域倾斜的同时,也要关注其他地区的用地需求,确保土地资源的均衡分布和合理利用。

二、完善区域城乡产业政策

根据不同地区在整体布局中的战略地位和资源条件实施差异化的产业准入政策,是推动新能源产业持续健康发展的关键所在。政府应科学规划、合理布局,确保产业发展的平衡性、协调性和可持续性。(1)大中城市作为经济活动的核心区域,应被鼓励优先发展低碳产业。凭借先进的基础设施和科技资源,这些城市拥有向低碳转型的独特优势。政府应通过提供财政激励、税收优惠等政策措施,引导企业加大技术创新力度,推动传统高碳行业的绿色改造。同时,大中城市还需积极探索新型低碳产业的发展路径,如绿色建筑、智能交通等,以推动城市的绿色转型和可持续发展。(2)农牧地区作为新能源资源丰富的区域,也应成为新能源产业发展的重点。尽管这些地区面临交通不便、基础设施滞后等挑战,但其太阳能、风能等可再生能源的丰富性为当地经济发展提供了新的机遇。政府应支持农牧民利用自有建筑屋顶安装光伏发电系统,推动乡村分布式风电项目的开发,以充分利用当地资源优势。这不仅有助于提升农牧民的生活水平,还能为当地经济注入新的活力。(3)鼓励村集体通过土地入股等方式参与新能源项目开发，这不仅能增加村集体的经济收入，还能促进当地新能源产业的健康发展。政府应引导村集体与新能源企业建立合作关系，共同开发新能源项目，实现资源共享和互利共赢。政府还应加大对农村地区基础设施建设的投入力度，为新能源产业的顺利发展提供坚实支撑。

三、实行差别化的财政政策

推进城乡区域经济社会均衡发展，需要针对不同地区的生态环境、经济发展状况和社会需求，采取具有差别化的财政政策措施。（1）在重点生态功能区和农产品主产区持续完善相关政策，并适当加大转移支付力度。这不仅能确保这些地区的基本公共服务得到有效保障，降低经济增长带来的压力，也有助于提升这些地区的碳治理能力和潜力，推动其向绿色、可持续的发展路径转型。（2）实施国家生态功能区绿色发展奖补政策，包括继续开展并扩大草原生态奖补范围，启动新一轮的退耕还林还草工程，并适当提高退耕还林还草的补偿标准。这些措施旨在激励和保护生态环境，提高土地资源的合理利用效率，促进生态环境的持续改善。（3）应积极探索并完善异地开发生态保护补偿机制。通过建立生态受益区的合作园区，并建立健全保护区与受益区之间的利益分配机制，实现生态保护与经济发展的良性互动，促进区域间的协调发展。

四、设立碳达峰碳中和先行示范区

落实中共中央、国务院《关于完整准确全面贯彻新发展理念做好碳达峰碳中和工作的意见》以及《内蒙古自治区碳达峰实施方案》关于开展碳达峰、碳中和先行示范的要求，全面开展碳达峰碳中和试点建设。分类探索园区碳达峰模式，探索差异化发展路径，推动试点项目"串点成线、连线成网、结网成面"。培育打造绿色低碳城市，建设一批绿色低碳园区。在呼包鄂乌设立自治区碳达峰先行试验区，在呼伦贝尔市设立碳汇经济和碳中和示范区,在鄂尔多斯市建设零碳产业园,充分发挥降碳减碳和碳中和潜力,为其他地区提供示范和引领。

五、开展跨盟市、跨区域碳达峰协作

跨盟市、跨区域的碳达峰协作具有重大的战略意义。(1)支持建立黄河流域七盟市跨区域碳中和合作区,搭建资源共享、技术交流、经验借鉴的合作交流平台,充分利用呼包鄂榆、呼包银榆、京津冀、东北地区等的区域机制,深化在"双碳"领域的合作,共同推动碳达峰目标的顺利实现。(2)注重城乡碳达峰的协调,通过优化土地利用结构、推动农村土地入市等措施,促进城乡之间的协调发展,提高土地利用效率,不仅有助于实现碳达峰目标,还可以为农村经济发展注入新的活力,推动城乡一体化进程。

六、调整考核政策

在实施"双碳"目标的大背景下,内蒙古各盟市扮演着举足轻重的角色。需紧密结合各盟市的定位与方向,加强计量与标准的顶层设计,确保协同联动,并据此构建差异化的"双碳"评价考核体系。(1)各盟市需明确自身在"双碳"目标中的定位与方向。考虑到经济发展水平、产业结构以及资源禀赋的差异,各盟市需根据自身特点制定切实可行的"双碳"目标。经济发展水平较高的盟市应着重推进节能减排和能源转型;而经济发展水平较低的盟市则需关注可再生能源的发展及能源利用效率的提升。(2)为确保"双碳"目标的有效实施,必须强化碳达峰和碳中和的计量与标准。这要求构建完善的计量与标准体系,对各盟市的"双碳"工作进行科学评估和指导。各盟市之间应加强沟通与协作,形成合力,共同推进"双碳"目标。例如,建立跨区域的碳排放权交易市场,促进碳排放权的合理分配与高效利用;加强清洁能源领域的区域合作,共同推动清洁能源的发展和应用。(3)为客观、科学地评价各盟市、旗县的"双碳"工作,需建立差异化的"双碳"评价考核指标体系。鉴于各盟市在"双碳"目标实施中的不同定位与方向，评价考核体系应充分考虑各盟市的特点和实际情况，制定符合其特色的考核指标和权重。这将确保评价结果的公正性和准确性，为全区"双碳"目标的有效实施提供有力保障。

06

第六章

内蒙古基础设施布局优化

随着科学技术的迅速发展，基础设施的内涵已经发生巨大的变化，既包括以交通、能源为主体的"传统"基础设施，也包括5G基站建设、新能源汽车充电桩、大数据中心、人工智能和工业互联网等"新基础设施"。本章围绕美丽中国建设的战略部署，按照高质量发展要求，结合内蒙古现状和各区域发展需要，提出了"双碳"目标下面向国家现代化和内蒙古中长期发展的基础设施建设空间布局优化设想。

▶ 第一节　绿色低碳交通运输体系建设

"双碳"目标的提出，客观上要求统筹交通基础设施建设和减排目标，聚焦推广新能源交通工具、优化运输组织、推进绿色基础设施建设、提升绿色出行服务水平，构建绿色低碳高效交通运输体系。

一、内蒙古交通运输体系发展现状

内蒙古交通运输体系的总体概况如表6-1所示。

表 6 - 1　　　　　　　　　　内蒙古交通运输体系的总体概况

年份	铁路线路里程（公里）	公路线路里程（公里）	货物周转量（亿吨公里）		货运量（万吨）		
			铁路	公路	铁路	公路	航空
2000	5967	67346	828.60	211.80	9648	34979	2.00
2001	6027	70408	869.70	220.30	9816	36145	0.90
2002	6191	72673	900.50	231.40	10639	37239	1.00
2003	6204	74135	976.18	241.91	11513	38532	1.10
2004	6108	75976	1171.39	269.84	18560	42697	1.60
2005	6373	124465	1280.75	323.35	25157	51020	2.00
2006	6525	128762	1414.03	384.12	29605	58978	1.96
2007	6006	138610	1629.40	492.00	39070	73300	1.79
2008	7222	147288	2446.82	1637.36	45675	60941	1.07
2009	7630	150756	2077.87	1885.25	45675	70832	1.00
2010	9175	157994	1688.12	2261.12	47040	85162	3.11
2011	8745	160995	2400.55	2737.60	42934	103651	3.63
2012	9788	163763	2283.00	3299.00	42813	125260	4.68
2013	10411	167515	2641.44	1872.71	76849	97058	2.07
2014	10423	172167	2446.82	2103.47	77593	126704	2.24
2015	11890	175374	2023.90	2239.96	66653	119500	2.89
2016	12164	196061	2029.54	2423.64	69855	130613	2.78
2017	12395	199423	2442.02	2764.47	79969	147483	2.86
2018	12486	202641	2658.53	2985.63	87849	160018	2.91
2019	13016	206089	2632.33	1954.51	71828	110875	3.62
2020	14190	210217	2542.68	1888.79	61545	109002	3.26

　　资料来源：历年《内蒙古统计年鉴》。

（一）公路

　　截至 2021 年末，内蒙古已建成 21 条出区高速公路通道和 23 条出区一级公路通道，12 个盟市全部实现高速公路与周边省份中心城市相连通。公路里程合计 21.26 万公里，其中高速公路里程 6985 公里，一级公路里程 8984 公里，二级公路里程 20817 公里，等外路 3972 公里。2021 年公路客运量 2684 万人，公路旅客周转量 342025 万人公里，公路货运量 132847 万吨，公路货物周转量 22185002 万吨公里（见表 6 - 2）。

表 6 - 2 2021 年内蒙古自治区各盟市公路运输状况

地区	公路里程（公里）	公路客运能量（万人）	公路旅客周转量（万人公里）	公路货运量（万吨）	公路货物周转量（万吨公里）
呼和浩特市	7878	306	48654	13695	1744789
包头市	9450	293	18387	12757	2146030
呼伦贝尔市	29028	234	27327	7860	1471578
兴安盟	14106	161	22791	1951	258183
通辽市	22790	302	37431	9015	1067253
赤峰市	28587	550	74817	20549	2588598
锡林郭勒盟	22784	156	29893	4204	610922
乌兰察布市	17277	60	6365	11267	2870119
鄂尔多斯市	24953	132	19022	29415	5059919
巴彦淖尔市	23627	170	27799	11668	2912989
乌海市	1067	294	23860	6475	594610
阿拉善盟	11055	26	5679	3991	860012
合计	212602	2684	342025	132847	22185002

资料来源：历年《内蒙古统计年鉴》。

（二）铁路

截至 2021 年，内蒙古现有干线铁路 8 条，支线 16 条，铁路营业里程 1.42 万公里，其中高速铁路运行总里程 577 公里，主要对外铁路通道实现大幅提速，主要城市逐渐融入周边城市群"2 小时经济圈"，高铁带来的便利和社会效应正逐步体现。2021 年铁路客运量 3597 万人，年货运量 79053 万吨，年旅客周转量 130.62 亿人公里，年货物周转量 2673.19 亿吨公里。轨道交通以呼和浩特市为主，运营线路条数两条，运营里程 49 公里。

（三）机场

截至 2021 年末，内蒙古民用机场总数达到 40 个（其中运输机场 20 个），实现 12 个盟市全覆盖，其中 A1 级通用机场 8 个，数量位列全国第一。2021 年民用航空客运量总计 989 万人，货运量总计 3.60 万吨，

2020 年旅客周转量 164.9 亿人公里, 货物周转量 4431.47 亿吨公里。

综合来看, 内蒙古正在形成"四横十二纵"综合交通大通道, 重点建设以下六大通道。

(1) 满洲里至巴彦淖尔沿边通道。支撑向北开放, 串联沿边口岸, 为对外物资运输提供保障, 服务腹地城镇节点, 分层次提供设施供给, 推进铁路通道建设, 将口岸节点更紧密地衔接至铁路网络上, 完善通道内国省干线公路布局, 保障基本联通。

(2) 阿日哈沙特至长春、阿尔山至沈阳通道。衔接蒙古国、蒙东地区和东北两大经济中心, 将中蒙合作范围扩展至整个东北地区, 加强通道内铁路、公路建设, 保障对内对外物资及旅游产业运输需求。

(3) 珠恩嘎达布其至锦州通道。作为内蒙古及蒙古国最便捷的出海通道, 强化以铁路、公路口岸为主的与环渤海港口交通基础设施对接的国际陆海合作通道, 提升传统通道能力, 加强网络衔接。

(4) 满都拉至西安通道。积极融入西部大开发战略, 构建蒙古国至西部内陆的高等级、大容量物资运输通道, 强化通道的保障性, 提升铁路运输能力, 增强公路网络衔接优化。

(5) 甘其毛都至银川通道。服务蒙西口岸、城镇节点、产业基地对外衔接, 强化内引外联, 提升通道服务质量。

(6) 策克至酒泉通道。强化口岸与西北地区衔接, 构建西北北部出海运输大通道与陆桥运输大通道两大横贯我国东西的国家级通道, 提升通道服务能力。

二、内蒙古交通体系碳排放影响因素实证分析

(一) 交通运输碳排放整体网络的特征描述

采用网络密度、连通性、层次和效率四个维度来衡量交通运输碳排放整体网络的特征。

网络密度是用来衡量网络中个体之间亲密程度的指标, 定义为实际关

联与所有可能关联的比率。具体来说，对于任何 n 个点的有向完备图，点之间的关联数最多为 $N(N-1)$。如果存在 L 个关联，则网络密度为：

$$D = \frac{L}{N(N-1)}$$

网络连通性是衡量网络中个体之间可达性的指标。一个网络的孤立点越少，它的网络连通性越强。城市的个数和相互不可达点对的个数分别用 N 和 V 表示。网络连通性定义如下：

$$C = 1 - \frac{2V}{N(N-1)}$$

网络层次是用来衡量网络中各点之间不对称可达性的指标。网络中单向关联越多，网络层次越高，层次结构越严格。在网络中，对称可达点对的数量用 R 表示，对称可达点对的最大可能数量用 $\max(R)$ 表示。网络层次结构定义如下：

$$GH = 1 - \frac{R}{\max(R)}$$

网络效率是用来衡量图中冗余线的程度的指标。高效率的网络意味着更少的冗余线路。网络效率的定义如下：

$$GE = 1 - \frac{M}{\max(M)}$$

其中，M 和 $\max(M)$ 分别表示冗余行数和最大冗余行数。

用一个交通网络碳排放建模模型来确定交通碳影响因子：

$$TC = D \times C \times GH \times GE \times C$$

其中，TC 为交通网络碳排放系数，C 为碳排放总量。

$$c = \sum_i^8 e_i \times v_i \times ce_i \times r$$

其中，c 为交通运输碳排放总量，i 为燃料种类，e 为燃料消耗值，v 为燃料平均低热值，ce 为燃料碳排放系数，r 为碳氧化率。各种燃料的消耗量和平均低热值来自《中国能源统计年鉴》，各种燃料的碳排放系数来自 2006 年的《IPCC 国家温室气体清单指南》。表 6-3 展示了碳排放换算系数。

表 6 - 3　　　　　　　　　　碳排放换算系数

能源	标准煤换算系数	碳排放系数
煤	0.7143	0.7559
焦炭	0.9714	0.8550
原油	1.4286	0.5900
汽油	1.4714	0.5900
煤油	1.4714	0.5700
柴油	1.4571	0.5900
燃料油	1.4286	0.6200
天然气	1.3300	0.4483

注：标准煤（煤、焦炭、原油、汽油、煤油、柴油和燃料油）的转化率测量单位为 kgce/kg，天然气测量单位为 kgce/m^3，碳排放系数测量单位为 t·t^{-1}。

（二）建立回归模型

$$TC = \beta_0 + \beta_1 Distance + \beta_2 Economic + \beta_3 Innovate$$

其中，$Distance$ 代表城市地理邻接程度，单位：千米；$Economic$ 代表经济发展水平，以 GDP 总量衡量，单位：万元；$Innovate$ 代表研发投入，单位：万元。

（三）结果与分析

回归系数结果如表 6 - 4 所示。从中可以看出，地理邻接程度、经济发展水平显著影响碳排放系数，研发投入对交通碳排放系数影响不显著。地理邻接程度正向影响交通网络碳排放系数，表明地理相邻城市之间交通网络和货运流通更加发达，空间关联性增强，资源运输和人口流动更加频繁，导致交通碳排放增加。

表 6 - 4　　　　　　　　　　回归系数结果

变量名	系数值
截距项	0.0096
地理临接程度	0.0005 ***
经济发展水平	− 0.6615 **

续表

变量名	系数值
研发投入	0.0012
R^2	0.4689
F 值	4.237

注：***、**、* 分别表示在1%、5%、10%水平上显著。

经济发展水平对交通碳排放有反向影响。经济发展水平低的地区，产业结构单一，结合内蒙古为能源富集地区，“原字号”初级产品外运量大，交通基础设施建设落后，等级公路、快速铁路通达性较低，交通碳排放系数高。

综合来看，内蒙古区内空间跨度大，人口城市布局分散，地理邻接程度相对较低，交通碳排放压力较小。满足“双碳”目标的内蒙古交通基础设施空间布局优化应以实现区内、区内与区外“快速通达”为主导，适度优化交通网络密度，以速度缩短时间距离，提升交通基础设施网络的安全性和可靠性。

三、“双碳”目标下内蒙古绿色低碳交通空间布局存在的主要问题

（一）快速铁路通达不足

随着内蒙古经济发展和人民生活水平的普遍提高，人民群众对出行的便捷性、舒适性和多样性提出了更高的要求。2022 年 12 月底，内蒙古建成 5 条高铁线，运营里程 577 公里，排名全国 25 位。内蒙古区内已纳入国家规划的高速铁路项目建设相对滞后，对外高速铁路通道联系不足，与国家和周边区域高速路网联系不够紧密。蒙西、蒙东地区之间联系通道标准不高、速度不快，呼和浩特至乌兰浩特、海拉尔的铁路旅行时间分别长达 19.8 小时和 31.4 小时。乌海市、巴彦淖尔市、锡林郭勒盟、兴安盟、呼伦贝尔市尚未有高铁连通。蒙东地区各城市间缺乏快速铁路联系，赤峰市、通辽市等东部盟市与首府呼和浩特市通达度有待提升。呼包鄂城市群“1 小时经济圈”尚未形成。

（二）路网覆盖不够均衡

目前，内蒙古部分旗县如武川县、四子王旗、察哈尔右翼中旗、镶黄旗、扎赉特旗、突泉县等及部分口岸仍无铁路通达，难以适应区域均衡发展和扩大对外开放的需要。部分普速铁路之间联络线尚未联通，与国家铁路网衔接不畅，互联互通仍有不足。既有铁路技术标准普遍较低，复线率低于全国平均水平18个百分点，电气化率低于全国平均水平27个百分点。蒙东地区大部分铁路速度目标值较低，难以适应新时期产业转型升级的发展要求。

（三）集运系统不够完善

随着外运通道的不断建成，部分通道集疏运尚不完善，相关矿区的开发、物流园区集疏运系统和专支线建设滞后，影响通道运能发挥。内蒙古现有部分铁路存在富裕能力，部分新投产铁路能力尚未充分利用，仍有较大开发空间。既有铁路货运设施布局难以满足产业结构转型升级的要求，难以满足内蒙古特色产品借助"高铁快运""铁路冷链"等快捷货运方式"走出去"的需要。既有铁路客运服务难以适应旅客高品质出行需要，整体旅游服务出行品质较低，影响旅游业收入提升。因此，仍需充分发挥铁路资产效益、提高既有铁路能力利用率，运力供给需进一步优化。

（四）综合枢纽有待加强

多年来，内蒙古铁路、公路、城市交通建设都取得较快发展，但仍存在部分项目投资主体不够融合，管理体制多元，效益不连通，与各铁路主体间路网衔接不畅，综合管理、协调难度加大。各运输系统间缺乏有机协调，运输网络和通道布局缺乏统筹，综合交通枢纽设施布局规划不合理，旅客换乘和出行效率不高，运输管理制度和运营等方面还需要进一步加强对接。因此，需加强各运输方式间的协调配合，提高枢纽节点运输周转效率和运输服务水平，真正实现人便其行、货畅其流。

（五）绿色低碳交通体系有待大力发展

随着国家碳达峰碳中和目标的提出，加强绿色环保成为未来经济发展的新动力。内蒙古生态环境较为脆弱，大力推动绿色低碳交通体系发展显得愈发重要。私家车等高耗能、高污染交通工具的使用有待减少，打造绿色交通出行，提升市民绿色环保意识，将成为内蒙古发展的重大举措。

四、内蒙古绿色低碳交通空间布局优化措施

（一）建设"四横十二纵"综合运输通道

以完善国家中长期铁路网"八纵八横"的高速铁路主通道为重点，形成高速铁路主通道为骨架、区域连接线衔接、城际铁路补充的高速铁路网。总体布局上，内蒙古构建"四横十二纵"综合运输通道，加快提升通道内公路、铁路技术等级，推动通道内各种运输方式资源优化配置和有机衔接，畅通通道瓶颈，提升通道能力，逐步形成内畅外联、高效可靠的综合运输通道（见表6-5）。

表6-5　　　　　　　内蒙古综合运输通道布局

通道形态	通道名称	衔接方向	功能定位	支撑战略
横一	蒙西通道（阿拉善—北京）	京津冀、宁夏沿黄地区	完善呼包鄂乌城市群及西部盟市与京津冀地区快速联系	京津冀、黄河"几"字弯都市圈协同发展
横二	蒙东通道（通辽—北京）	京津冀、东北地区	完善赤峰、通辽区域中心城市与京津冀、东北地区快速联系	京津冀协同发展、新一轮东北振兴
横三	东西通道（呼伦贝尔—阿拉善）	横贯自治区十二盟市	强化自治区内部东、中、西地区联系	自治区东中西部地区差异化协调发展
横四	沿边通道（室韦—策克）	贯通沿边境口岸和城镇节点	兼顾沿边经济发展和国防需求	边境地区发展、国防安全

续表

通道形态	通道名称	衔接方向	功能定位	支撑战略
纵一	满洲里至哈尔滨通道	东北地区、俄罗斯远东地区	完善口岸运输条件，加强与东北产业腹地联系	中俄互联互通、"一带一路"、新一轮东北振兴
纵二	阿尔山至长春通道	东北地区、蒙古	完善口岸运输条件，加强与东北产业腹地联系	中蒙互联互通、新一轮东北振兴
纵三	霍林郭勒至沈阳通道	东北地区	资源外运通道和旅游交通联系	新一轮东北振兴
纵四	珠恩嘎达布其至锦州通道	蒙古、锦州港	形成沿边口岸与沿海港口间的快速通道	中蒙互联互通
纵五	二连浩特至秦皇岛通道	蒙古、秦皇岛港	形成沿边口岸与沿海港口间的快速通道	中蒙互联互通、"一带一路"
纵六	锡林浩特至北京通道	京津冀	锡林郭勒盟与京津冀互联互通	京津冀协同发展
纵七	二连浩特至太原通道	蒙古、华北及华中地区	蒙古至华北、华中的高等级、大容量物资运输保障	中蒙互联互通、一带一路
纵八	苏尼特右旗至朔州通道	山西中部	呼和浩特与口岸及中原城市群快速联系	向北开放、呼包鄂乌城市群
纵九	满都拉至西安通道	蒙古、关中地区	蒙古至西北内陆大容量物资运输通道	新时代推进西部大开发形成新格局、能源和战略资源基地建设
纵十	甘其毛都至盐池通道	蒙古、宁夏沿黄地区	口岸与腹地城市便捷联通，煤炭运输通道	新时代推进西部大开发形成新格局、能源和战略资源基地建设
纵十一	乌力吉至重庆通道	蒙古、西北地区	加强口岸与"西部陆海新通道"的衔接	新时代推进西部大开发形成新格局
纵十二	策克至酒泉	蒙古、西北地区	蒙古至西北内陆大容量物资运输通道，强化保障性	新时代推进西部大开发形成新格局、能源和战略资源基地建设

资料来源：《内蒙古自治区"十四五"综合交通运输发展规划》。

（二）打造一体化综合交通枢纽

重点建设呼和浩特、包头、通辽 3 个全国性综合交通枢纽城市，加快建设呼伦贝尔、赤峰、乌兰察布、鄂尔多斯、巴彦淖尔、乌海6个区域性综合交通枢纽城市。围绕国家"一带一路"建设部署和向北开放重要桥头堡的需求,大力发展口岸物流,以满洲里、二连浩特、甘其毛都、策克、珠恩嘎达布其、满都拉口岸建设6个陆路口岸枢纽,以呼和浩特、包头、海拉尔、鄂尔多斯、满洲里打造5个国际航空口岸枢纽。根据多网融合和交通一体化建设理念,推进干线铁路、城际铁路、市域(郊)铁路和城市轨道交通"四网融合",强化枢纽内外交通有机衔接,实现旅客"零换乘"。逐步形成空间定位关系清晰、层次结构合理的综合交通枢纽城市体系。

(三) 提升干线路网质量

结合国家"双碳"目标,实施铁路减污降碳工程,推进铁路系统电气化改造,完善区内主要铁路电化成网,提升铁路系统电气化水平。考虑合理增量需求,根据运输能力适应情况,实施部分铁路扩能改造,消除干线通道瓶颈,通过既有线路的技术改造,充分挖掘既有铁路线路潜能,实现铁路达速运输,满足集约使用土地资源和保护生态环境的需要,形成便捷高效的铁路物流网络。为增加边远地区盟市和民族地区人民共享铁路发展成果和现代化高品质运输服务,增强高品质列车覆盖,选择部分短期内无法建成高铁的盟市或旗县,通过改造充分利用既有铁路开行草原动车组客车,推动太锡、集通、白阿、富加等铁路开行动车组客车,提升草原人民的幸福感和获得感。

(四) 推动交通运输工具装备低碳转型

积极扩大清洁能源在交通领域的应用,优化交通运输装备用能结构,提高生产效率和整体能效水平。加大新能源和清洁能源车辆在城市公交、出租汽车、物流配送及物流园区、枢纽场站等领域的应用。实施重卡、矿卡新能源和清洁能源替代行动,大幅度提高新能源和清洁能源车辆在交通运输工具中的比率。到2030年,营运车辆单位换算周转量碳排放强度比2020年下降10%,年新增新能源、清洁能源动力的交通工具比例达到

40%左右。

（五）加快绿色交通基础设施建设

全面实施高速公路标准化改造，推进绿色服务区建设与运营，实施节能技术改造。加快规划建设充电桩、换电站、加气站、加氢站等配套设施。积极推广应用节能环保技术和产品，推进交通基础设施与新能源深度融合发展。

▶ 第二节　绿色新基建

在碳中和目标下，传统基建项目因其高碳排放而遭遇挑战，新基建的重要性逐渐体现出来，与传统基建相比，新基建在减排效果上具备一定的优势。短期内新基建虽然难免增加排放，但在产业升级带来的中长期影响上信息革命和能源革命会改变现有的排放格局，为碳达峰碳中和的实现贡献力量。

一、新基建的概念

新型基础设施建设（以下简称"新基建"）概念最早在 2018 年底的中央经济工作会议中提出，与传统的"铁公基"相对应。新基建是以新发展理念为引领，以技术创新为驱动，以信息网络为基础，具备集约高效、经济适用、智能绿色、安全可靠特征的一系列现代化基础设施体系的总称。区别于传统的公路、铁路、建筑等基础设施建设，新基建更着力于数字化与智能化。主要包括以下三个部分。

1. 信息基础设施

主要是指基于新一代信息技术，如以 5G、物联网、互联网、区块链等核心技术为代表的通信基础设施的建设，人工智能、云计算、区块链等新技术支持的基础设施建设，以数据人工智能计算中心为代表的计算基础设施等。

2. 融合基础设施

主要指应用互联网、大数据、区块链、人工智能计算等核心技术来支撑传统的基础设施建设转型升级改造，进而形成融合的基础设施，如智慧交通基础设施建设、智慧能源管理体系基础设施的建设等。

3. 创新基础设施

主要指支撑科学探究、科学研究、新技术开发、产品改造等的具有公益性的基础设施，如重大科技基础设施、科教基础设施、产业技术创新基础设施等。随着技术革命和产业变革升级，新型基础设施建设的意义也不是一成不变的，将持续受到关注。

综合来看，新基建主要包括 5G 基建、特高压、城际高速铁路和城市轨道交通、新能源汽车充电桩、大数据中心、人工智能、工业互联网七大领域。

二、新基建对"双碳"目标的意义

新基建是当今时代国民经济和社会发展的"数字底座"，可以为实现"双碳"目标提供新思路，能够有效解决碳减排中面临的技术创新、产业转型升级等问题，对于"双碳"目标的实现具有重要意义，它不仅可以促进能源转型和碳减排，还能推动经济结构升级、提升城市环境质量，为构建低碳、环保的社会提供重要支撑。

（一）绿色新基建助推节能减排

新基建是以数字技术为核心的基础设施建设，已成为科技创新的前沿产业。自其诞生之初，新基建就以其高科技、低耗能的特性，引领着生产环节和技术服务的革新，成为节能减排的重要技术支撑。随着大数据、云计算、人工智能、物联网等数字技术的飞速发展，新基建在重点用能领域的利用越来越广泛。这些技术的应用，不仅有效推动了实体经济的节能降碳，更通过数字化手段实现了"数智"控碳，为减少管理过程中的碳排放提供了有力支持。

以大数据为例，通过对海量数据的收集、分析和挖掘，企业可以更加精准地掌握生产过程中的能耗情况，从而制定出更加科学合理的节能措施。同时，云计算技术的运用，使得企业可以更加高效地进行数据处理和存储，降低了能源消耗和碳排放。

（二）数字新基建助推绿色能源发展

新基建项目多以绿色能源为主导，如太阳能、风能等。太阳能、风能等可再生能源作为绿色能源的重要组成部分，具有清洁、环保、可持续等优点。但是，这些能源的开发和利用存在一些问题，如分布不均、波动性大、储能技术不够成熟等。为了更好地整合和利用这些可再生能源，需要建设智能电网、智慧能源管理系统等基础设施。

以智能电网建设为例。智能电网是一种基于信息技术和通信技术的新型电网，可以实现电能的实时监测、调度和控制。通过智能调度和优化，不仅可以更有效地利用太阳能、风能等可再生能源，降低对传统煤炭、石油等化石能源的依赖，从而减少温室气体排放，实现节能减排的目标，还可以更好地预测和应对可再生能源的波动性，提高电力系统的稳定性和可靠性，减少因电力短缺或故障导致的经济损失，更好地了解能源的使用情况和潜力，制定更加科学合理的能源管理策略，提高能源利用效率和减少能源浪费。

（三）产业赋能助推绿色转型

新基建渗透效应强，与生产运营、社会治理等诸多领域深度融合，应用场景不断丰富，具有"一业带百业"的功能。新基建项目的实施需要大量的先进技术和设备，推动了新一代信息技术、人工智能、物联网等技术的发展和应用，促进了产业升级和创新发展。新基建可全面促进信息技术的市场化应用，推动数字产业形成和发展，催生新产业、新业态、新模式，最终形成数字产业链和产业集群。新基建对传统产业进行全方位、全角度、全链条的基础改造，有利于推动产业结构优化升级，实现对经济发展的放大、叠加、倍增效果。

三、内蒙古新基建发展现状

当前数字化已成为不可逆转的趋势，推动 5G、人工智能、工业互联网、数据中心等新一代信息技术产业快速发展，促进传统行业数字化转型升级，为实体经济高质量发展提供新动能，为提升社会治理能力和公共服务水平打下坚实基础。

（一）内蒙古新基建发展现状

1. 5G 基建

5G 就如同"信息高速公路"，为庞大数据量和信息量的传递提供了高速传输信道，补齐了制约人工智能、大数据、工业互联网等在信息传输、连接规模、通信质量上的短板。截至 2022 年底，内蒙古全区光缆线路总长度达到 159.1 万公里，行政村宽带通达率达到 100%。累计建成 5G 基站40418 个，每万人拥有 5G 基站数为 16.8 个，高于全国平均（15.7 个），全区 5G 网络已实现 12 个盟市区、103 个县级和 914 个乡镇主要区域连续覆盖。累计建成 26.7 万 10G – PON 端口，家庭千兆光纤网络覆盖率达180%。① 呼和浩特市、包头市、鄂尔多斯市、赤峰市建成"千兆城市"。呼和浩特国家级互联网骨干直联点、和林格尔国际互联网数据专用通道建成并投入运行，中国电信满洲里中俄跨境陆缆传输系统工程完工。

2. 特高压

特高压能更好地连接电力生产与消费，变输煤为输电，既是建设能源互联网、保障能源供应安全的关键一环，也是落实"碳达峰、碳中和"战略的关键一环。2022 年内蒙古已建成"三直两交"特高压外送通道，包括上海庙—山东、锡盟—泰州、扎鲁特—山东特高压直流通道，蒙西—天津南、锡盟—山东特高压交流输电通道，整体外送能力达到 7000 万千瓦。

---

① 《内蒙古自治区数字农牧业农村牧区发展规划（2023—2025 年）》。

3. 新能源汽车充电桩

充电桩是助力新能源汽车、迎接新能源革命的基础设施，为扶持新能源汽车发展，公共充电基础设施发展备受重视。截至 2023 年，内蒙古新能源汽车保有量为 14.16 万辆，占全区汽车保有量的 1.47%。全区已建成并投入使用城镇公共充电桩 10729 个。[①]

4. 大数据中心

数据作为数字经济时代的核心生产要素，需要强大的数据中心作为支撑。数据中心的整体产业链包含众多行业，产业链上游主要为算力中心提供基础设施建设的行业；产业链中游的企业主要涉及数据中心的生产、建造商和管理系统，包括电信运营商、第三方 IDC 以及云厂商等；产业链下游主要是数据中心使用者。2021 年 5 月，国家发展改革委、工业和信息化部等部委发文，明确内蒙古启动建设全国一体化算力网络国家枢纽节点，作为国家"东数西算"工程的战略支点，打造面向全国的算力保障基地。截至 2022 年，内蒙古已建成数据中心 26 个，其中超大型数据中心 2 个、大型数据中心 8 个，服务器总装机能力约 156 万台、15.6 万个标准机架。[②]

5. 工业互联网

工业互联网平台建设及应用是赋能制造业转型升级的重要途径。2023 年，内蒙古已建成呼和浩特国家级互联网骨干直联点以及和林格尔国际互联网数据专用通道，建成 6 个国家工业互联网标识解析综合型二级节点，建成 26 个工业互联网平台，累计接入企业 6.8 万户。[③]

（二）数字化促进"羊煤土气"传统产业转型升级

"羊煤土气"曾经是内蒙古传统支柱产业的代名词，资源和能源工业占据着内蒙古经济的"半壁江山"，但也是典型的高能耗产业。在"双碳"目标的约束下，绿色化转型升级势在必行。数字技术和传统产业的融合应用，推动"羊煤土气"传统工业格局实现了转型升级。

---

① 内蒙古自治区公安厅交通管理局、内蒙古自治区住房和城乡建设厅。
② 内蒙古自治区通信管理局。
③ 内蒙古自治区工业和信息化厅。

1. 农牧业数字化转型

实现农牧业生产经营数字化转型。内蒙古围绕大田作物耕、种、管、收数字化需求，加快推进数字化生产、智能化管理和精准化作业，北斗卫星定位、无人机、手持设备等天空地一体化遥感设备、水肥一体化、田间监测设备在大田种植领域深入应用。截至 2023 年 7 月，内蒙古已部署 124 台套固定式自动化墒情监测设备，植保无人驾驶航空器达 1519 台，累计对 4000 余台套植保无人驾驶航空器、农业用北斗终端等智能农机产品实施了购置补贴。[①]

信息技术创新应用能力逐步提升。加强智慧农牧业试点示范，先后成功创建 7 个全国农业农村信息化示范基地，3 个国家数字农业创新应用基地，5 个牧场数字化管理系统，2 个国家数字乡村试点，11 个自治区级数字乡村试点。[②]

数字农业支撑保障能力逐步增强。建成土地经营权流转信息化管理、农作物重大病虫害监测预警、农机化信息管理服务等业务系统平台，正在建设计划财务管理、农畜产品质量安全智慧监管与服务等系统。内蒙古农牧视频会议指挥调度系统已覆盖全区 12 个盟市和 60 个旗县区，并与农业农村部进行对接，实现全区农牧系统高清视频会商和远程指挥调度。内蒙古重大病虫害监测预警数字化平台上连农业农村部，向下贯通自治区、盟市、旗县 3 级，10 个盟市和 53 个旗县建立了具有地方特色的病虫害监测预警信息系统。

培育农牧业数字化新业态。截至 2021 年，内蒙古已创建电子商务进农村综合示范县 63 个。[③] 2021 年开始在清水河县、乌拉特前旗、喀喇沁旗开展"互联网＋"农畜产品出村进城工程试点，创新发展农村牧区直播带货新业态，引导市场主体建立适应农畜产品网络销售的供应链体系、运营服务体系和支持保障体系，实现农畜产品网络销售全覆盖，促进农畜产品产销对接，实现优质优价带动农牧民增收。农牧业和休闲旅游业融合发展，

---

①② 内蒙古自治区农牧厅。

③ 内蒙古自治区商务厅。

挖掘农村牧区资源优势，借力互联网及新型信息技术，着力构建"生态环保兼顾、数字技术助力、地方特色突出、经济效益明显"的农牧休闲业发展格局。

2. 资源型产业数字化转型

互联网、大数据、人工智能等信息技术在工业领域的全面渗透和深入应用，能源、化工、装备制造、冶金等传统行业深入实施智能制造和绿色制造工程，实现制造业高端化、智能化、绿色化转型升级。

羊绒生产进入智能化制造时代，实现了从研发、原料分梳、染色、纺纱、成衣织造等全链条高效自动化生产，并且以羊绒为核心逐步延伸覆盖服装其他领域，在国际羊绒产业上拥有了核心竞争力。

煤炭推进"智慧煤矿大脑"建设，煤矿智能化、绿色化、安全化程度逐步提升，全国首个国产化工业操作系统"矿鸿"投入应用，"5G + 智能开采"等9个示范项目入选全国典型案例，120座煤矿迈入智能化时代。

稀土积极应用"云大物移智链"等先进技术为业务赋能，强化新技术集成应用，利用新一代信息技术推进稀土资源开采、分离提取、开发利用、勘查、回收全产业链数字化升级，建设国家级稀土创新中心，打造一批世界一流的稀土生产智能制造示范线。

大力发展天然气等清洁能源，并围绕"清洁"搞好资源转化，新建一批规模与技术装备达到世界先进水平的大型天然气化工项目。将继续加强智能化、科技化系统及设备的探索应用，有效防范和化解传统技术模式带来的普遍性、系统性风险。

综合来看，内蒙古新型基础设施建设已经在各个领域取得了成就，"绿色""数字"新基建助推内蒙古低碳发展，为实现"双碳"目标提供了新的思路。5G基建、特高压、新能源汽车充电桩、大数据中心、工业互联网等新基建项目有序推进，基础基建网络数字化、绿色化加快构建。但是，对照党的二十大提出的发展目标，当前内蒙古新基建规模仍较小，与形成完善的新基建网络和高质量发展要求相比，在布局结构、系统集成、服务水平、统筹融合、体制机制等方面还存在较大差距，发展不平衡不充分等问题还较为突出，尚不能很好地满足人民群众日益增长的多样化、个性化和品质化要求。

四、新基建发展的基本原则

（一）面向未来，政府引导

新型基础设施建设需要处理好长期与短期、政府与企业、规制与竞争等方面的关系。新型基础设施的规划建设不应仅落脚于短期经济刺激，而要将其作为构建智慧社会、实现第二个百年奋斗目标的先导性工作和重要支撑。通过发布"新型基础设施建设战略"或"新型基础设施建设行动指南"等指导性文件，吸引社会各界积极参与"新基建"，同时要纠正地方政府在"新基建"领域的短期化行为，避免造成新型基础设施的严重产能过剩和资源浪费。

（二）适度超前，小步快走

"新基建"是经济社会智能化转型的基础，如果新型基础设施建设滞后，就会成为经济社会智能化的瓶颈；但如果新型基础设施太过超前，又会造成资源的极大浪费。因此，"新基建"应当适度超前，根据技术成熟程度、市场开发程度"小步快走"地稳步推进。

（三）放松准入，多元参与

随着改革开放的深入推进，我国的市场准入管制逐步放松，但仍然存在着限制企业进入和公平参与竞争的"玻璃门""旋转门""弹簧门"等问题。新型基础设施投资规模巨大和公共物品的特性要求有实力的国有企业参与其中，但是新型基础设施技术含量高、技术发展方向高度不确定以及强竞争性的特征要求充分调动民间的投资积极性，吸引大量的企业特别是民营企业、中小微企业的参与。

（四）合理分工，企业先行

新型基础设施建设应处理好政府与市场的关系，把市场愿意做、擅长做的交给市场，市场做不好的政府可以参与。政府的作用主要是从全局着手，制定基础设施发展愿景，并对"新基建"相关科学研究和具有非竞争性的公共物品提供资金支持，通过政府投资的基础设施建设为数字技术的产业化提供市场。

（五）需求引导，竞争推动

新型基础设施是新兴产业发展的重要支撑力量，但其服务于新兴产业发展，需要新兴产业规模扩大的拉动。例如，充电桩设施的建设取决于新能源汽车的保有量和发展速度。对于新兴产业的发展，政府的重点工作不是提出明确的技术路线和规模目标，而应从公共利益出发设定更大的愿景、创造良好的产业发展环境，引导企业在新兴产业的投资和创新，并随着产业规模的扩大带动对新型基础设施的需求增长。

五、内蒙古新基建布局优化重点领域

（一）绿色高效算力基础设施

紧抓数字产业化发展机遇，坚持绿色、集约、高效发展方向，大力推动数据中心、智能计算中心等数字基础设施高质量发展，提升数字经济支撑能力。

1. 建设算力网络国家枢纽节点

加快国家一体化大数据中心体系算力网络国家枢纽节点建设，为京津冀及周边地区提供时延不超过10毫秒的实时算力保障，支撑上述地区数字化发展。为东中部省（区、市）提供后台加工、离线分析、存储备份等非实时算力保障，助力东中部地区数字化发展。

2. 优化数据中心基础设施规划布局

合理规划建设若干大型、超大型数据中心，推动数据中心向规模化、集约化、高效化方向发展。加强区域协同发展，跨层级、跨地区、跨系统布局高端、智能、绿色数据中心。引导超大型、大型数据中心在呼和浩特市、乌兰察布市集聚发展，构建数据中心集群，承接"东数西算"工程后台加工、离线分析、存储备份等非实时算力需求。在包头市、赤峰市、鄂尔多斯市等 10 个盟市主要城市城区，加快对现有数据中心的改造升级，支持发展高性能、边缘数据中心，主要承载当地金融及人力资源和社会保障、税务等政务服务和虚拟现实、增强现实、智慧电力、智能工厂等对网络要求较高的业务需求。

3. 大力推进绿色数据中心建设

积极推进整机柜服务器、规模化数据中心、绿色智能服务器等新型 IT 设备在数据中心中的应用。加强分布式供能、自然冷源、直流供电等技术在数据中心建设中的应用。加强风电、光伏等绿色能源应用，推动能源、资源智慧化管理技术在数据中心运营中的普及。鼓励新建数据中心按照绿色智能、软硬件全栈集群计算设计，大幅降低总体投资与运营成本，提升市场竞争力。

4. 积极推进智能计算中心建设

全面提升 AI 算力生产供应、AI 算法训练数据质量，培育区域智能生态，以智能算力生态聚合带动多层级产业生态体系的形成，助推内蒙古数字经济与传统产业深度融合。推动 AI 产业创新聚集，加速 AI 应用场景落地，助力传统产业转型升级，催生经济新业态、新模式，优化公共服务供给。重点布局和林格尔新区人工智能超算中心，力争将内蒙古建设成为支撑大数据、人工智能等数字产业发展的国内外知名智能计算中心。

（二）智慧能源系统

从狭义上看，智慧能源系统是指以现代通信、网络技术为基础的，致力于能源利用效率提高的环境友好型能源发展模式。广义上看，智慧能源是能源产业、能源装备产业、互联网产业和现代通信产业等多元产业融合发展的概括，其不仅涵盖传统化石能源的智慧生产，也包括随机波动新能源的安全并网；不仅涵盖能源的生产、转换、传输、存储与消费等环节，也包括能源周边产业、能源电力技术体系及能源政策机制的发展与变革。《内蒙古自治区国民经济和社会发展第十四个五年规划和 2035 年远景目标纲要》中明确提出实施数字能源工程，推进大型煤电、风电场、光伏电站等建设智慧电厂，所有生产煤矿建成智能煤矿，开展输气输油管网智能化建设，建立智慧能源大数据平台，推进能源生产、储运、消费等环节数字化转型。

"双碳"背景下，作为风能、太阳能资源大区，内蒙古正全力开发新能源发电项目，在实现新能源装机量、发电量"双提升"的同时，新能源电力大规模并网、外送和消纳问题也随之凸显。智慧能源以现代信息技术为核心工具，借助区块链技术、大数据技术、云平台技术等新兴信息技术构建能源发展的智慧环境，形成能源发展的新模式和新范式，进而为促进新能源消纳、构建安全高效电力市场、提升电力系统能效等问题提供全新解决方案。

1. 区块链技术的应用

区块链技术是分布式数据存储、点对点传输、共识机制、加密算法等计算机技术在互联网时代的创新应用，具有去中心化、信息共享、记录不可逆、参与者匿名和信息可追溯等技术特点。区块链技术的应用可为智慧能源发展过程中的数据安全、多主体协同、信息融通等问题提供全新技术解决方案。

（1）支撑高比例新能源消纳缓解弃风弃光。内蒙古风光资源丰富，但新能源具有间歇性、不确定性、波动性等特点，导致其与电网、负荷、市场之间存在一定的不匹配性，造成新能源大量弃风弃光现象。据全国新能源消纳监测预警中心数据，2023 年上半年，内蒙古全区风电弃风率为12.3%，光伏弃光率为9.7%，分别高于全国平均水平的3.6%和2.4%。依托区块链技术去中心化、信息共享、信息可追溯等技术特点，一方面可简化新能源电力交易流程，降低分布式新能源电力交易成本，有效支撑多元主体间点对点、实时、自主微平衡交易；另一方面区块链和分布式记账技术可为能源产品、能源金融等产品交易市场提供可信保障，助力绿色能源认证、绿色证书交易等新型商业模式发展，促进能源电力领域的市场主体创新能源生产与服务模式，支撑高比例新能源高效消纳。

（2）发展综合能源服务。依托区块链技术"多链"技术特性，可实现电力网络、石油网络、天然气网络等异质能系统中的多元主体及其设备广泛互联，在构建形成横向多能互补、纵向源—网—荷—储协调、能源信息高度融合的综合能源系统的基础上，推动实现综合能源系统多元主体间可信互联、信息公开与协同自治，进而显著提升综合能源服务的可追溯性和安全性。

（3）助力电力市场智能化交易体系构建。利用区块链技术的信息共享、记录不可逆和不可篡改等特性，可为电力市场中相关主体间各类信息的自主交互和充分共享提供支撑，在保障电力市场信息透明、即时的同时，可辅助各交易主体实现分散化决策，提升用户参与电力市场的便捷性和可操作性，加速推动电力市场中合同形成、合同执行、核算结算等环节的智能化转型。此外，依托区块链技术参与者匿名、信息可追溯的技术特性可有效规范电力市场监管过程，促进电力市场的监管水平提升，保障市场交易的公平性与安全性。

2. 大数据技术的应用

能源大数据具有规模大、类型多、速度快、价值密度有限等特点，大数据技术是以海量数据集合为研究对象的一项综合技术，是传感技术、信息通信技术、计算机技术、数据分析技术与专业领域技术的综合，是传统数据挖掘、数据分析技术的继承和发展。

大数据技术的应用可实现对能源生产到消费的全链条感知与分析，可为能源系统安全稳定运行、消费端能效提升、源—网—荷—储协同提供重要支持。

（1）系统安全稳定运行。利用大数据技术针对能源电力系统中的数据进行采集、传输、存储、融合操作，可有效整合能源电力系统中多元异构数据，构建能源电力系统数字孪生模型，进一步提升对新能源出力、能源网络潮流分布、用户用能行为的感知与预测能力，为电热冷等异质能调度、交易及综合需求响应实施等提供重要决策辅助，保障异质能系统的安全、稳定与高效运行。

（2）消费端能效提升。依托大数据技术挖掘用户用能行为与能源价格、天气、时间等因素间所隐含的关联关系，通过构建用户用能种类、用能时间、用能强度及用能弹性等模型，实现对多元能源用户的精准画像，为能源消费端的能源消费优化方案制订、能源消费服务定制及用户侧资源发掘提供理论指导，推动能源消费侧用能成本降低，实现用能综合化效率提升。

（3）源—网—荷—储协同。依托大数据技术对能源电力系统中积累的海量数据的分析，可精准洞悉源—网—荷—储间能源流、业务流、信息流的流向与交互模式，揭示系统中多元主体间的"三流"交互机理，进而有效推动源—网—荷—储协调优化，提升异质能网络的可靠性与经济性，支撑能源电力系统安全稳定运行。

3. 云平台技术应用

云平台是依托存储、交换以及虚拟化组件，通过关联各类数据、整合多种计算资源形成的逻辑统一的数据中心。云平台具有虚拟化、高可靠性、高通用性、高可扩展性、高速、灵活性等特征。与传统的服务器相比，云平台将物理资源虚拟化为虚拟机资源池，可通过灵活调用软硬件资源为用户提供各类服务。

（1）用能服务精细化管理。云平台利用其虚拟化资源管理技术实现对用户身份、用能信息等各类数据信息的统筹储存与管理，并将数据信息抽象化关联形成跨应用、跨部门、跨系统的信息协同共享资源，构建具备管理动态化、数据可视化等特征的智慧能源管理系统，为用户提供实时在线的能源消费服务，在对用户开展能效诊断、能效薄弱环节识别的基础上，定制相应的节能技改、能源合同管理等服务方案，实现基于能源大数据的能源服务精细化管理。

（2）终端智能化监控。依托云平台开放包容的技术特点，推动多元主体及设备的广泛接入，打破实体结构间的技术壁垒与体制壁垒，在此基础上，以数据驱动构建的特征库、模型库及算法库为依据，围绕"两高三低"目标，即能源系统终端用能效率提高、供能可靠性提高以及用户用能成本降低、碳排放降低和其他污染物排放降低，对各类终端实现状态监测与遥控、遥调，推动能源电力系统的多目标动态优化。

4. 商业应用

随着能源结构的不断变革及需求的持续更新，传统能源管理系统已经不再满足当前的需求，需要结合大数据、互联网、云计算等新一代信息技术打造更高效的智慧能源系统。尤其是在电力领域对于智慧能源的需求更加迫切，无论是在工业、商业还是民用领域，智慧能源都能得以应用，"智慧能源＋智慧城市""县域＋综合智慧能源"等商业模式得到广泛推广。

"智慧能源＋智慧城市"的商业模式延伸综合智慧能源产业链，以城市用能智慧化为基础平台，探索城市智慧化发展的可行性路径。主要在小型园区、商区、居民住宅小区，以及各类大型公共区域如校园、医院、机场等用电集中区域安装分布式光伏系统。这些区域中的智慧能源广泛应用大数据、云计算、物联网、移动互联网、人工智能等技术，打造多种能源融合互补的优化配置平台，在这些区域中一般还建设有储能电站、虚拟电厂以配合电力管理系统，将进一步提升用户的用电质量，降低电力使用费用，以多维度的信息处理技术为用户提供全方位的节能服务。凭借物联网和大数据技术，电力用户可以实时监测其电力使用和消耗情况，能及时发现异常情况并进行相应的处理。此外，智慧能源系统还可以针对不同的用户需求进行差异化供电和定制综合能源管家式服务，为用户降低用电成本。

"县域＋综合智慧能源"系统在商业或居民用电中也得到了较多的应用。2021年内蒙古首个户用光伏示范项目正式建成，标志着内蒙古在"县域＋综合智慧能源"领域取得了实质性突破。相较于大规模集中式的光伏电站，分散式户用光伏投资小、维护简单、环保耐用，能给安装居民带来持续性收入。户用分布式光伏示范项目作为一种创新模式，是构筑综合智慧能源新跑道的重大举措，为打造可落地、可推广、可复制的"县域＋综合智慧能源"样板提供了内蒙古方案。

▶ 第三节　低碳化市政基础设施

城市市政基础设施主要由交通、给水、排水、燃气、环卫、供电、通信、防灾等各项工程系统构成，包含着与城市生活相配套的各种公共基础设施。城市市政基础设施不仅与人们的生活紧密相关，同时也是一座城市物质文明和精神文明的重要体现，是一座城市长远规划发展所必须要考虑的建设基础。城市是实现"双碳"目标的主场，市政基础设施作为城市赖以生存和发展的基础，是十分重要的管控对象，市政基础设施领域是实现"双碳"的关键引领。低碳生态城市的建设不仅有助于地区生态和经济的发展，从长远来看，也有助于协调城市与地区之间经济和生态的发展压力。

一、市政基础设施领域是实现"双碳"目标的关键引领

市政基础设施作为一个城市发展的基础，承担着民生大计的重任，同时也是开展节能减排的重要路径，是实现"双碳"目标的关键引领。

（一）市政基础设施的碳排放基数大

市政基础设施本身就是一个社会大系统，其碳排放源多样化，涵盖了城市交通、建筑、能源等多个领域。具体表现为：（1）城市通常集中了大量人口和经济活动，导致能源消耗和碳排放量增加。人口密度较高的城市通常需要更多的基础设施来满足居民的需求，如道路、交通运输、供水、能源等，这些设施的运行和维护会产生大量碳排放。（2）城市交通是碳排放的重要来源之一。私家车、公共汽车、出租车等交通工具的使用都会产生尾气排放。同时，城市中的货运配送也会导致碳排放的增加。（3）城市基础设施的运营需要大量能源，如电力、燃气等。如果能源主要来自化石燃料，如煤炭、天然气，这些能源的燃烧会产生大量二氧化碳等温室气体。（4）城市建筑的能源消耗占据了大部分碳排放。大型商业、办公楼、住宅区等的能源需求较高，尤其是老旧建筑的能效低下。此外，城市土地利用也可能导致碳排放增加，如森林砍伐、土地开发等。

在城市化进程加速的背景下，能源消耗不断增加，导致碳排放量也随之上升。有研究表明，全球城市基础设施的碳排放量已占到全球总碳排放

量的近一半，而在我国城镇碳排量占比高达 60% 以上。

（二）排放影响广泛

市政基础设施的碳排放不仅对环境造成影响，还对人类健康和生活质量产生负面影响。城镇居民是市政环境的受体，城乡生产生活基础设施通过环境介质跟大气、水、土壤交互，进行质量、动量和热量的传递，能源资源的聚集性输入与消耗，必然会产生大量的排泄物与废弃物、有毒有害污染物等，流入或者渗透到水体、土壤以及大气中，污染自然环境，影响生态系统，并且产生诸如洪灾、涝灾、旱灾、雾霾、极端气候等问题。

（三）减排难度较大

市政基础设施的改造和升级需要大量资金和技术支持，而目前很多城市的财政压力较大，难以承担这些成本。市政基础设施碳减排项目的投资回报期较长，往往需要数年甚至数十年才能收回成本，对于一些短期内的政绩工程来说，市政基础设施的碳排放控制可能不是优先考虑的对象。此外，一些老旧建筑和交通设施的改造难度较大，需要付出更多的人力、物力和财力。

可见，在城乡市政基础设施中开展碳减排工作是"双碳"目标逐步达成的主战场之一，是城乡实现绿色低碳高质量发展的生命线和重要载体。

二、市政基础设施低碳化发展措施

要实现城镇碳减排、碳中和的目标，就要以绿色高质量发展为基本理念，坚持低碳生态、集约高效、可持续发展的基本原则，对市政基础设施的城市用水体系、能源利用体系、固体废弃物处理体系等市政基础设施全方位实施低碳化改造。

（一）建设低碳能源供应系统

低碳能源系统主要包括三个方面。（1）源头低碳化。能源系统应该从传统化石能源为主的供应方式转变为可再生能源的供应方式，从能源供应源头实现低碳化。（2）使用过程低碳化。通过合理开发、高效利用、资源循环来减少生产和消费过程中的碳排放。（3）终端利用低碳化。通过绿色建筑的推广使用，有助于减少资源消耗，从而实现低碳发展。在能源系统供应结构不断优化的过程中，通过风能、太阳能等清洁能源的推广使用，可以丰富能源的供应来源，给民众更多能源消费的选择。在推广清洁能源的同时，也要适当降低传统化石能源的使用量，从而逐步实现对碳基能源的替代。

（二）发展低碳交通运输体系和循环经济

构建绿色低碳交通运输体系，要倡导绿色出行，要加强慢行系统一体规划设计，更要高标准启动建设城镇三级绿道体系，完善骑行专用道、步行专用道等城市慢行交通系统，构建"快进慢游、景观融合、集散衔接、配套优全、层次分明"的全域绿道网络体系。加强城市桥梁安全检测和加固改造，保障所有桥梁安全运行，再通过优化运输结构，推广新能源汽车和氢燃料电池公交车的使用，从而实现交通系统的低碳化运行。与此同时，也要做好加氢站、换电站、充电站的建设工作，方便普通民众生活，让大家尽可能地选择低碳出行方式。发展循环经济，要提高资源利用效率，实现物质的反复循环流动，减少生产和消费过程中的碳排放，减少人类生产生活对气候和环境的影响，从而实现整个社会的低碳发展。

（三）推进市政基础设施高效智能化

推进市政基础设施高效智能化，政府要采用合同能源管理等市场化方式，推进多功能信息杆柱、智能路灯、智能公厕等新型智能化市政设施建设，充分运用5G、物联网等现代科技和信息化手段，推动供水、排水、燃气、供热等市政基础设施"数字+"转换、"智能+"升级，提升市政基础设施运行效率和安全性能。开展地下市政基础设施普查，摸清设施功能属性、位置关系、运行安全状况等信息，建立设施危险源及风险隐患管理台账。以地下市政设施普查为基础，整合城市空间信息数据及城市运行感知数据，构建集感知、分析、服务、指挥、监管为一体的地下市政设施综合管理信息平台，促进城市"生命线"高效协同管理。加快多功能信息杆柱试点工程。在重点路段、重要商圈等人流集聚区开展多功能信息杆柱试点，建设集成智慧照明、通信基站、视频监控、LED 信息发布、一键报警、充电桩、Wi-Fi、5G 等多种设施于一体的多功能信息杆柱，提供多类信息服务。加快建设地下市政综合管理信息平台工程。完善城市地下管网管理系统，完成包括地下综合管线和高架道路以及部分其他地下构筑物的数据库建设，构建地下空间专业网格系统，实现供水、供热等管网数据的统一管理。

（四）提升城镇污水收集处理效能

提升城镇污水收集处理效能，要健全污水收集处理设施周期性排查制度，对城市污水管网和处理设施普查建档，采用智慧化手段，建立信息化实时管控平台。系统推进黄河流域城镇污水垃圾处理，加快老旧城区、城中村、城乡接合部、建制镇和易地扶贫搬迁安置区等污水收集管网改造建设，推动新建居住小区同步配建污水收集管网，基本消除污水直排口，实现城镇污水管网全覆盖。推动生活污水处理能力与服务片区人口、社会经济发展和水环境改善质量等要求相匹配，实施既有生活污水处理厂提标改造，构建"污水零直排、处理高效能、尾水再利用"的城镇污水处理新格局，不断提升污水处理效能。严格城市生活污水处理厂污泥处置管理，推动污泥处置设施建设，实现污泥稳定化、无害化、资源化利用。加大再生水利用设施建设，推动市政杂用、园林绿化、建筑施工、消防供水、生态补水等优先使用再生水，推广点对点再生水利用模式，不断拓宽再生水利用途径。

（五）推动建设海绵城市

推动建设海绵城市，要全面排查城镇排水防涝的风险点和薄弱环节，构建"雨水收排、排涝除险、超标应急、预测预警"的城市排水防涝工程体系。深入开展城市内涝治理行动，重点提高城镇低洼地段、下穿式立体交叉道路等城市内涝高风险区排水标准，会同相关部门疏通天然雨洪通道、蓄滞洪空间，加大行洪、排涝能力。推进雨污分流管网改造，修复破损和功能失效的排水防涝设施，提高雨水排放能力。完成城市内涝监测预警平台建设，主动接入智慧城市与智慧市政平台，提高突发事件应急处置能力，全部消除严重影响人民生产生活安全的积水点。将海绵城市建设理念落实到城市规划建设管理全过程，制订海绵城市建设方案，强化海绵城市的规划管控作用。综合运用"渗、滞、蓄、净、用、排"等技术措施，有效控制城市降雨径流，最大限度地减少城市开发建设行为对原有自然水文特征和水生态环境的破坏，实现自然积存、自然渗透、自然净化，力争中心城区建成区50%以上的面积达到海绵城市建设要求。

（六）建设低碳社区

为了使低碳生活的理念走进千家万户，引导低碳社区的建设是必不可少的，低碳社区的建设主要包括以下几个方面。

1. 建筑节能

通过绿色建筑的推广与建设，可以有效降低居民家庭能耗，绿色建筑充分利用阳光节省能源，可以有效促进人、建筑和自然环境的协调发展，尽可能地减少对自然环境的使用和破坏。同时也要普及低碳建筑和低碳设施，在基础设施建设的各个环节，使用绿色低碳材料，降低能耗、降低污染、降低排放，使低碳观念深入人心。通过节能产品的推广与使用，提高能源利用效率，有效减少能源产品的消耗。通过提高家庭供热系统的效率，实行智能调控与监控，使居民实时注意能源节约，在同等生活质量水平的前提下减少供热能耗，达到家庭供热节能。通过设备优化与技术更新，可以降低居民家庭空调制冷系统的能耗。通过低能耗灯具的使用，推广绿色照明工程，实现家庭角度的低碳生活方式。同时也要在社区中推广新能源和可再生能源的利用，普及太阳能照明、新能源汽车的使用，从社区层面推广国家"双碳"目标。

2. 社区节水

推广使用社区节水型器具与设备，防止水资源浪费。推广雨水利用设备，充分储藏、利用雨水，通过屋顶雨水收集利用设施和下凹式绿地，尽可能地使水资源可以重复利用。同时也要充分利用再生水，进行厕所冲洗、绿地浇灌和车辆清洗等。

3. 社区节材

在施工过程中，要有计划地将建筑余料和废料收集起来，实现物料、废料再次利用，减少建筑材料的浪费。在施工过程中，要尽可能地选择可再生循环利用的建筑结构材料，减少建筑垃圾抛弃和环境污染。在施工过程中，也要尽可能地实现住宅部品部件的标准化和通用化。在实际工程中，为了有效降低材料的损耗和施工现场工作量，应尽量实现住宅部品部件的标准化和通用化，避免不必要的部件浪费。新建住宅建筑物也应该贯彻节约建筑材料的理念，限制装修拆改率，在一定程度上有效降低个人和集体的建设成本，减少社会资源的浪费。装修结束之后，残余的废弃物也应该进行专业处理，以免造成环境污染。

低碳经济贴近民众生活，也与国家和政府息息相关，是一个密不可分的整体。内蒙古想要在时代发展的潮流中更好、更快地走进低碳经济时代并赢得先机，与对国家政策的充分解读和利用是分不开的。内蒙古应该积极转变发展观念，转轨到"低碳发展"这种新的城市运行模式上去，打造低碳化、系统化生态市政基础设施，坚定不移地走可持续发展之路。

内蒙古碳汇经济布局优化

内蒙古作为碳源大区，目前依然处于"高碳消耗"状态。但是，丰富的森林、草场、荒漠资源和可再生资源，让内蒙古拥有得天独厚的低碳资本。内蒙古的各类生态资源在国土空间分布上具有明显的区域异质性，从碳汇潜力角度来看，东部林区的荒地、无林地造林的碳汇潜力较大，中部草原区通过退化草地治理也有利于碳汇的形成，南部的耕地、西部的荒漠则碳汇潜力较小。因此，科学优化碳汇功能分区与碳汇经济布局，充分发挥林草资源"储碳库""吸碳器"的作用，对"双碳"目标的实现具有重要意义。

▶ 第一节　内蒙古碳汇资源现状

碳汇一般是指通过植树造林、植被恢复等措施，利用生物的生态功能对大气中的二氧化碳进行吸收并储备的过程、活动或机制。陆地生态系统具有巨大的碳汇能力，巩固和提升其碳汇功能是实现碳达峰碳中和目标的重要途径之一。

内蒙古特殊的地理位置、地貌和气候环境，塑造了辽阔草原、广袤森林、雄浑荒漠和多样的湿地生态系统、孕育着独具特色的动植物类群，形成了我国北方最大的生态系统碳库。经测算，全区林地、草地、湿地总碳储量为105.49亿吨，占全国林草湿碳储量（885.86亿吨）的11.91%，位居全国第二。2020年内蒙古林草湿碳汇量为1.19亿吨，占全国林草湿碳汇量（12.61亿吨）的9.44%，位居全国第一。[①]

一、森林碳汇

森林是陆地生态系统的主体，是最大的碳库，它占陆地生态系统地上部分碳库的60%，土壤碳库的45%，陆地生态系统与空气交换二氧化碳的90%发生于森林。森林不仅在维护区域生态环境上起着重要作用，而且在全球碳平衡中也有巨大贡献。

根据内蒙古第八次森林资源清查结果，全区林地面积6.75亿亩，其中森林面积3.92亿亩。内蒙古活立木总蓄积量16.63亿立方米，其中森林蓄积15.27亿立方米。森林覆盖率22.10%。内蒙古森林主要分布在大兴安岭原始林区，大兴安岭南部次生林区及宝格达山、迪彦庙、克什克腾、茅荆坝、大青山、蛮汉山、乌拉山、罕山、贺兰山和额济纳等次生林区，以及经过长期建设形成的人工林区。

本章借鉴李长青等（2012）的森林蓄积量扩展法，计算公式如下：

$$C_f = \sum (S_{ij} \times C_{ij}) + \alpha \sum (S_{ij} \times C_{ij}) + \beta \sum (S_{ij} \times C_{ij}) \qquad (7.1)$$

$$C_{ij} = V_{ij} \times \delta \times \rho \times \gamma \qquad (7.2)$$

其中，S_{ij} 为第 i 类地区第 j 类森林的面积，C_{ij} 为第 i 类地区第 j 类森林类型的森林碳密度，V_{ij} 为第 i 类地区第 j 类森林类型的森林单位面积蓄积量，α 为林下植物碳转换系数，β 为林地碳转换系数，δ 为生物量扩大系数，ρ 为容积系数，γ 为含碳率。在计算内蒙古森林碳汇潜力的过程中，各种换算系数取IPCC的默认值（α 为0.195，β 为1.244，δ 为1.90，ρ 为0.5，γ 为0.5）。为观察森林碳汇储量的变化趋势，本章选取第六至第九次森林

---

① 点碳成金，"双碳"战略下的内蒙古行动［EB/OL］. 内蒙古自治区人民政府网，2022 – 08 – 08.

资源清查数据计算碳汇量，结果如表7-1所示。

表7-1   内蒙古森林碳汇量

年份	统计项目	活力木总蓄积量（亿立方米）	森林蓄积量（亿立方米）	碳汇量（亿吨）
2003	第六次清查	12.88	11.02	14.92
2008	第七次清查	13.61	11.77	15.76
2013	第八次清查	14.84	13.45	17.19
2018	第九次清查	16.63	15.27	19.26

可以看出，第六次清查显示活力木总蓄积量为12.88亿立方米，森林蓄积量为11.02亿立方米，碳汇量为14.92亿吨。第九次清查活力木总蓄积量已经增长到16.63亿立方米，森林蓄积量增长到15.27亿立方米，碳汇量增长到19.26亿吨。总体上来看，内蒙古森林蓄积量、活立木蓄积量、碳汇量都在稳定增长。根据第八、第九次清查显示，三者上升速度明显提升，内蒙古碳汇数量明显增多。这是在"绿水青山就是金山银山"这一重要理念影响下，内蒙古加大森林资源保护与建设带来的良好效果。

二、草地碳汇

草原生态系统是缓解全球气候变化的重要场所，是重要的碳汇资源。草地地上部分和地下部分总的碳储量约占全球陆地生态系统的1/3，仅次于森林生态系统。一般认为，草地对碳的吸收大于排放，草地生态系统近93%的碳储存在土壤中，具有更高的碳汇稳定性。

内蒙古天然草原面积13.2亿亩，占全国草原总面积的22%，占全区总面积的74%，是内蒙古生态系统的主体和牧民赖以生存的物质基础，也是我国重要的畜产品基地和重要的北疆生态屏障。

内蒙古草地生态系统类型多样化，不同学者关于内蒙古草地碳汇的测算存在较大差距。根据国际绿色经济协会2021年研究报告，内蒙古草地碳库总计为43.93亿吨，其中生物量碳库总量为2.82亿吨，包括地上生物量碳库 0.29 亿吨和地下生物量碳库 2.54 亿吨，土壤有机质碳库 41.11 亿吨。[①] 也有研究数据显示草原土壤总碳储量 45.7 亿吨，草原生物固碳总量 1.7 亿吨，是我国未来最大的碳汇基地。[②]

草原生态恢复是一个草原增汇的"碳汇过程"，而草原荒漠化则是草原减汇的"碳源过程"。草地资源的不合理开发利用，可使草原由"碳汇"转变为"碳源"。例如，严重退化中的草地，会由于植物的减少，改变土壤中微生物的代谢和土壤的养分，从而使草地生态系统中碳循环发生改变，进而可能失去碳汇的功能，甚至转变为碳源。同样，荒漠化治理和草原生态恢复可以使草原由"碳源"转变为"碳汇"。根据内蒙古自治区第六次荒漠化和沙化土地监测结果显示，全区 12 个盟市的 83 个旗县（市、区）分布有荒漠化土地，面积 88966 万亩，占自治区总面积的 50.14%；有 92 个旗县（市、区）分布有沙化土地，面积 59723 万亩，占自治区总面积的 33.66%。随着"三北防护林"等重点生态工程建设的推进，科尔沁、浑善达克两大沙地歼灭战的实施，库布齐、毛乌素、乌兰布和等沙漠治理取得更大的成效，全区的退化草地全面治理，草地资源面积不断上升，将释放更大的碳汇潜力。

三、湿地碳汇

湿地是全球最大的碳库之一，全球湿地面积为 5.3 ~ 57 × 10 公顷，碳储量为 154 ~ 550 皮克，约占陆地碳库的 1/3，相当于大气碳库和植被碳库的 1/2，大于农田、温带森林和热带雨林生态系统碳储量的总和，在全球碳循环中发挥着重要作用。

内蒙古有河流、湖泊、沼泽和人工湿地 4 大类 19 种类型的湿地，总面积 9015.90 万亩，占全区总面积的 5.08%，占全国湿地面积的 11.25%，位居全国第三。在内蒙古所有湿地类型中，沼泽湿地面积最大，为 309.81

---

① 内蒙古自治区发展草原森林碳汇经济研究 [R]. 北京：国际绿色经济协会，2021.
② 石磊，孙海莲，王慧敏，等. 内蒙古草原固碳现状评估与碳汇实现路径建议 [J]. 草原与草业，2023，35（4）：56 – 62.

万公顷；河流湿地次之，面积是60.75万公顷；湖泊湿地居第三位，面积为49.52万公顷；人工湿地面积最小，为4.43万公顷。在空间分布上，内蒙古湿地东西分布不平衡，松花江流域、西辽河流域、黄河流域、西北诸河流域四大主要流域差异显著，总体上东部地区多于西部地区，中部、南部地区多于北部地区。东部地区以森林沼泽、灌丛沼泽、草本沼泽及永久性淡水湖泊湿地为主，中部以灌丛沼泽、草本沼泽及人工湿地为主，西部以季节性、间歇性河流，湖泊湿地和内陆盐沼及季节性咸水沼泽为主。

目前内蒙古没有全区及典型地区湿地碳汇的全面测算数据，根据《中国湿地研究报告》（2022年），我国草本沼泽植被地上总固碳量约为2220万吨，沼泽湿地土壤有机碳总储量为99亿吨，其中东北湿地区、青藏高原湿地区和西北干旱半干旱湿地区土壤有机碳储量分别为33亿吨、53亿吨和13亿吨。根据内蒙古湿地面积在全国湿地面积中的占比估算，内蒙古总固碳量应在15亿吨以上。随着我国对湿地保护和修复的重视，以及退耕还湿、退渔还湿、湿地补水等保护修复工程的实施，湿地碳汇功能和潜力将进一步提升。

四、农田碳汇

农田生态系统碳库是陆地生态系统碳库的重要组成部分，而且是其中最活跃的部分。农业土壤碳储量占全球碳储存总量的8%~10%。在人类耕种、施肥、灌溉等管理活动影响下，农业土壤中碳库的质和量迅速变化。农田生态系统碳循环过程可分为对碳的吸收和排放两个部分，农田的碳吸收部分主要通过不同种类的作物经济系数和碳吸收率来估算作物在生育期内对碳的吸收；而农田的碳排放主要包括农用机械设备使用及操作、灌溉过程中带来的碳排放以及水稻种植中的碳排放。农田的净碳汇，即农田生态系统碳吸收和碳排放的差值，有学者认为当前农田是一个弱碳汇系统。

国家统一部署开展的自然资源基础调查——第三次全国国土调查数据

显示，内蒙古耕地面积17255.43万亩，其中，水田237.93万亩，占1.38%；水浇地8274.28万亩，占47.95%；旱地8743.22万亩，占50.67%。耕地主要分布在西辽河平原、松嫩平原嫩江右岸、河套平原和土默川平原。通辽市、呼伦贝尔市、赤峰市和兴安盟东4盟市耕地面积较大，占全区耕地的66%。园地70.82万亩，其中，果园64.89万亩，占91.62%；其他园地5.93万亩，占8.38%。园地主要分布在赤峰市、呼和浩特市、通辽市和兴安盟，占全区园地的64%。由于全区农田碳储量的数据较为缺乏，目前没有较为准确的农田碳汇数据。根据李长青等（2012）测算数据，内蒙古农田碳吸收2399.99万吨/年，碳排放311.52万吨/年，净碳汇为2088.47万吨/年。

▶ 第二节　内蒙古碳汇经济空间布局优化

　　碳汇经济的实质就是利用碳汇产生经济价值，从而发展脱碳化绿色经济，促进经济建设和碳排放的循序脱离。碳汇经济的发展具有政策驱动、知识密集、资本密集、区域差异等特点。内蒙古东、中、西部在产业经济结构、生态资源等方面差异化较大，各有特点，统筹自治区东、中、西部协调发展，是内蒙古碳汇经济空间布局的重要参照。依据内蒙古林草湿等主要生态系统的碳汇量与分布情况，与国土空间主体功能区划相协调，辨识出重要碳汇功能区，提出优化内蒙古碳汇经济空间布局的思路，建立各具特色的碳汇功能区、碳汇经济服务中心区与各类示范区，在构建推动高质量发展的国土空间开发保护新格局的同时，提高内蒙古全域的碳汇能力。

一、内蒙古碳汇功能分区

　　为表征内蒙古碳汇资源的空间分布特征，体现内蒙古东、中、西部森林草地的特点，为碳汇资源的识别、管理、交易提供直观的依据，按照发生统一性、相对一致性和空间共轭性的原则，将内蒙古碳汇资源划分为东部林业强碳汇功能区、中部草地中碳汇功能区、南部农业减排功能区和西部荒漠弱碳汇功能区四个碳汇功能区。

（一）东部林业强碳汇功能区

内蒙古东部主要包括呼伦贝尔市、兴安盟等地区，分布着寒温型明亮针叶林带、中温型夏绿阔叶林带，可种植以兴安落叶松、樟子松林、红皮云杉林为主的大型乔木，并伴生偃松、高山松、岳桦等矮林和灌丛，具有强碳汇功能。

功能定位：内蒙古碳汇密度最高的区域，林地面积大、人工生态林规模大、统计计量工作基础好，面向国际、国内两个市场，创造开展大型林业碳交易项目的条件，成为内蒙古碳中和的主力军。

（二）中部草地中碳汇功能区

内蒙古中部草地以锡林郭勒草原为主体，分布着中温型草原带、暖温型草原带，以线叶菊、贝加尔针茅、羊草、大针茅、沙生篙类为主，通过大规模草地恢复，可使过牧造成的草地退化的土壤碳库得到恢复，具有一定的碳汇潜力。

功能定位：（1）我国未来最大的草地碳汇基地，开展草地碳交易试验示范项目；（2）创建退化草地恢复碳汇经济示范区，通过退化草地修复增加草地碳汇、天然打草场培育增汇减排、放牧场合理利用增汇减排等技术和管理措施达到草地增汇减排目的，进而增加草地生态系统碳储量。

（三）南部农业减排功能区

农田生态系统既是碳源，又是碳汇，具备较强的减排固碳潜力。内蒙古南部农田生态系统主要分布在大兴安岭—阴山—贺兰山一线"生态脊梁"以南，种植玉米、小麦、马铃薯等作物。通过优化农牧业区域布局和生产结构，加强高标准农田建设和黑土地保护，推进种植业结构调整，推广富碳农业，加强畜禽粪污资源化利用等措施，达到碳减排和固碳的目的，协同推进乡村振兴和"双碳"目标。

功能定位：（1）农业碳减排示范区，内蒙古农业发展较好的区域，通过积极开展"两减"、绿色发展、循环农业等措施，力争降低农业碳排放；（2）开展农田碳汇开发交易项目，以农田碳汇推动生态产品价值转化。

（四）西部荒漠弱碳汇功能区

内蒙古西部以暖温型荒漠带为主，由于风蚀和风积作用强烈、戈壁荒漠和砂质荒漠发达。土壤荒漠多以盐土荒漠形式出现。通过生态建设，人工建造梭梭等灌木，可以实现碳汇功能。

功能定位：推广生态治沙增汇和光伏治沙减排的"双向碳中和"模式。内蒙古西部荒漠区域单位面积碳密度低，通过发展新能源、绿色产业减排和生态植树造林增汇，既可带动"三北"地区防护林建设，打造北方生态安全屏障，又可为我国"双碳"目标的达成作出积极贡献。

二、碳汇经济空间布局

（一）碳汇经济中心

构建以呼和浩特市为主的内蒙古碳汇经济中心。根据碳汇经济的特点，呼和浩特市具有落实国家政策、制定区域政策的地位优势。

地位优势：具有生态环境、林草、农业、金融、市场等省级主管部门；具有研究院所、大学等知识储备；具有大型金融机构、国有企业、大型私营企业等资本聚集。因此，呼和浩特市将成为内蒙古碳汇经济的聚集中心。

（二）碳汇经济区域中心

由于碳汇经济具有区域特色，巴彦淖尔市、牙克石市、呼伦贝尔市、锡林浩特市、赤峰市、阿拉善左旗具有发展成碳汇区域中心的潜力。其中，巴彦淖尔市、赤峰市农业经济发达，具有发展农区碳汇经济中心的潜力条件；牙克石市是森工集团驻地，具有发展林区碳汇经济中心的潜力条件；呼伦贝尔市、锡林郭勒盟具有发展草地碳汇经济中心的潜力条件；

阿拉善左旗具有发展荒漠碳汇经济中心的潜力条件。

（三）碳汇经济示范区

依据碳汇功能分区及其功能定位，在具有较好碳汇工作基础的地区，结合碳汇资源类型与碳汇经济的空间布局，建设各类碳汇经济示范区，为内蒙古碳汇经济发展探索多样化的路径。

1. 荒漠碳汇经济示范区：阿拉善左旗

阿拉善左旗在"十三五"期间大力发展沙产业，种植了百万亩梭梭灌木林，碳汇潜力得到了很大的提升，可作为开展荒漠碳汇经济示范的地区，以荒漠人工生态建设为主体，特别是将碳汇经济与沙产业深度融合，形成碳汇沙产业新的增长点。

2. 退化草地恢复碳汇经济示范区：四子王旗

四子王旗作为科学技术部"十三五"国家重点研发计划草地碳交易相关示范项目，完成了部分草地碳交易前期的数据采集与核算工作，具有良好的工作基础。通过引进社会资本投资，聘请中国科学技术大学专家团队，结合卫星遥感、5G、大数据等高新技术，对草原修复碳汇建设成果进行全面评估，总结经验，推广退化草地恢复碳汇经济模式。

3. 典型草原碳汇经济示范区：锡林浩特市

锡林浩特市作为锡林郭勒草原的中心城市，长期承担着草原固碳的科学研究和技术示范，是内蒙古典型草原的代表。可开展草地可持续经营管理碳汇交易的试点示范。

4. 森林经营管理碳汇经济示范区：牙克石市

牙克石市在"十三五"期间开展林业 VCS 碳交易示范项目，林业碳汇资源丰富，具有良好工作基础。可开展森林经营管理碳汇经济示范，充分发挥林地面积大、碳汇潜力大的优势，在新启动的国家统一碳市场开展林业碳汇交易示范。

5. 农业低碳经济示范区：宁城县

作为典型的农业主产区，农业生产技术和水平较高，适宜开发以低碳农业为主导的碳交易示范。探索典型农业区发展低碳经济的路径，引入农业科研机构，开展农业减排、碳汇潜力挖掘，开发新核算方法学，实现农业低碳经济的突破。

6. 家庭牧场碳汇经济示范区：苏尼特右旗

加强家庭牧场畜牧业基础设施建设，通过建设高标准草原畜牧业家庭牧场，探索家庭牧场减排增汇。

7. 生态企业碳中和示范基地

发展大型生态建设企业碳中和示范基地，严格划定示范项目的边界，探索生态工程与"碳中和""碳交易"的深度融合。设置企业碳中和示范基地的推进办法，明确考评规则，建设和发展一批企业碳中和示范基地。

（1）蒙草集团和林格尔项目。开展通过退化草地修复增加草地碳汇、天然打草场培育增汇减排、放牧场合理利用增汇减排等技术和管理措施达到草地增汇减排目的，进而增加草地生态系统碳储量的示范。

（2）蒙树盛乐国际生态示范区。开展干旱半干旱区关键生态系统修复方案，践行"生态修复与经济发展"互相助力、良性循环的生态工程与碳汇经济模式。

（3）毛乌素生物质热电与生态产业公司（乌审旗）。位于毛乌素沙地腹地的内蒙古毛乌素生物质热电公司第一个实践了将沙漠生态治理和生物质发电及碳捕集利用融为一体的循环发展模式。治理沙漠 36 万亩、种植抚育沙生灌木 100 余万亩，同时利用沙生植物沙柳平茬等生物质材料做生物质热电，每年发电 1.7 亿度左右，每年捕集生物质热电厂 10 万吨二氧化碳生产 1 万吨螺旋藻。支持开展沙漠地区"碳中和"循环经济产业示范模式。

第八章

08

国土空间规划与监测评估

"双碳"目标下国土空间规划响应路径

2021年10月24日，中共中央、国务院印发《关于完整准确全面贯彻新发展理念做好碳达峰碳中和工作的意见》，明确提出构建有利于碳达峰、碳中和的国土空间开发保护新格局，在城乡规划建设管理各环节全面落实绿色低碳要求。基于空间规划要素与碳源/碳汇的关联性，以空间结构优化和空间治理为核心，从研究用地与碳排放量间的关系、"双碳"变革下空间内部技术响应路径、引导城市交通规范与绿色高效运作、支撑城市群国土空间低碳运行、实施全周期系统监管、加强智慧化精细化管理等方面，实现"双碳"目标下的国土空间规划响应。

一、定量明确用地空间与碳排放量之间的关系

（一）建立碳排放核算方法

搭建与空间挂钩的碳排放核算方法，通过核算方式计算现有土地利用方式下分别的空间碳排放水平，为分析建设用地的碳排放强度、碳排放空间分布差异、碳排放减排潜力等提供研究基础。

（二）明确碳排放影响因素

在计算得出碳排放量基础上，通过分析影响碳排放的因素，明确碳排放不同因素的作用。影响因素包含人口、经济、技术、建设用地等方面，其中人口影响因素常选取人口规模、人口城镇化率、人口增长率等分析其与碳排放量之间的关系；经济影响因素常选取 GDP 总量、地均或人均 GDP、二三产比重、全社会固定资产投资、社会消费品零售总额、居民富裕程度等指标进行分析；技术影响因素常选取万元 GDP 能耗、煤类能源占比、能源强度等指标进行分析；建设用地影响因素常从用地规模、功能类型、形态结构等方面进行分析。建设用地规模是城市碳排放量的重要影响因素，而工业、居住、交通、公共服务等不同土地利用功能的碳排放水平存在差异，通过引入城市空间形状指数、紧凑度、空间度量指标体系等指标可以探索城市空间形态对城市碳排放的影响。在明确碳排放影响因素的基础上，对碳排放影响大的因素进行重点治理，将其作为减排的潜力对象，优先考虑排放量较低的因素，将其作为减排的先行因素。

（三）构建预测模型

基于影响因素与排放量之间的关系构建预测模型，以此实现对国土空间规划方案碳排放水平的定量预测分析，并给出相应的方案调整建议与政策应对建议。

二、"双碳"变革下空间内部技术响应路径

"双碳"目标的本质在于推动能源领域的深刻变革，通过引入新能源技术，降低对化石能源的依赖。

第一，提升能源供给阶段新技术的利用水平。光伏发电是一种清洁、可再生的能源，将其引入电力系统中，可以有效改变火力发电主导的电力格局。通过在建筑物上安装光伏发电设备，实现光伏产能的自给自足，不仅可以减少能源在传输过程中的损失，还能提高能源利用效率。结合风

能、核能、水能等多种能源形式，构建互补的能源利用体系，将进一步提升绿色能源供给的灵活性、安全性和可持续性。

第二，构建以技术为支撑、跨区域互联的能源共享体系。特高压输电技术作为国家新型基础设施建设的重点之一，具有举足轻重的地位。我国北部、西北及西南地区拥有丰富的太阳能、风能等清洁能源资源，而东部沿海地区则具备发展海上风电和核电的潜力。然而，我国主要的能源消耗地集中在中部、东南部的城乡集中建设区域，这导致了产能空间与用能空间的不匹配。因此，推动特高压输电技术的发展，利用跨区域电网实现清洁能源的互补利用，是缓解这一矛盾的有效途径。

第三，更新终端用能技术，以适应新型建筑配电系统的需求也至关重要。柔性直流输电技术作为构建智能电网的关键装备，能够根据电网调节输出的直流电压变化情况，大范围调节建筑的用电功率。这种技术对于应对可再生能源发电的不可调控性以及在用电需求侧响应方面具有重要意义。因此，建筑配备"光储直柔"新型配电系统将成为城乡建设的重要任务，为实现"双碳"目标提供有力支撑。

三、引导城市交通规范与绿色高效运作

交通领域碳排放是碳排放的主要来源之一。在"双碳"目标下，交通领域专项规划可着重关注以下三点。

第一，优化城市群交通枢纽统筹布局，推动城市群枢纽均衡化发展。统筹城市群内区域性重大交通枢纽与其他各级交通枢纽、交通廊道的布局，降低区域枢纽极化状态，推动城市群区域枢纽均衡化发展，形成枢纽与重点区域相互结合的交通枢纽网络体系，改变城市群交通碳源空间局部集聚的特点，推动城市群内不同区域交通碳源、碳汇合理分配。

第二，合理统筹交通与用地关系，改善协调不同交通需求。规划研究城市群不同空间圈层内客货运需求与交通用地布局的关系特征，通过城镇布局调整、产业空间优化等途径，优化统筹城市群内交通出行与用地关系，协调疏运、职住通勤等交通需求，系统性降低城市群碳排放总量。

第三，优化交通运输结构，提高公共交通出行比例。规划完善公共交通网络（如公交线网、轨道交通网等）布局及联通，提升公共交通服务水平，实施公交优先及新能源、清洁能源交通工具发展战略，从碳源前端降低碳排放总量。此外，采取推广智慧交通技术、提升交通运营水平等实施管理手段，也将进一步有效降低城市群碳排放水平。

四、支撑城市群国土空间低碳运行

首先，城市群应结合地区特点制定相应的"双碳"目标，结合碳排放测算，将其融入总体规划中，分别在能源、生态、空间格局等进行规划，制定总体的"双碳"实现路径与实现方式。

其次，以用地规模管控为导向，优化城市群碳汇、碳源用地布局及结构。结合"三区三线"划定与"三线一单"生态环境分区管控工作，贯彻落实城市群各级各类空间规划管控要求，控制以碳排放为主的城镇建设用地规模，锚固以碳汇为主的生态保护红线界线；基于碳汇与碳源的空间布局关系，统筹调整城市群碳汇、碳源用地空间分布及结构，提升碳汇生态效益，增强碳减排效果。

最后，产业规划立足于"双碳"目标的实现，推动产业低碳化、高级化，将大数据建设、人口智能等与绿色低碳相关的产业作为未来的城市发展重点；对高碳产业要以政策促转型，留足时间，避免"一刀切"的政策，推动不同产业之间的碳源与碳汇融合，推动碳交易实现，给高碳产业发展转型留下空间。

五、实施全周期系统监管，加强智慧化精细化管理

首先，依托碳排放、"双碳"智慧监督管理平台，建立"双碳"目标评价体系。2021年6月，自然资源部发布实施《国土空间规划城市体检评估规程》，要求重点围绕生态保护、绿色低碳生产、绿色低碳生活等方面评估国土空间规划在"绿色发展"理念指导下的实施进展情况。为强化过

程管理、提高治理效能，应将"双碳"目标任务等纳入城市体检评估体系当中，对相关规划指标的落实情况及规划实施的空间绩效进行定期评估，精准把脉、靶向诊疗，扎实推进"双碳"目标落地生效。

其次，加强规划实施监督与考核。对规划中的边界性红线、强约束性指标进行监督检查，确保相关指标落实到位；加强动态监测评估预警，及时发现国土空间资源过度开发、重要生态空间占用或突破规划控制要求的行为，提升国土空间规划治理水平。

▶第二节　"双碳"目标下国土空间规划治理机制

"双碳"目标下国土空间规划治理的整体性机制以实现"双碳"治理目标为出发点，通过构建治理机制实现各要素间的耦合连接和运转协调，从而全面提升国土空间治理体系和治理能力现代化水平。因此，需要针对不同主体，立足于经济、人口、生态协调等方面，完善政策支持，创新治理机制。

一、基于碳发展权理念，加强发展规划与空间规划协调机制建设

基于碳发展权的空间治理，要求统筹自然生态保护、产业经济和人口社会发展，兼顾经济与生态建设，实现生产、生活、生态空间融合发展。体现在顶层设计上，要求社会经济发展规划、国土空间规划以及产业项目、基础设施等专项规划在制订过程中充分联动、规划成果紧密衔接。加强发展规划与空间规划的衔接，一方面，发展规划应从碳发展权视角明确重大战略任务、重大工程项目的空间布局及优化需求，而国土空间规划要为发展规划提供空间支撑的供给和指引，形成规划合力。另一方面，在规划制订过程中，应重视社会治理、经济发展等非空间规划与空间要素的互动关系，充分考虑到不同地区的具体条件禀赋差异，充分论证经济、社会

和政治因素对空间资源开发与利用的决定作用，将规划的重点从关注土地转向调节碳资源分布和碳资产利益上。

新时期的国土空间规划进一步强化了城市空间边界，但进一步模糊了乡村空间的范围。基于碳发展理念下的乡村治理机制建立过程中应更加强化底线与实践思维，让永久基本农田保护红线划定更加合理有效。推动乡村善治与生态治理相结合的农村空间综合治理机制的实现，明确乡村生态空间用途管制策略，从体制和机制建设上加强乡村生态空间的保护，防止有限生态空间被侵占和污损，进而满足乡村生态空间统筹管控和生态修复的需求。

二、基于碳共同体共识，健全多元主体协同治理机制

基于碳共同体的空间治理契合山水林田湖草沙冰生命共同体理念，要求突破"以府际竞争为核心特征的区域治理体系"。首先，寻求城市之间自然空间治理领域的共同利益，推动府际关系向协同治理转型。构建基于碳共同体共识的城市群协同治理机制，要求以城市群发展规划和空间规划为引领，通过包容、灵活的制度设计，建立区域多元利益主体共识机制、协调机制、成本分担和利益共享机制、社会参与机制等，克服原有体制机制的惯性，重构城市群内部城际关系。其次，打破不同生态主体的界限，立足于水、草、湿、沙等生态系统相互结合、相互补充的生态一体化机制，健全不同主体之间的治理、协调、开发路径，重塑不同生态主体之间的协同治理机制。

三、基于碳市场公平性，探索建立不同主体之间"双币"交易机制

在国土空间治理领域，碳交易制度是最有基础成为协调国土空间保护与开发利用行为、维持各地区国土资源利用公平与效益关系的市场机制。2021年4月，中共中央、国务院印发了《关于建立健全生态产品价值实现

机制的意见》，提出"健全碳排放权交易机制，探索碳汇权益交易试点"等。随着自然资源资产产权制度、自然资源管理制度的成熟，应逐步赋予森林、草原、耕地、海洋、湿地、山地等多类型国土空间资产价值，持续推进森林碳汇、草原碳汇、耕地碳汇、海洋碳汇和湿地碳汇定价，推动碳市场交易机制建立完善。按照《要素市场化配置综合改革试点总体方案》，探索建立货币—碳币"双币"体系创新试点，激励多主体参与，活跃碳交易市场：一方面，碳配额、减排量、碳汇计量与结算仍采用货币形式，激励地方政府、企业与个人通过减排增汇参与碳市场交易；另一方面，建立基于碳信用的数字化碳币制度，为生态文明行为赋予量化标准和交易价值。通过为货币与碳币在价值交换、商品交易方面建立同等的价值，激励社会各界积极参与到生态文明建设中，减轻政府财政与治理压力，扩大低碳发展成效。

▶ 第三节　建立空间布局优化保障机制

在新时代背景下，为推动空间结构的优化调整与实现经济的高质量发展，必须严格遵循国家主体功能区划的指引。在协调好人与自然关系的前提下，应致力于改善区域发展不平衡、不充分的局面，加速构建新的区域增长极与增长带。借助先发地区的示范和带动作用，促进各地区实现均衡、协同发展，强化不同区域间的优势互补和资源共享。为实现空间结构的调整，需要全面深化改革，构建与之相匹配的体制与机制。完善相关配套措施，提升区域经济增长的效能，缩小区域间的发展差距，并推动区域的可持续发展。最终将形成高效、包容且可持续的区域经济格局，为国家的整体繁荣与稳定作出积极贡献。

一、确立空间治理新模式

以往在进行空间治理及优化生产力布局的过程中，主要聚焦于人口和产业这两个方面。然而，无论是人口布局还是产业布局，都是服务于空间治理的。鉴于此，内蒙古未来的空间治理应当回归到空间功能这一核心上来，构建一种以主体功能区为基础的新型治理模式，并确保这一模式能够深入每一个旗县区。德国的空间治理经验为我们提供了宝贵的参考。德国采用了"网格化"的国土空间治理模式，为每个国土网格明确了主体功能，并实施了相应的治理措施。

在确立了新的空间治理模式后，内蒙古在宏观层面也需要对各地的发展目标进行相应调整。鉴于国土空间结构的优化及各盟市、旗县在资源禀赋上存在的差异，我们应将发展目标从过去的"总量竞争"转变为更加关注人均 GDP 和基本公共服务均等化等方面。当然，国土空间结构的调整是一项长期任务，需要遵循经济、自然和社会规律，逐步、有序地推进。

在新的空间治理模式下，正确处理政府与市场之间的关系至关重要。政府应更多地负责明确和细化空间主体功能，制定空间治理的负面清单。在符合主体功能要求的前提下，市场的选择将发挥更大作用，决定该区域应发展何种产业。

二、优化行政区划管理

从长远来说，随着人口流动趋势、区域经济发展外溢、行政管理体制的优化，推动行政区划的调整，促进行政资源和要素资源配置的有效结合，带动经济布局持续调整是必然要求。

（一）推动和林格尔县撤县设区

从第六次和第七次人口普查的情况来看，呼和浩特人口呈现出明显的人口集聚和吸纳趋势，这一趋势在呼和浩特留人、留才政策的加持下，以现有呼和浩特中心城区的承载空间难以满足未来人口流入需求，需要进一步把呼和浩特中心城区的框架拉开。考虑到向北、向东拓展空间不足，向西拓展成本较高，南向和林格尔新区产城融合呈良好发展态势，基础设施建设也较为完备，具有打造中心城区的初步功能。对此建议，推动和林格尔县撤县设区，将和林格尔县政府搬迁至和林格尔新区，撤销和林新区管委会，理顺管理体制。

（二）拓展部分中心城区发展空间，提高中心城区承载空间

赤峰、通辽作为蒙东"双子星"，目前中心城区能级提升仍有需求和潜力。在赤峰中心城区方面，喀喇沁旗发展早已融入中心城区发展进程，要推动喀喇沁旗撤旗设区，将喀喇沁旗纳入中心城区。在通辽中心城区方面，目前通辽中心城区仅有一个科尔沁区，中心城区（科尔沁区）面积占通辽全市面积还不到6%，远低于内蒙古其他各盟市，下一步应进一步推动中心城区的划定和设置。呼伦贝尔中心城区海拉尔区已表现出发展空间不足的情况，鄂温克旗与海拉尔区空间相连，且已承载了中心城区产业建设，因此，建议推动海拉尔区与鄂温克旗一体化发展。兴安盟2022年常住人口城镇化率仅为54.06%，远低于全区平均水平，城镇化发展仍有空间和潜力。在此过程中，需要城镇化核心承载区，即以中心城区作为依托。兴安盟目前中心城区仅有乌兰浩特市，从未来发展空间来说难以满足城镇化的需求，需要与科右前旗一体化推动中心城区建设，打造大乌兰浩特中心城区。

（三）推动大尺度行政区划调整，实现行政资源、要素资源的有效配置

经过深入调查与分析，本书认为推动阿拉善盟与乌海市的合并是符合当前发展需求的可行之举。乌海市当前在产业发展上面临土地资源紧张与能源供给压力，而阿拉善盟与乌海市的产业空间紧密相连，产业结构相似，这为两地的一体化发展奠定了坚实的基础。根据国务院印发的《关于推动内蒙古高质量发展奋力书写中国式现代化新篇章的意见》中的相关要求，支持乌海市、鄂尔多斯蒙西、棋盘井工业园区以及阿拉善乌斯太工业园区整合资源、优化管理体制。为实现管理体制的高效与顺畅，推动乌海市与阿拉善盟合并，并将阿拉善行政公署迁移至乌海市，通过行政区划的

调整，真正推动乌海市及周边地区的一体化发展。鉴于边境管理的特殊性与阿拉善盟国土空间管辖范围的广泛性，建议将额济纳旗设为特别旗县或计划单列，以加强其管理效能。

考虑到内蒙古正在全面优化开放布局，特别是推动乌兰察布—二连浩特国家物流枢纽园区和口岸腹地的一体化发展，建议重新将二连浩特划归乌兰察布行政管辖。此举旨在避免跨行政区合作可能带来的"各自为政"问题，与国务院印发的《关于推动内蒙古高质量发展奋力书写中国式现代化新篇章的意见》中提出的推进乌兰察布与二连浩特等地区创新管理模式的指导思想相契合。从历史角度来看，二连浩特曾隶属于乌兰察布市，此次调整可视为对历史沿革的合理回归与深化发展。

（四）推动人口规模较小旗县行政机构或行政区划的调整

在我国行政管理体系持续优化的大背景下，针对人口规模较小的旗县，其行政机构及行政区划的合理性调整已成必然趋势。这不仅有助于行政资源的优化配置，提高行政效能，更能有效回应当地民众需求，进而推动地方经济社会的稳健发展。

以山西省为例，该省在人口较少县份的机构改革方面已取得显著成效，通过精简机构、优化职能配置，有效提升了政府服务水平和治理效能。因此，建议内蒙古借鉴山西省的改革经验，尽快开展人口规模较小旗县行政机构或行政区划的调整试点工作，以点带面，逐步推广。通过合并，可以进一步整合资源，精简行政机构，避免职能重叠，优化人员配置，提高行政效率和服务水平，为地方经济社会的稳健发展奠定坚实基础。

三、健全要素流动机制

空间结构的调整过程实质上是对各类要素不断进行有序、科学配置的过程，生产要素的流动状态在一定程度上决定了空间结构调整的成败。推动内蒙古空间结构的调整，要着力破除行政区划壁垒，打破阻碍生产要素流动的限制，实现资本、技术、劳动力、信息等要素资源的自由流动和优化配置。

一是保障要素自由流动。推动城市群和区域中心城市市场建设，不断扩大市场规模。持续完善市场准入负面清单制度，充分发挥市场机制的作用，坚持竞争中性原则，加快清理、废除妨碍统一市场和公平竞争的各种规定和做法，特别是清除各种隐性的市场壁垒。

二是持续推进人口转移。以呼包鄂、赤峰、通辽以及各盟市中心城区为重点，继续深化户籍制度改革，参考青岛、西安等城市的做法，全面取消落户限制，保障未落户城镇的常住人口享有同样的基本公共服务，推进农牧民转移人口、毕业生、盟市间转移就业人员落户。

三是加强区域市场一体化建设。围绕呼包鄂城市群、赤峰、通辽区域中心城市建设，建立健全生产要素价格的市场化形成机制，推进区域统一市场建设。

四是建立健全区域协调机制。继续深化呼包鄂协同发展。同时，围绕大尺度行政区划的调整做前期的工作和准备，推动乌兰察布与二连浩特、阿拉善盟与乌海在基础设施、产业协作、通道建设、生态保护等方面协调联动，为行政一体化创造良好基础。

四、加强政策配套适应性

围绕推动空间结构调整和要素流动，需要重点调整和完善五个方面的政策。

一是完善人口政策。制定人口退出的鼓励政策，推动部分重点生态功能区扩大"无人区"等，推动重点生态功能区退出人口依然享受原有各类补贴。

二是完善财政政策。继续完善重点生态功能区和农产品主产区的转移支付办法，逐步加大转移支付力度，实现基本公共服务均等化。真正落实农牧业转移人口市民化奖励资金，提高城市吸纳转移人口的积极性。

三是完善土地政策。坚持"土地随人口流动、土地利用低效地区向高效地区流动",推动建设用地供给更多地向重点发展地区倾斜,加快土地市场流转和盘活存量土地,将土地资源从低效企业(或园区)转向高效企业(或园区),推进农村集体建设用地入市。推动草场资源碎片化整合,推动畜牧业规模化经营和集中化保护。

四是完善产业政策。对于产业准入,要按照不同主体功能区的功能定位和发展方向,实行和细化产业准入负面清单。由于阴山以北地区生态环境的两面性更为突出,产业基础又相对薄弱,建立阴山以北地区工业园区和重工业逐步退出机制,坚持优化存量、控制增量的原则,将存量产业交还给市场,让存量产业随时间推移和市场需求变化优化发展;同时,在全面招商的背景下,阴山以北地区仍有招商引资任务,建议推动新增产业向各盟市主要产业园区集中集聚,相应地,要探索盟市"飞地"或跨盟市"产地",建立建设用地指标随产业走、税收分成制度。

五是调整考核政策。可以按照"指标一样、权重不同"的原则,建立共同但是有区别的高质量发展考核指标体系,使生活在不同地区的人们享有大致相同的生活水平和公共服务。分类对不同地区进行考核,对于承担重要生态功能的地区,弱化或取消经济指标考核,主要考核生态环境质量、保护和建设情况等;对主要承担农牧业生产的地区,主要考核农畜产品保障能力、农畜产品质量以及生态环境保护等;对承担城镇化工业化发展重任的地区,主要考核经济发展质量、人口吸纳、产业结构、基本公共服务、生态环境保护等。同时,需要真正探索一套具体可行的激励问责举措,将差异化绩效考核结果作为领导干部综合考核评价、选拔任用和奖惩的重要依据。

五、科学配置基础设施

基础设施空间结构是国土空间结构的重要组成部分。从生产布局形成、演变过程和国土空间调整的实践看,基础设施的配置对国土空间结构调整发挥着重要的引导、推进和支撑作用。内蒙古国土空间的特点决定了我们在配置基础设施的过程中不能简单地与其他地区比数量和密度，而要围绕空间结构调整对基础设施进行科学布局、合理规划，使基础设施既能起到保障作用，又能产生经济社会的正向效应。

一是推动基础设施向资源、要素集中集聚地区优先配置。按照适度超前原则加强枢纽型、通道型城市基础设施建设，提升基础设施的吸附、辐射和服务能力。同时，推进传统基建与新基建齐头并进，加强5G、人工智能和工业互联网等新型基础设施建设，补齐基础设施短板，进一步完善基础设施体系。

二是适当布局无人区或经济密度较低地区的基础设施。要综合考虑无人区或经济密度较低地区的基础设施需求、建设成本等因素，既要满足其对基础设施的基本需求，又要避免出现基础设施闲置的现象。

六、争取中央差别化政策的支持

空间结构的调整不仅要服务于内蒙古经济高质量发展，更要服务于建设我国北方重要生态安全屏障的战略定位。因此，在推动空间结构调整的过程中，要积极争取中央差别化政策的支持。

一是争取国家加大对重点生态功能区的转移支付力度，或在激励性转移支付机制上对重点生态功能区给予倾斜，将上划中央税收收入增量部分返还。

二是推动国家将内蒙古更多旗县纳入国家重点生态功能区县域。

三是实施国家生态功能区绿色发展奖补政策，争取继续开展并增加草原生态奖补的政策，支持内蒙古实施新一轮退耕还林还草工程，提高退耕还林还草补偿标准等。

四是争取国家对内蒙古探索生态产品价值实现机制的政策支持，在国家支持内蒙古建设国家生态文明试验区的同时，将内蒙古作为生态产品价值实现机制省级试点。

▶ 第四节 依托国土空间规划"一张图"实施碳排放
监测评估

国土空间规划"一张图"既是国家空间发展和空间治理的一张蓝图，也是支撑和引领"双碳"目标落实的一张底图。依托国土空间基础信息平台与国土空间规划"一张图"的建设，在"双碳"目标的牵引下，可通过打造基于国土空间规划"一张图"的"碳"可视、"碳"模拟、"碳"管控和"碳"评估4大综合场景应用，支撑"双碳"目标在规划全周期管理中的贯彻落实。

一、实现"一张图"上"碳"可视

可视化是碳排放监控的先决条件。一方面，通过采用先进的可视化技术，将城乡建设、人类活动相关的碳排放空间以及"山水林田湖草沙海"等自然资源和生态环境系统的碳汇空间在"一张图"上进行直观展示。这张图将综合土地利用、设施点分布、道路交通、人口分布等多源数据，全面反映各区域的碳排放情况及其变化趋势，为规划管理者提供科学依据，指导减排策略的制定和实施。

另一方面，基于《IPCC国家温室气体清单指南》和《省级温室气体清单编制指南》等权威核算规则，对工业、建筑、交通等碳排放部门相关用地以及耕地、林地、湿地、草地等碳汇空间用地进行严格的碳排与碳汇核算。通过收集、处理和分析大量数据，确保核算结果的准确性和可靠性，为碳达峰碳中和目标的实现提供有力支撑。

基于空间统计结果，生成碳循环的详细报告，实现碳达峰碳中和目标在"一张图"上的精准定位和数据一致性。这有助于全面了解碳循环的全过程，及时发现和解决碳排放与碳汇之间的不平衡问题，为碳达峰碳中和目标的实现提供更加严谨、理性的科学决策依据。

二、实现"一张图"上"碳"模拟

实现国土空间规划中的低碳生态发展目标模拟，是确保详细规划方案科学性、合理性和可操作性的重要手段。在国土空间规划的"一张图"框架内，详细规划作为落实城市国土空间总体规划中低碳生态发展目标及相关指标与管控要求的具体手段，对于城乡开发建设的约束与引导起着至关重要的作用。为确保规划方案的科学性和合理性，需在详细规划的全周期管理过程中，即编制、实施、修改与评估阶段，充分融合相关学科的研究成果。

通过构建基于详细规划的碳排放模拟模型，并运用数字化技术，可以对不同规划方案进行碳排放的定量评估与模拟推演。这一推演过程不仅有助于预测和评估规划方案对碳排放的具体影响，还能够通过可视化手段，直观展现规划方案在不同碳排放视角下的科学性和合理性。这一过程不仅为规划管理提供了决策支持，同时也强化了碳达峰碳中和目标在规划编制及其动态调整过程中的贯彻落实，更好地指导和约束城乡开发建设活动，为实现低碳生态发展目标提供有力保障。

三、实现"一张图"上"碳"管理

国土空间规划对区域内的空间功能布局和用地结构起着决定性的作用。合理的用地结构能够塑造出符合产业发展逻辑的产业结构，从而有效地优化碳排放总量和强度。随着规划的实施和各类建设项目的推进，土地性质与结构的变化将引导与碳排放相关的人类活动发生结构性转变，进一步调整碳排放源与汇的空间分布格局，最终对区域内的碳排放强度产生深远影响。

利用国土空间规划"一张图"进行碳管理，其实质是通过现代信息技术手段对用地在规划过程中的结构、布局、规模及强度等属性进行精细化的空间和时间维度上的监控与管理。在这一过程中，依托一系列用途管制等管控规则，间接地推动与碳排放紧密相关的社会文明形态和物质空间实体的优化升级，最终实现区域内碳排放效应的精准调控与优化。

在规划实施阶段，通过对国土空间规划分区、用地用海分类、三条控制线、城市"四线"等关键管控要素的数字化和规则化处理，借助"一张图"提供的智能选址、合规审查、边界管控等基础功能，将"双碳"目标与相关的指标和管控要求融入数字化规则体系。这不仅能够严格控制并辅助筛选出符合低碳生态发展理念的项目选址或项目类型，还能够通过空间管控手段确保生态保护红线的严格守护，有效遏制生态空间的过度占用和不当用途变更，从而稳固并提升森林、草原、湿地、土壤等自然生态系统的固碳能力，最终实现"一张图"碳管理的全面落地。

四、实现"一张图"上"碳"评估

面向规划实施评估阶段，借鉴碳减单元的理论研究成果，通过基础信息平台接入各类传感器实时探测和各类专项调查数据，构建"碳"评估模型，实现对各单元规划确定的碳达峰碳中和目标成效的动态评估，针对碳减成效不理想的单元，提供影响因子的关联分析展示功能，辅助支撑该地区各类开发建设活动和社会经济活动的管控决策。

首先，明确碳减单元。碳减单元是指将某个地区或行业作为一个整体，通过科学规划和管理，实现碳排放的减少和碳中和的目标。碳减单元的理论研究成果有助于我们深入理解碳排放和碳中和，为构建"碳"评估模型提供了重要的理论支持。

其次，构建"碳"评估模型。接入各类传感器实时探测数据和各类专项调查数据，包括空气质量监测数据、能源消耗数据、交通流量数据等，通过对这些数据的收集和分析，了解各单元的碳排放情况，进而构建出"碳"评估模型。

再次，动态评估与实时监测。通过"碳"评估模型对各单元规划确定的碳达峰碳中和目标成效进行动态评估，既实时监测碳排放情况，也对碳减排措施的效果进行评估，为政府和企业提供决策支持。对于碳减成效不理想的单元，我们可以提供影响因子的关联分析展示功能。通过对影响因子的分析，我们可以找出影响碳减排的关键因素，进而提出针对性的措施，提高碳减排效果。

最后，这种"一张图"上的"碳"评估还可以辅助支撑该地区各类开发建设活动和社会经济活动的管控决策。通过实时监测和评估，政府和企业可以更加科学地进行规划和决策，实现经济发展和环境保护的双赢。

参 考 文 献

［1］鲍海君，张瑶瑶，吴绍华．低碳国土空间规划：机理、方法与路径［J］．中国土地科学，2022，36（6）：1-10.

［2］蔡佳，白永平，陈志杰，等．甘肃省全域旅游视角下旅游空间结构优化研究［J］．干旱区地理，2021，44（2）：544-551.

［3］陈建军，胡晨光．产业集聚的集聚效应——以长江三角洲次区域为例的理论和实证分析［J］．管理世界，2008（6）：68-83.

［4］陈秀山，张帆，董继红．迈向城乡一体化：问题、难点与未来取向［J］．天津行政学院学报，2012，14（2）：90-96.

［5］陈耀．我国国土空间布局优化的重大问题思考［J］．河北经贸大学学报，2021，42（2）：12-17，42.

［6］崔金丽，朱德宝．"双碳"目标下的国土空间规划施策：逻辑关系与实现路径［J］．规划师，2022，38（1）：5-1.

［7］丁文明．社会空间视角下同仁县乡村空间结构优化研究［D］．西安：长安大学，2020.

［8］方辉．长江中游地区三大城市群空间结构优化研究［D］．武汉：华中师范大学，2012.

［9］高尚民，董雅各．基于空间句法的南京江北新区空间结构优化研究［C］//面向高质量发展的空间治理——2021中国城市规划年会论文集（05城市规划新技术应用），2021：920-930.

［10］葛志专，巫细波．粤港澳大湾区建设背景下南沙空间结构优化对策建议［J］．经济论坛，2020（12）：95-104.

[11] 郭晶.低碳目标下城市产业结构调整与空间结构优化的协调——以杭州为例 [J].城市发展研究,2010,17(7):25-28,51.

[12] 郭文平.南城县县域国土空间结构优化研究 [J].西华师范大学学报(自然科学版),2022,43(4):452-459.

[13] 胡嫚莉,雍新琴,李鑫,等.城乡融合发展导向下农村居民点空间布局优化研究——以徐州市铜山区为例 [J/OL].地理与地理信息科学,2022(5):104-110.

[14] 李长青,苏美玲,杨新吉勒图.内蒙古碳汇资源估算与碳汇产业发展潜力分析 [J].干旱区资源与环境,2012,26(5):162-168.

[15] 李川.福建省域空间结构优化机制与实现 [J].规划师,2012,28(4):98-104.

[16] 李春慧,胡林,王晓宁,等.基于"双碳"目标的城乡规划策略 [J].规划师,2022,38(1):12-16.

[17] 李国平,杨开忠.外商对华直接投资的产业与空间转移特征及其机制研究 [J].地理科学,2000(2):102-109.

[18] 李快满.兰州经济区经济空间结构优化研究 [D].兰州:西北师范大学,2008.

[19] 李铭辉,窦富国,于壮,等.鹤壁市城镇体系空间结构优化 [J].江苏农业科学,2019,47(24):314-320.

[20] 李强,谭红日,李伯华,等.资源非优区县域旅游资源空间结构优化研究——以湖南省祁东县为例 [J].资源开发与市场,2021,37(4):472-477,491.

[21] 梁珂语.通辽市建设"三个一百万"人口布局加快推进新型城镇化发展 [J].北方经济,2020(12):65-69.

[22] 刘芳媛.煤炭资源城市转型期七台河城市空间结构优化研究 [D].哈尔滨:东北林业大学,2012.

[23] 刘某承,李文华,谢高地.基于净初级生产力的中国生态足迹产量因子测算 [J].生态学杂志,2010,29(3):592-597.

[24] 刘乃全.外部性、递增收益与区域经济发展 [J].外国经济与

管理，2000（10）：43－48.

[25] 禄树晖，王昱鑫. 乡村振兴背景下西藏旅游景区空间结构优化研究 [J]. 西藏民族大学学报（哲学社会科学版），2021，42（4）：85－91.

[26] 罗媞，刘耀林，孔雪松. 武汉市城乡建设用地时空演变及驱动机制研究——基于城乡统筹视角 [J]. 长江流域资源与环境，2014，23（4）：461－467.

[27] 彭荣胜. 经济复苏期的企业国内跨区扩张与区域协调发展 [J]. 经济问题探索，2010（4）：69－74.

[28] 秦波，邵然. 低碳城市与空间结构优化：理念、实证和实践 [J]. 国际城市规划，2011，26（3）：72－77.

[29] 覃盟琳，欧阳慧婷，刘雨婷，等. "双碳"目标下我国湾区城市群空间规划应对策略 [J]. 规划师，2022，38（1）：17－23，31.

[30] 任奕. 网络分析法下街区空间结构优化策略 [D]. 青岛：青岛理工大学，2021.

[31] 石晓冬，赵丹，曹祺文. "双碳"目标下国土空间规划响应路径 [J]. 科技导报，2022，40（6）：20－29.

[32] 孙嘉麟，杨新海，吕飞. "双碳"目标下乡镇国土空间存在问题与优化路径 [J]. 规划师，2022，38（1）：41－48.

[33] 孙彦伟，卢荣安，姜广辉. 区域土地持续利用规划的景观生态学思维 [J]. 生态经济，2005（3）：56－59.

[34] 陶彬彬，翁奕城. 基于社会网络分析法的深圳平山村公共空间结构优化 [J]. 住宅产业，2022（1）：34－37.

[35] 王伟，邹伟，张国彪，等. "双碳"目标下的城市群国土空间规划路径与治理机制 [J]. 环境保护，2022，50（Z1）：64－69.

[36] 王小曼. 济南市工业空间结构优化研究 [D]. 济南：山东师范大学，2010.

[37] 王智勇，胡纯广，张毅，等. 湖北省国土空间碳排放格局特征与优化对策 [J]. 规划师，2022，38（1）：24－31.

[38] 王紫君，伍世代. 山西省旅游业发展的时空演变规律及空间结构优

化研究 [J]. 山西师范大学学报（自然科学版），2021，35（1）：122－128.

[39] 吴传钧. 论地理学的研究核心——人地关系地域系统 [J]. 经济地理，1991（3）：1－6.

[40] 吴建楠，曹有挥，姚士谋，等. 基础设施与区域经济系统协调发展分析 [J]. 经济地理，2009，29（10）：1624－1628.

[41] 吴倩莲，李飞雪，张启舜，等. 基于网络分析的城市生态空间结构优化——以常州市为例 [J]. 应用生态学报，2022，33（7）：1983－1992.

[42] 谢晓波. 经济转型中的地方政府竞争与区域经济协调发展 [J]. 浙江社会科学，2004（2）：46－51.

[43] 熊薇. 面向低碳的城市空间结构优化评价研究——以南京市为例 [J]. 华中建筑，2020，38（6）：90－94.

[44] 许克强，黄燕玲，罗盛锋，等. 桂北地区红色旅游资源特征及其空间结构优化 [J]. 湖北文理学院学报，2021，42（5）：24－30.

[45] 薛领，赵威，刘丽娜. "双碳"目标下国土空间优化的挑战与应对 [J]. 区域经济评论，2024（1）：43－51.

[46] 薛明月. 基于高质量发展的中国东部沿海城市群空间结构演变与优化研究 [D]. 济南：山东师范大学，2021.

[47] 叶倩. 徐州市丰县湖西片区村镇空间结构优化研究 [D]. 徐州：中国矿业大学，2020.

[48] 尹成丽. 黄河中游城市旅游经济空间结构优化研究 [J]. 北方经贸，2022（4）：152－157.

[49] 张帆，潘琳，刘晓宇，等. 文化差异影响下拉萨旧城空间结构优化探寻 [J]. 城市发展研究，2021，28（8）：122－128.

[50] 张赫，贺晶，杨兴源，等. 碳增汇目标下县域生态空间的分区及管控策略——以京津冀地区县域为例 [J]. 规划师，2022，38（1）：32－40.

[51] 张赫，于丁一，王睿，等. 面向低碳生活的县域城镇空间结构优化研究 [J]. 规划师，2020，36（24）：12－20.

[52] 张林友. 福建省城市空间结构优化研究——基于城市流强度提升的视角 [J]. 龙岩学院学报，2012，30（1）：20－25.

［53］张耀军，王小玺. 城市群视角下中国人口空间分布研究［J］. 人口与经济，2020（3）：1－13.

［54］赵鑫，宋英强，胡月明，等. 基于多源开放数据的城乡居民点空间布局优化［J］. 广西师范大学学报（自然科学版），2020，38（1）：26－40.

［55］赵毅，朱恒，贾俊. 江苏宜兴市县域村庄布局优化思路与方法［J］. 规划师，2021，37（16）：47－52.

［56］朱顺娟. 长株潭城市群空间结构及其优化研究［D］. 长沙：中南大学，2012.

［57］Baker C. Tracking Washingtons Mtrro［J］. American Demograghics，1983（5）：253.

［58］Barredo J I, Kasanko M, Mccormick N. Modelling dynamic spatial processes：Simulation of urban future scenarios through cellular automata［J］. Landscape & Urban Planning，2003，64（3）：145－160.

［59］Bishop A B. Carrying capacity in regional environmental management［M］. Pittsburgh：US Govt，1974：107－110.

［60］Bunce. Rural settlement in an Urban［M］. New York：St. Martin' Pr，1982.

［61］Catton W R. Overshoot：The ecological basis of revolutionary change［M］. Champaign：University of Illinois Press，1982：57－60.

［62］Catton W R. The world's most polymorphic species［J］. Bio Science，1987（6）：413－419.

［63］Cervero R. Ridership impacts of transit-focused development in California［J］. University of California Transportation Center Working Papers，1993，41（2）：11－13.

［64］Chuvieco, Emilio. Integration of linear programming and GIS for land-use modelling［J］International Journal of Geographical Information Systems，1993，7（1）：71－83.

［65］Curtis C. Evolution of the transit-oriented development model for low-density cities: A case study of Perth's new railway corridor [J]. Planning Practice & Research, 2008 (2): 112.

[66] Guo Y, Yao Y, et al. Impact of terrain factors on soil organic carbon in Laoha river basin [J]. Journal of Arid Land Resources & Environment, 2014, 28 (2): 156 – 161.

[67] Howard E, Mumford L. Garden cities of tomorrow [J]. Organization & Environment, 1965, 16 (1): 98 – 107.

[68] James D M, Green R D. Rail transit station area development: Small area modeling in Washington, D. C. [J]. Panminerva Medica, 1993, 43 (3): 171 – 175.

[69] Mcharg I. Design with nature [M]. New York: Doubleday/Natural History Press, 1969: 61 – 63.

[70] Robinson, Peter S. Implication of rural settlement patters for development: A historical case study in Qaukeni, Eastern Cape, Africa [J]. Development Southern Africa, 2003 (9): 406 – 425.

[71] Sergi R, Solaiman B, Mouehot M C, et al. Landsat TM image classification using principal components analysis and neural networks [A]. Geoscience and Remote Sensing Posium, 1995.

[72] Stephen Polasky, Erik Nelson, Jeff Camm, et al. Where to put things? Spatial land management to sustain biodiversity and economic returns [J]. Biological Conservation, 2008, 141 (6).

后　记

　　每当我站在中国辽阔的疆域地图前，我的视线总是不由自主地聚焦于正北方那片独具特色的地域。那里，呼伦贝尔草原的辽阔、兴安岭林海的苍茫、河套平原的麦浪翻滚、鄂尔多斯高原的煤炭富集、草原钢城的工业繁荣，以及沙漠戈壁上的光伏蓝海，共同勾勒出一幅生动的地域画卷。身为内蒙古的儿女，我们深情地眷恋着这片土地，也亲眼见证了它的发展历程与辉煌成就。作为社会科学领域工作者，我们铭记习近平总书记和党中央为内蒙古提出的"五大任务"以及全方位建设模范自治区的重大使命。为了守护这片广袤土地的美丽，实现人与自然和谐共生的愿景，我们将不遗余力地投身于祖国北疆风景线的打造之中，为之贡献自己的一份力量。这正是我们创作《"双碳"目标下内蒙古空间布局优化研究》这本书的初衷。

　　在本书的撰写过程中，我们深深地体会到了学术研究的严谨性和挑战性。"双碳"目标，即碳达峰和碳中和，是当前全球应对气候变化的核心任务。在这一背景下，内蒙古的空间布局优化研究显得尤为重要。内蒙古地域辽阔、生态多样、资源富集，但同时也面临着生态脆弱、经济发展不平衡等多重挑战。如何在确保生态安全的前提下，实现经济社会的可持续发展，是摆在我们面前的一大难题。为了深入研究这一问题，我们查阅了大量的文献资料，走访了多个地区，与专家学者进行了深入的交流，以期能够更加深入、更加全面、更加系统地探讨这一问题。

　　本书对内蒙古的地理、气候、资源、经济等多维度数据进行了详尽剖析，并参照国家"双碳"目标和地方实际情况，提出了针对人口空间布局、经济空间布局、城乡区域布局、基础设施布局及碳汇经济布局的优化策略和建议。尽管过程中遭遇了诸多曲折与困难，但正是这些挑战促使我们更深入地揭示问题本质，进而提出切实可行的解决方案。我们深知，空间布局优化是一项系统工程，不可能一蹴而就，它要求我们综合考量自然环境、经济发展、社会进步等多重因素，并与政府政策、市场机制及社会参与等各个方面紧密结合。

在本书的撰写过程中，我们深切体会到学术探索的艰辛与愉悦。通过无数次的调研实践、学术交流与深入反思，我们对内蒙古空间布局的优化策略有了更为深刻的认识。我们衷心期盼，本书的出版能够为相关领域的学术研究与实践工作提供参考与启示，为内蒙古的美好未来贡献一份力量。在研究过程中，我们始终坚守科学、客观、务实的原则，严谨地进行理论推导与实证分析，以确保研究成果的真实性与可靠性。然而，受限于我们的研究水平，本书所构建的"双碳"目标与空间布局优化相结合的研究体系及内蒙古的实践探索尚显稚嫩，未能形成成熟且系统的理论框架，这也为后续的深入研究留下了广阔的空间。我们热切期待更多的研究者能够关注并投身于内蒙古空间布局优化的探索中，共同为应对气候变化、构建优势互补的区域经济布局与国土空间体系、推进内蒙古高质量发展谱写中国式现代化的新篇章贡献智慧与力量。

在本书撰写过程中，我们得到了多位领导、专家和同行的悉心指导、无私支持和热心帮助。值此书稿即将付梓之际，课题组谨向各位表示衷心的感谢。特别感谢内蒙古经济研究领域资深专家、内蒙古大学创业学院战略与规划研究中心主任杭栓柱研究员，他在本书的开题、框架构建及撰写过程中，多次提供了极具价值的建议，并为本书撰写了序言，其独到见解为本书增色不少。我们也要感谢内蒙古自治区宏观经济研究中心的赵云平研究员、黄占兵研究员，以及内蒙古党校的邢智仓老师，他们前期关于内蒙古国土空间开发与区域发展战略的研究成果给予了本书创作重要的借鉴，还要感谢本书重要参考文献的作者们（如有遗漏，深表歉意），他们的智慧启迪对本书的完成起到了重要作用。

在此，还要感谢内蒙古师范大学经济管理学院的研究生任和、苗鑫、闫改红、李玉玺、周道云、李旭艳、赵洪坤、王欣欣、贾小宁、李峰、唐振超、王润楠、王子隆、都丽燕，他们在资料收集、数据分析、文稿校对过程中付出了辛苦工作。

最后，我们特别感谢内蒙古社会科学基金后期资助项目的资助，同时也要感谢经济科学出版社一贯秉持的精益求精的学术态度，正是有了他们的专业指导和支持，本书才得以顺利并高质量地呈现在读者面前。

胡伟华　齐义军
2024 年 5 月于呼和浩特